秦亡汉兴

从吕不韦到项羽

千江月 著

中国铁道出版社有限公司
CHINA RAILWAY PUBLISHING HOUSE CO., LTD.

图书在版编目（CIP）数据

秦亡汉兴：从吕不韦到项羽 / 千江月著 . — 北京：中国铁道出版社，2018.10
（2022.1重印）
ISBN 978-7-113-24327-2

Ⅰ.①秦… Ⅱ.①千… Ⅲ.①历史人物 - 生平事迹 - 中国 - 秦汉时代 Ⅳ.①K820.32

中国版本图书馆 CIP 数据核字（2018）第 045839 号

书　　名：秦亡汉兴：从吕不韦到项羽

作　　者：千江月　著

责任编辑：刘建玮　　　　　　电　　话：（010）51873038

装帧设计：李四月　　　　　　电子信箱：liujw0827@163.com

责任印制：赵星辰

出版发行：中国铁道出版社有限公司（北京市西城区右安门西街8号 邮编100054）

印　　刷：永清县晔盛亚胶印有限公司

版　　次：2018年10月第1版　2022年1月第2次印刷

开　　本：710mm×1000mm　1/16　印张：18　字数：275 千

书　　号：ISBN 978-7-113-24327-2

定　　价：49.80元

序

　　秦朝二世而亡，是中国历史上除隋朝外最为短命的重要王朝；而秦始皇建立的皇帝体制却影响了中国历史两千余年，甚至在今天，在不少的角落，都还可以看到它的影子。秦朝寿命之短而影响力之大，令后人惊叹。

　　在秦亡汉兴的风云变幻之际，刘邦的"混混"团队与项羽的"霸气"团队剧烈碰撞，火花四溅。刀光剑影之处，影射的雄才谋略让人惊心动魄。最终，"混混"出身、零资本起家的刘邦得天下；一生中七十余战、战无不胜、全战全胜的战神项羽，却在最后一局中输得干干净净。

　　如果秦亡汉兴的历史只是止于这些浅显的故事，那也太小看了那段历史给后人的启迪。

　　秦朝法律之严酷，秦朝法律系统之繁复，让后人惊叹。可更让人叹惋的是秦朝的最终覆灭，其原因之一正是由于它的法律太过于烦苛。而刘邦的"约法三章"，仅仅三章之法便得天下，得到民众的拥护。

　　"秦始皇为什么有那么大的牛力能够一统天下？"原因之一，在于秦国的一项体制。秦王嬴政每到危急之时总有高人相助，而这些高人大多是"外国人"（秦国以外的人）。秦朝政府高层挤满了"外国人"。

放眼当今世界，美国政府的高层中不也是"外国人"林立？其中，华裔在美国高层也屡有建树。当然我们不能这样一对一机械地比较，然而，这不也为我们今天"全球化""深入改革"提供了一些新的思路吗？

刘邦的成功原因之一，在于他的"混"功。用今天老师的话来表述，在于他的交流能力、整合能力，能将各方面的力量（包括反对派的力量）融合起来为己所用。再用这样的观点来观察英美等国的议会体制，议会不也是整合了各方面力量（包括反对派的力量）的大平台？而霸王项羽的失败在于他的霸道。项羽排除异己，最终使得自己看不见自己的毛病，从而走向了败亡。项羽的灭亡不只是表面化的武力，而在于"天意"。而这个"天意"，不就是他排除了反对派的力量而一个人唱独角戏吗？

陈胜是一个胆大心细、敢作敢为的人，他一手掀起了秦末农民大起义的风暴，然而事业走到一半，他就称王去了，急匆匆地去享受他的王者之荣耀了。项羽也跟他犯了一样的毛病，秦王朝刚刚被推翻，他就急着分封天下，坐在西楚霸王的宝座上忘乎所以。历史上，像他二人这样的还真不少：洪秀全从广西打到长江边，在攻下南京之后就忙着称王；而吴三桂从云贵出发，在打到长江边后也不想再过江北上。这二人的结局都一样，最终他们的事业也都遭到覆灭。

反复翻看秦亡汉兴的资料后，如果不细细将这段历史演绎一番，感觉有愧于己。现在这本书终于成稿，然而由于本人知识水平所限，错误之处在所难免，望读者见谅。

目录

第一章　奇货可居

命运转机 / 1

老爸试验 / 4

游说异人 / 6

直击要害 / 9

强夺赵姬 / 14

共享江山 / 19

第二章　秦王亲政

吕相设计 / 23

祸乱宫闱 / 27

东窗事发 / 33

仲父身死 / 36

第三章　秦国崛起

戮而杀之 / 40

茅焦谏王 / 43

发现明灯 / 49

韩非身死 / 53

尉缭佐秦 / 59

修郑国渠 / 64

李斯治国 / 68

第四章　东出六国

舍韩攻赵 / 74

秦赵渊源 / 79

李牧称神 / 83

大败秦军 / 89

计除李牧 / 93

节侠田光 / 97

方案初定 / 103

荆轲刺秦 / 110

水淹大梁 / 114

王翦灭楚 / 117

远交近攻 / 126

第五章　焚书坑儒

　　王权霸业 / 129

　　方术之士 / 133

第六章　遍地狼烟

　　计定起义 / 139

　　揭竿而起 / 144

　　四处征伐 / 148

　　项梁起兵 / 155

　　刘邦娶妻 / 161

　　常徭咸阳 / 167

　　吕雉寻夫 / 172

　　沛公据城 / 176

　　秦亡病灶 / 179

第七章　二世而亡

　　鏖战江北 / 182

　　项军北上 / 188

　　破釜沉舟 / 194

　　入关灭秦 / 198

第八章　天下纷争

　　兵入咸阳 / 210

　　归拢人心 / 215

　　赴鸿门宴 / 218

　　分封之祸 / 228

　　谋定关中 / 233

第九章　楚汉争雄

　　彭城之战 / 239

　　平定北地 / 246

　　谋而后动 / 256

　　韩信称王 / 263

　　楚河汉界 / 269

第十章　霸王末路

　　四面楚歌 / 274

　　战场决斗 / 277

　　乌江自刎 / 279

第一章
奇货可居

命运转机

谁也不会想到，真正决定秦国命运的不是正在国王宝座上呼风唤雨的秦昭王，也不是太子嬴柱，而是一位落难王孙，名字有点怪，叫异人。他是太子的二十个儿子之一，眼下正被爷爷秦昭王逼着去秦赵大战的战胜国赵国充当秦国签订战败和约的质押品，俗称人质。

一旦到了赵国，进到赵王权力的控制之下，处于赵王严密监视之中，异人的命运就只有一个，时刻有性命之忧，安全零保障，也就是传说中的时运不济。

在赶往赵国的路上，坐在马车里，异人心绪郁闷、愁眉苦脸、心情压抑。这样的人生犹如一盆冷水浇头，自己随时有可能成为政治舞台上的牺牲品。谁摊上谁不爽。

太子嬴柱有那么多儿子，异人有那么多兄弟，怎么自己那么倒霉，独独他"荣幸"地成为人质？

二十位兄弟中，异人不是老大，没有长子身份，在国家政坛上，除了让别人感到碍手碍脚外，啥作用都没有。

异人的生母夏姬如果能得到太子嬴柱的宠幸，异人的未来多少还有点指望。夏姬虽然漂亮却没有丝毫的政治影响力。异人这辈子似乎都不可能成为太子的嫡嗣，更谈不上继承王位的可能。

然而，有一天，一个风和日丽的正午，倒霉蛋异人的马车车队出现在赵国都城邯郸街头的时候，异人的命运转瞬之间发生了翻天覆地的转折。而扭动这个反转旋钮的是一位商人。具体是一位什么样的商人有这样的牛力，我们下面接着说。

凡是住在邯郸城里的人，从高层官员到普通市民，早早就听到这个消息，早早就盼望着这一天的到来，早早就收集了臭鸡蛋、烂白菜，这次一定要朝着异人的马车狠狠地扔过去，死命地扔过去。"你牛皮哄天的秦昭王，长平之战坑杀了我赵国二十万好儿郎，你也有被我们赵国打败的时候，你也有今天，你也不得不向我们赵国送来你的孙子当人质？"

听到异人车队进城，全城人欢呼雀跃，纷纷丢下手头的工作，赶紧跑来围观诅咒痛骂。"不久前，如果你们秦军攻入我们邯郸城，我们还能活到今天？说不定已经被你们秦国军队屠城，我们这些人的坟头都长草了。""哈哈，秦军也有失败的时候，秦王也不得不派人质来了，我们岂能放过这一次欢呼胜利庆幸我们好运气的大好机会？"

所有人都在争相围观这个最美妙最被痛恨的战利品。

围观的人群里站着一位衣冠不凡的商人，看上去颇具君子风度。细细凝视片刻之后，商人脱口说出一句话来："此奇货，可居！"

"一个比破烂还破烂的人质，一个随时可以将他的头颅割下来当球踢的人质，也可以称得上奇货？"旁边人听到他的那句话，摇摇头，感到不可思议。

这位走场亮相的人叫吕不韦，在家乡韩国早已是远近闻名的商圈暴富。其"往来贩贱卖贵，家累千金"。

这人不只是有生意头脑，不单单是经商有道，还是个怪才，他的心中有一套又高又远的政治目标。商道与官道本来不在一条道上，他的想法是将这两车道融合，弄出一个混合车道来。按照吕商人的想法："这样一来，我的生意有官家的保护，只会越做越大越做越强；而我当官，有生意上赚来的钱做资本，在官道驰骋就会比普通官员速度更快效率更高。"

作为一个纯粹的生意人，为什么有这么奇怪的想法？答案是，用今天的话讲，他对我们当代的一门学问——成功学，深信不疑。

成功学，民间说法是照葫芦画瓢，具体做法分为三大步。

第一步：研究别人的成功；第二步，在第一步的基础上形成一套类似于参照系的理论；第三步，按照"参照系"提供的理论指引，复制那些已经取得成功的人的做法，从而打造出自己的成功。

成功学能不能让渴望成功者获得成功？这要成功学家说了算。在这里要提前告诉大家，这位吕不韦先生正是用了成功学里的做法，把那个时期的那个世界搅得天翻地覆。

吕不韦沙里淘金，自己的榜样就是春秋末年的子贡。这是一位让年轻的吕商人极其羡慕非常崇拜的人物。

子贡，孔子的高足。在事业上，子贡的确是成功地融合商道、官道两方面，达到了相互促进、相得益彰的绝佳境界。在经商上，子贡发了大财；在政治上，交结了王侯，当上了鲁卫两国的宰相。在春秋末期政治风云变幻无常之际大展雄风，成为那个时代无数有志青年崇拜的超级偶像。所谓子贡一出，破吴乱齐、强晋存鲁而霸越；所谓子贡一使，使势相破。这些都是对那个时期现实政治生活、国际关系的真实写照，并非夸张。这样的人，是在社会上过得非常成功的一类牛人。正是子贡，使得"十年之中，五国各有变"；正是子贡，"常相鲁、卫，家累千金"。子贡成为那个时代无数人仰慕的神人，成为那个时代追求成功的人非常羡慕的超级成功人士。无数追求成功的人都想复制子贡的成功路线。我们说的商人吕不韦就是这些人中的一员。

通过对子贡成功案例的深入研究，吕不韦得出了"两车道融合论"，现在，他要寻找的是一个切入点，通过这个切入点能让他由商道切入官道。

多年来，吕不韦一直在寻找这个切入点。

这个切入点实在不好找。一般的官员，甚至贵族，都不是吕不韦的菜。我的生意做得如此成功，小官小吏岂是我结识的对象？甚至一般的高官都入不了吕不韦的法眼，只有真正的王室成员才有可能成为吕不韦用巨量的资金杠杆撬动那个世界的支点，才有可能引发他投下巨资的欲望。

每当我讲课讲到这里时，总有同学提问："那异人也就一落难王孙，能有那么大的神力吗？会是吕不韦用来撬起他目标的支点吗？"

吕不韦这一次是不是看走了眼？

我们今天看来，这么一个人无非是王室里扔出来的一块垃圾。

对于货物的行情变化规律，商海里打滚的吕不韦早已了然于心。对于眼前这个"皇室垃圾货物"，吕不韦用上了"奇货"的点评语，必定有着不为常人所能领悟的道理。

内里到底是一个什么样的道理？

在经商理论上，吕不韦深深懂得"人弃我取，人取我予"的经商之道。

当所有人用垃圾王室里的垃圾王孙来围观异人时，吕不韦却有着另一番完全相反的观点。民间说法，十年河东十年河西；阴阳家说法，某一天，会出现困龙得水飞黄腾达的异景！

老爸试验

邯郸街头，人们三个一伙五个一群，讨论这位秦国王孙的价值和意义，掂量秦国送来的这个"宝物"的斤两，满大街都是嬴柱、华阳夫人、夏姬、子傒等有关秦国王室的种种消息。

吕不韦听得耳朵起了茧，决定回阳翟老家，利用老爸做一个试验。

回家的路上，坐在马车里，吕不韦将这些信息一一梳理。秦昭王年岁已高，太子嬴柱疾病缠身，华阳夫人深受太子万般宠爱却没有子嗣，异人生母夏姬不受宠幸，嬴柱有二十多个儿子，其中最受偏爱的儿子是子傒。

马车到达家门口时，一个方案已经初步成形。下一个节目，就要用老爸做试验，看看结果如何。

老爸没有从政的经验，但也是一位历经世事沧桑的人。五十岁的人就能知天命，老年人吃过的盐比年轻人吃过的饭多，老年人走过的桥比年轻人走过的路多。老爸这试验，多少能测试出我这想法的风险概率成功概率。

试验由提问开始，试验过程由一系列的问与答组成。

堂屋里，拜见过多日未见的父亲，吕不韦缓缓提出第一个问题："一个人一辈子耕田种地，能获得几倍的利润？"

"十倍。"老爸的回答很简洁。

"那贩卖珠宝玉器呢？"

"百倍。"

"那扶立君主安定国家呢？"

"无数。"

老爸觉得儿子今天提出来的这几个问题有点儿奇怪。往日从外地做生意回来，我这儿子总是免不了讲讲生意上的事，为何今天突然提出这么些无厘头的问题？老爸的脸上开始出现几分疑惑。

听了老爸的回答，吕不韦感到非常兴奋。他能不高兴吗？虽然是试验，可第一枪打得太响了，差不多是拿到了一个开门红。沿着这个试验的路子走下去，理论上应该出现想象中的美景。

吕不韦一高兴，就没有注意到父亲脸色中那份细微的变化。

"看看天底下的农民，一辈子面朝黄土背朝天，雨里淋日里晒，却很难达到小康人家的水平，而安邦定国却可以泽被后世。"

吕不韦正讲得滔滔不绝，无意中看到了父亲的脸，那里已经布满愁云。

吕不韦赶紧打住话题，看来有必要做些解释。

"这次去邯郸做生意，在大街上看到人头攒动，大家都在围观秦国送来的人质。"

"人质？"

"是的，此人是秦昭王之孙，叫异人。我就在想，那人或许日后贵不可言，也未可知。"

看到父亲听自己兴致勃勃地讲邯郸街头趣闻，就把了解到的太子柱、华阳夫人、王孙异人等的新闻一一在父亲面前抖露出来。

听完这些，吕爸爸已经听出儿子是要做什么大事了。等儿子说完，吕老爸一字一顿掷地有声地丢出一句话："我年纪大了，是老人了，陪伴你的时间也不会太长了。你已过了而立之年，你的事今后自己做主，不必来问我。送你一句话吧——好自为之。"

吕老爸到底是一个什么样的态度？是赞成儿子即将从事的事业，还是反对？抑或是第三者——旁观、评委？有必要对这吕老头的话细细解读。

知子莫如父，对于儿子做生意已经做到了经商致富的级别，吕老爸是满意的；对于儿子今天突然胸怀大志，吕老爸也是赞成的。然而对于"定国、立君"这样大得无边的事，老人是有自己的看法的。

那个梦想中的事业与经商太不一样。做生意有可能赔钱，但是还有下次，下次有可能把赔进去的钱又赚回来；而政治，那一定必定是一次性的买卖；在惊涛骇浪里划船，一旦翻船将如何逃生？不怕一万，就怕万一。

看到儿子跃跃欲试的样子，吕老爸既不明确赞成，也不当头泼冷水。其实老人态度还是表现出来了，你小子眼下是年轻气盛，但要注意暗处的陷阱。这就如在原野里骑马狂奔的人，望过去英姿飒爽，要是不慎跌进了某一块草皮底下的大泥沼，就有可能遭受灭顶之灾。

我们今天尚且能解读出其中的含义，作为老人的儿子、一位精明无比的商人，吕不韦能读不出来吗？

后来的事印证了这位吕老头的话，比当代的天气预报还灵验，而且是几十年的预测、一辈子的预测！吕老头，真乃神人。

游说异人

说干就干，当天夜里吕不韦就开始构思行动方案，两天后方案策划完成。吕不韦信心满满，带上人手，赶上自己华丽的马车，前往异人的住处——聊城。

异人来到赵国，身为人质，一下子就强烈地感受到了"人情冷暖，世态炎凉"这八个字浓浓的味道。在聊城这个不起眼的地方，异人住的房子破旧不堪，四面透风，四周邻居除了穷人就是乞丐，简直就是一个贫民窟。在秦国，住在金碧辉煌的宫殿里，天天有人来捧场，时时有人来看望，而眼下遇到的每一个人不是翻白眼就是吐口水。住在这里就只有一个痛苦无比的感受：倍受冷落。

正处在千分失落万分孤寂之中，异人突然听到门人来报："阳翟商人吕不韦求见。"

来到赵国，第一个来求见自己的居然是一个名不见经传的商人？难道赵国的公子、贵族、官员，就没有一个人把我放在眼里？听到这个请求，异人心头感到很不是滋味。

这么多天来，赵国居然没有派一个有身份的人来我这里露过脸，一个也没有！异人的手捏成拳头，捶打桌子。赵国那些高层人物都把我当成了传播疫病的瘟神。对着门人，异人说道："既然那位商人从另一个城市远道而来，那还是礼貌地接待一下吧。"

"先生打那么远的地方来，一定是有所指教吧？"异人的语调不冷不热。

吕不韦答道："公子，我要光大您的门庭。"

还没有出门前，吕不韦就反复设想异人可能提出来的种种问题，反复设计答案。第一句话就要紧紧地扣住对方最为强烈最为重大的需求，第一句话就要狠狠地刺激一下那位落难王孙。如果连一位皇家小伙子都搞不定，后面的策划案谈何实施？"

听着吕不韦说出如此直接如此猛烈的"炸弹"，看到一个不起眼的商人居然口吐狂言，居然号称"能光大我王室子孙正破败不堪的门庭"，感觉自己的脸似乎被突如其来的巴掌猛地击打，异人心中十分恼怒，同时又觉得这陌生人有点搞笑。异人冷笑一声，用鄙夷的眼光扫了一眼吕不韦，回道："先生还是先光大你自己的门庭吧。"

"吾门待子门而大。"（我的门庭将随着你的门庭的光大而光大）

异人不是傻瓜，这人百里之外跑到我这里来，一定不是来吵架的，也不是来吹牛的，更不可能是来找茬挨骂的，那他到底是来做什么的呢？从来人的两句回话里，异人猛然醒悟：这人是来帮助我的。

眼下我正处于落难之中，止盼着有人来帮一把。想不到上天居然把他送上门来。听到吕不韦那句"吾门待子门而大"，又看看吕不韦气度不凡的样子，再想想这人虽然只说了两句话却也语出惊人，异人开始改变看法，这位远道而来的商人绝不会是一般般的生意人。

是的，他能为我王孙光大门庭，作为效力者，他理应沾享富贵。想到这一层，异人立即改变不冷不热的态度，热情地将客人往堂屋里请，请吕不韦先生往高位上坐，喊人端出从秦国带来的上好的香茶，请吕不韦品尝。

两人的气场渐渐转向，谈话也渐渐地改变，变得越来越投机。共同语言越谈越多，关系跟着也越来越融洽。随着聊天的深入，两人都有意朝着推心置腹这样一个结交朋友的高级境界里深入。

到了这时，吕不韦发现，预想中的那个机会出现了。是的，这几天来细细准备的那套方案现在可以出手。吕不韦正襟危坐，用上一副严肃的声调切入聊天的正题。

"公子也看到了，您的祖父秦昭王年纪大了，决定大位的事已经进入程序。您的父亲安国君（赢柱）早已被立为太子，而他最为宠幸的人是华阳夫人。华阳夫人没有儿子，因而您的父亲还没有立嫡嗣。这就是您的机会！然而，您有兄弟二十多人，有二十多位竞争对手。因为您的生母不得宠，所以您的地位居于下首。现在，作为人质，您必须长期生活在国外，这意味着，到您的祖父也就是当今的秦王驾崩的那一天，安国君即秦王位时，随即要宣布新的太子人选。到那时，在您的所有兄弟里面，唯独公子您是没有争做太子的希望。"

"是的，你说得对，很对，太对了！我眼下就是这个样子，莫非你有什么办法？"

"办成一件事，最关键的是资本。没有资本啥事都办不成。我这里没有政治资本，但有一样东西：真金白银，也叫经济资本吧。直说了，我在您的身上做投资，看能不能帮公子您转换成政治资本。我的想法是，第一步，送给您千金（金，古代货币单位），您要拿它来做两件事，一是购买赵国的珍宝奉献给您的双亲，取得他们的好感；二是用这些资金来结交您认为应该或者必须结交的宾客。一句话，充实给您父亲送礼的钱和结交朋友的活动经费。第二步，我另外带上千金到秦国去为您活动，主要目标是游说安国君和华阳夫人二人，达到立您为嫡嗣的目标。"

身为商人，吕不韦深信一句话，有钱能使鬼推磨。现在手中捧着成堆的真金白银，已经瞄准了目标，就要狠狠地砸进去。"股市有风险，投资须谨慎"，虽然那时的吕不韦或许没有看到过今天这样一张贴在股市门口的标语，但是，作为职业商人，作为风险投资人，与今天泡在股市的人相比，更深刻地理解其中的含义，毕竟两千金绝不是小数目。

听完风险投资人讲解策划方案，异人当即做出三个连续性的动作：赶紧起身——当即下跪——连连叩了三个响头，同时放出一句话来："果能如此，梦想实现之日，当与您共享秦国江山，共享荣华富贵。"

终于听到了自己最想听到那句话，吕不韦全身感觉爽极了——虽然眼前拿到手的是一张空头支票，然而那个无限的美景是完全值得自己去奋斗，去努力，去拼搏。

身为职业商人，第一次跟职业政治人打交道实在应该把异人的话玩味玩味。看到异人做出的动作如此虔诚，听到异人说得如此信誓旦旦，真是让人想不相信都难，吕不韦当即喊来随同的人抬出千金，交到异人手上，作为他结交宾客的第一笔活动经费。同时，他当场做出决定："我再动用千金，用来购买珍宝，做好向西游说秦国高层的准备工作。"

成功总是向着有准备的人。

直击要害

来到咸阳，安顿好后，吕不韦立即睁大眼睛四处寻找目标。

目标定位非常重要。目标定位错误就办不成事，或者花了大钱办了小事；目标定位精准就能从小处着手，找到切入口顺势而为，达到势如破竹般的效果。吕不韦拎着黄金打上阵来，没有直奔主要目标，他搜索的眼光盯在了与主要目标有联系的外围目标上，通俗说法，盯住了一个小鬼。看得出来，吕不韦惯用商人手法，办大事，做大生意，从不起眼的小地方寻找切入点。

这时，一个不起眼的小人物很快进入了吕不韦的视线。吕不韦打听到华阳夫人的弟弟阳泉君是一个对金钱非常感兴趣的人，便立即有了主意。想找到与阳泉君有交情的人不是问题，还真是一抓一大把。

在金钱的强大推力下，"小鬼"们纷纷发力，一条通向阳泉君的通道被迅速凿开。

看着堆在眼前金光灿灿的黄金，阳泉君答应接见吕不韦。

如何搞定阳泉君？如何通过阳泉君结交他的姐姐华阳夫人？

这仗一定要胜。如果在这里卡了脖子，后面的戏就相当的难演。经过一番脑细胞剧烈活动，一个小杠杆撬动大地球的方案被想出来了。

方案从一句让受话者大受刺激的话语开始。

"你们（指阳泉君与华阳夫人）已经犯下了死罪，你们姐弟俩不会到现在还被蒙在鼓里吧？"

"怎么说？为什么？"还从来没有听到别人敢当面说自己犯下死罪，而这位陌生人一开口就说出如此让人惊悚的话来，阳泉君满脸都是惊讶。

"你一家人日子过得舒服，身居高官尊位，家中藏有珍宝、骏马、美女，你们有没有想到一个人，子傒——他的门下却没有贵者。你们或许觉得这事与你们无关，但是，其中的关系，我直接说了吧——直接关系你们一家人的生死。"

说到这里，吕不韦故意打住了话头。

看到阳泉君就像捏着耳朵似地认真聆听，吕不韦继续说道："安国君年事已高，这是事实，而华阳夫人没有儿子，这同样是事实，而继嗣人必定是子傒，这是大家都看到的事实。那么，等到子傒登基的那一天，你们的处境将会是怎么样的呢——危若累卵，朝不保夕——不是吗？"

吕不韦的分析有道理吗？阳泉君是个聪明人，一点都不笨，他一眼就看出这位陌生的吕先生一准是位高明的"医生"。如果不是医术高明的人，怎么能一眼看出别人看不出的重病死症？既然能看出病来，那么他的手中肯定有治病的处方，不然这人不会打那么远的地方找上门来只为骂人。

"该怎么办呢？诚请先生赐教啊。"

"只要不是绝症，治病的药总是能找得到的。在赵国，我就看到一个人，秦国派往赵国的人质——异人，一个颇有贤才的人，他最想做的事就是回归秦国，更加想做的事就是成为华阳夫人的儿子。现在，问题的关键就在华阳夫人这边了。华阳夫人如果认异人为子，相信华阳夫人的手上是一定有将他立为嫡嗣的办法。那么，异人无国而有国，一定会将华阳夫人视为再生母亲；华阳夫人呢，无子而有子——子以母贵、母以子贵——你一家将来岂可不永保荣华富贵？"

吕不韦所说的话有理吗？

阳泉君听在耳朵里震惊在心里，这医生太牛了，一句话就说到了点儿上。

弟弟毫不犹豫，立即向姐姐汇报吕不韦所说的话，特别是吕不韦拿出来的那套解决方案。

身为女人，华阳夫人虽然真真切切感受到老公对自己的恩恩爱爱，但没有儿子的那个大难题一直以来摆在那里，一直以来束手无策。"那是老天的决定，人力能有作为吗？"那个没有儿子而带来的可怕的灾难性难题，她心中何尝不明白？然而明白了又能有什么办法，除了等待灾难降临，什么办法都没有。就像绝症病人眼看着死亡临近而自己一筹莫展一样。

听到弟弟突然提出这个问题，华阳夫人有一个感觉，弟弟身边有高人，吕不韦那人说不定还就真的是个妙手回春的医生。

华阳夫人答应亲自接见吕不韦。

得到消息，吕不韦立即采购来一批进献的珍宝。我的身价是多少？这些世间难得一见的珍宝，多少是铺了个底，这等于在华阳夫人面前亮了一张相当有分量的名片。接下来的准备才是关键，吕不韦要准备一篇有分量的说辞。

我跟阳泉君讲过的那番话理论上阳泉君必定向华阳夫人转述了，那么，去拜见华阳夫人即使目的相同诉求相同，也必须换上一套新的说辞。必须打动华阳夫人的心，现在要准备的，就应该是一剂强力攻心药。

拿着贵重的珍宝，掂量着已经准备好的说辞，吕不韦踏进了华阳夫人家的大门。

吕不韦的聊天话题从"色"上起笔。

"我听说，以色事人，色衰而爱弛（凭美色获得男人爱恋，这样的女人如果年龄大了，人老珠黄，成了黄脸婆，男人给的爱就会变，变得越来越少）。如果不在草木繁华之时培根固本，等到草木枯了才去施肥，草木岂能一直繁华下去？如果在色衰爱弛之后再来动手，再来开口向夫君进言，想在夫君那里办成个什么事的话，那就迟了。所以做任何事都要趁早动手。"

看着华阳夫人在细心聆听，吕不韦品了一口香茶，继续说道："今夫人侍奉太子，受宠而无子，何不在太子的诸子之中挑选一位？挑那贤孝之人，认为己子，再设法立为嫡嗣。夫在而妻贵，夫百年之后呢？嫡嗣即位为主，仍可保您的尊贵！及早物色人选，及早立为嫡嗣，达到一言而利万世的效果。"

"一言而利万世"，华阳夫人一边喝茶一边品着这句话的味道。

吕不韦看到，华阳夫人正默默地低着头，有时抬起头来，眼光望着从窗户那里斜射过来的阳光。

华阳夫人已经同意了我的观点，那就顺势推出这次谈话的主体部分。吕不韦在心中做出判断。

吕不韦停了一下，继续说道："异人贤孝，深知自己不是长子，依旧规不可能被立为嫡嗣。他知道自己的母亲已经得不到太子的宠幸，所以他非常希望能依附于您。"看到华阳夫人已经在认真地听他的话，吕不韦赶紧送出了那句最紧要的话，"夫人若能想办法立他为嫡嗣，便可以终生有宠于秦国了"。

吕不韦的游说之言在华阳夫人的头脑里起到了立定乾坤的作用了吗？

现在是华阳夫人做出选择的时间，她说："吕先生的话果然在理，再不赶紧动手，等到人老色衰，我怕是一点机会都没有了。"

一天傍晚时分，夕阳西照，太子柱与华阳夫人兴致勃勃地凭栏远眺。望着远山迤逦的阴影，看着倦鸟归林，两人随便闲聊。谈话中，太子柱提到了自己的儿子之一，那位作为人质而身在赵国的异人。

华阳夫人一直在寻找机会。听到太子谈到了异人，认定机会来了。

机不可失。华阳夫人当即动嘴，用自然而从容的声调说道："贱妾听到从赵国回来的人说，异人是个贤孝的孩子，那些跟他接触过的人个个对他都非常称赞。"

先把老公的儿子夸上一番。华阳夫人一边想一边细细看太子的反应。

渐渐地，华阳夫人的声音开始变调，变得有些哽咽起来。说着远在他乡异国的孩子，说着随时有性命之忧的异人，言辞之间变得泣不成声。

太子柱伸过手来扶住夫人，轻声地拍着她的肩膀。

感觉太子感受到了自己的那份悲情，华阳夫人决定走一下步棋。

华阳夫人镇静下来，声音仍然是哭泣的，缓缓地说道："没什么，没有什么。贱妾有罪啊，让太子受惊了。"

"不对啊，我感觉不对。以前从来没有看到你有过这样深深的悲伤。你的心中一定有什么事，讲出来呀，我要听听。"

看到太子已经吞下钓饵，对自己痴情深深，就一边低低哭泣一边缓缓说出自己的心病来。

"没有什么，真的没有什么，都怪您提到异人那可怜的孩子，使我不由得想到我自己来。我有幸被选入宫，有幸得到你的宠爱，然而我却深深地感到对不住你，没有能够为你生下一个像异人那样的儿子来。我也想有个自己的儿子。今天，贱妾千好万好，不怕一万，就怕万一。哪一天我先于你离开人世，那就万事都好；万一反过来呢，贱妾将何以托身？我想，如果将异人……"

说到这里，华阳夫人故意停了下来。她相信她的夫君一定是个聪明的人，这话里的意思他一定听得出来。

果然如她所料，聪明的太子已经从华阳夫人如此悲伤的情感里看出了她故意不明说的那份诉求。"夫人不必忧伤，如果你喜爱异人，那就不妨收养过来。养为己子，立他为嫡嗣，日后不就可以没有忧伤了么？"

自己心中想说又不好说出口的话，从痴情的丈夫嘴里说出来，华阳夫人感觉太子真是一位情感细腻体贴入微的男人。既然蛇已引出洞，那就要迅速上前将它捉个正着。于是，华阳夫人抓住这个大好的机会赶紧追问一句："这话当真么？"

"当真！"

说完这句简短无比的话，太子柱携起夫人的手，两人双双进入宫殿。太子当即命人当着华阳夫人的面"刻玉符"，立异人为嫡嗣。

第二天，"异人立为嫡嗣"的消息成为头条新闻，在太子宫中迅速传遍。作为养母，华阳夫人昨天晚上就做出决定，专门派出人手前往赵国给异人送去厚重的赏赐。从孩子身上穿的衣服到吃喝玩的物品，到国外的各种花销用钱，样样都要考虑得周到齐全。

想着这些琐碎小事的时候，华阳夫人突然想到一个大问题，作为母亲，对孩子怎样的关爱才是真正的关爱呢？异人是未来秦国的储君，为异人请一位全天下最优秀的家庭教师，给未来的国王配置全天下最好的教育资源，我的想法一定会得到夫君的赞赏。

想到这一点，华阳夫人不禁自己为自己叫起好来。谁才是最好的老师？她突然想到了一个人，能把几乎不可能办成的事办得成功，这样的人简直就是一神人。这样的人不当未来国王的老师，谁能来当？华阳夫人做出决定：聘请吕不韦为异人的教师。

得到大好消息，收到继母送来的满车的礼品，异人感觉爽极了。天下掉下个王国，想不兴奋都不行。有吕不韦送的黄金，有继母派人送来的成堆的珍宝，在钱堆里打滚，这个感觉真是想不快乐都不行。

异人正在想点子如何来享受美好生活。一天，吕不韦老师走马上任来了。

"这出戏才刚刚开了个头，现在还不是搂着金钱睡大觉的时候。"异人的耳朵灌进了吕老师第一堂课的第一句话。

异人有些不解：秦国都是我的了，这么多钱财，我不花谁来花？难道抱着继母从秦国送来的金砖在赵国做叫花子？

"用它们来保你的项上人头。"

看到异人默然不语，吕不韦说道："用这些钱来结交赵国的上层人士，买通身边那些赵王派来监视的官员小鬼，这样就可以为将来某一天逃出赵国凿开通路。"

第一章 奇货可居

异人会意，立即动手做了第一件工作，寻找设计师，寻找工匠，购买高档材料，奢华地装修起这座原本透风漏雨的住所。

强夺赵姬

看着异人亲手将一座破屋装修成豪华府邸，吕不韦有个感觉：人弃我取，这次我没有看走眼。吕不韦当即做出决定，伸出黄金推手，在赵国高层为异人强力猛结关系网。

异人府门前变得越来越热闹，车水马龙，各类宾客进进出出。异人府里有吃的有喝的还有送的，真是想不去走动都不行。

每天从早到晚，异人忙得连轴转。异人心中清楚自己在做什么，他盛情接待各方宾客，跟他们培养私人感情。

人生真是奇怪啊，先前连头都保不住，现在居然一步登天，变成了强大秦国的王位继承人。异人精神倍爽，脸色红润，虽然身在异国，心情却格外阳光。

天天在酒桌上打滚，异人的酒量也有了长足的长进，能够很好地应付大场面。异人心中最痛快的事就是跟自己的老师吕不韦开怀畅饮。

一天，应吕不韦的邀请，异人到老师家里去喝酒。

师生双方酒酣菜畅，吕不韦兴趣大增，喊来自己新近娶来的老婆之一——赵姬，来给学生敬酒助兴。

赵姬端着酒杯缓步走进客厅。

作为成功的商人，吕不韦娶了不少漂亮老婆，姬妾成群。在吕不韦的"邯郸诸姬"中，赵姬最为美貌，眼前正值如花妙龄。与一般姬女不同，赵姬出身豪门之家，能歌善舞，气质高雅，是上天赐给凡间一件难得的珍品稀品。

赵姬心中清楚，吕不韦家中早已妻妾成群，自己新到吕府，目前名分未定。她想这都不是问题，眼下只要吕不韦爱我就行。赵姬做得非常成功，并没有费多大的气力就使得吕不韦打心眼里十分、非常、百分地宠爱她。

吕不韦把生意做得这样的成功，最近又当上了秦国储君的家庭教师，果真是世上最有能力、最有魅力、最有魄力的男人，是我心中的男神。每每想到这一点，在爱情的蜜罐里的赵姬又偷偷地在自己的心间加上一勺蜜。

把异人请到家里来，让当代最牛国家王室的王孙、王位继承人登上我的家门。仅仅这一点，吕不韦就已经高兴得不得了。把最钟爱的美人叫出来给贵宾瞧瞧，在未来的国王面前得瑟一下，让他见识见识我私藏的宝贝。想到这一点，吕不韦非常兴奋。

侍奉贵宾，赵姬经验十足、信心满满。捧着酒杯步履轻盈而出，一边祝酒一边出口成章，说出一篇入耳、入时、入景、入心的祝酒词。

耳听其声，异人已有几分吃惊，再抬眼细看，看到了一幅从未见过的美景。从眼里到心里顿时惊异不已。还没有来邯郸前，就有人在他耳边说过这样的话："郑姬赵女，身材窈窕，貌美如花，能歌善舞，天下无双。"今天一见果然如此。真是九天仙女下凡尘。

自从到了赵国，异人心里就没有一天好受过，失落的情绪一直浸透心肺，连小命都保不住，哪有心情欣赏什么赵国的大美女。然而，今天晚上的情形已经大不相同，定为太子嫡嗣的事已经让他彻底走出了心理阴影。

看着眼前宛如天仙的赵姬，异人突然忘记了身在何处，产生了一种奇异的感觉。犹如大风吹动树梢，手臂微微颤动，杯中的酒向外洒出几滴，身子跟着向前倾斜几分。

异人这一细微的异常举动，没有逃过精明的吕不韦的眼睛。哈哈，行动收到了效果，这就行了。吕不韦心中暗暗得意起来。

这个时候，异人已经有些微醉。趁着这份醉意，异人提出一个小小的请求。他说道："想请赵姬美女与我同车回府，能够得到世间大美女送我一程，心中感激不尽。"

吕不韦打了一个寒噤。异人提出来的表面上只是一个不起眼的请求，无非就是请美女陪他回家，不至于路上感到孤单寂寞，而实际上呢？吕老师心中明白，这个学生的身份不平常，那一定是肉包子打狗——有去无回。

吕不韦打破头也没有想到异人居然会提出如此无理如此无耻的要求。师娘你也敢抢？老师的至爱你也敢抢？而且当着老师的面抢？

吕不韦禁不住怒从心头起恶向胆边生。他猛然感到自己头脑发痛手心出冷汗，脊背也一阵阵发凉。突然，老爸说过的几句话隐隐约约跑到耳朵边上来。到底是哪几句话一时之间又无论如何记不起来。

玩政治跟做生意到底不一样。与顶级商人比，政治斗士需要强一万倍的心理承受力。上了政治这趟车不可能有回头路，必须变换成另一副心肠，伴着异人一路走到底。

吕不韦在低头思索，异人则一直在那里等着吕不韦的回应。看到吕不韦没有当即答应，异人开始面露怒色。

也不能怪他，异人从小就在皇宫里长大，身边还从来没有人敢跟他说半个不字。

异人神情上的变化没有逃过吕不韦的眼睛。刚才还热闹无比的场面片刻之间冷静下来，宾主双方都进入到了沉默之中。

既然上了这条船，家财破费几千金，岂能为了一个女子弄得前功尽弃？想到自己的大事，想到自己正一手打造的美妙前景，吕不韦横下心来，立即决定放下这件事。放得下才能提得起，是不？今天失去了一个美女，明日得到的将是一片江山，是不？想到这里，吕不韦的思想立即反转。

"如果王孙有意，不韦愿献上赵姬。"

异人听到了从吕不韦嘴里清晰地传出来的这句话。异人听到的不只是这样一句话，而且听出了说话者诚恳无比的态度、平缓和顺的语气。异人不是傻瓜，已经听出来了在吕不韦内心深处瞬间发生了一次滔天巨浪，听出了一场瞬间发生且瞬间完成的翻天覆地的内心巨变。

虽然听出来了却没有一丁点的感觉。异人看到的如此这般的情形太多太多，在王宫里，女人跟财物是一个概念，国王要是看中了某个女人，一个眼神就能带走，下面的人连说不愿意的机会都没有。什么叫对方夫妻之间的恩爱，在政治掮客的心里不值一提。

异人当即起身，真是喜出望外，高调地拜谢吕老师："承蒙师傅厚爱，异人日后必当感恩图报。"

"感谢的姿态一定要高调，这样才能说明我对这份厚礼的重视，对恩师厚爱的重视。哈哈，你吕不韦一定会非常难受地收下最后那半句感恩图报的话。"

这就是政治掮客开出的承兑支票，类似于酒桌上说的酒话。

还在献酒时，赵姬就看出异人的失态。从异人眉开眼笑的神色里，从异人脸上绽放的笑容里，从异人倾斜的身姿上，凭一颗女人特有的敏感的心，赵姬有了一个异样的感觉，某件事即将发生。

献酒之后，赵姬依礼退入帐中没有立即走开，她偷偷躲在围帐后面细听大堂上的声响。

吕不韦与异人的对话，字字句句，她都听得真真切切清清楚楚。

自从进了吕府，赵姬已经深深地爱上了这个年轻的富有的英俊的商人，他的潇洒、他的判断力、他的相貌、他的出众的谋划力，彻底让她折服。在这个世上，她见识过各种各样的男人，从有文化的雅士到街头流氓，都如过眼烟云。唯有身边的吕不韦，她已经从心底彻底归依他，爱上他，毫无二心。

嫁进吕府几个月来，赵姬深深感受到了吕不韦的万般恩爱。她已经看出来，他虽然是四处奔波的商人，却完全不像风月场上的男人用逢场作戏的玩法跟自己玩感情。吕不韦对自己的温存体贴绝对是真实的、诚意的，仅仅这一点，就已经让她情窦初开的少女心满意足。

虽然来到吕府不到半年，然而沐浴在无比恩爱的时光里，赵姬相信两人的感情在一天天地加深，两人的爱情每天都在升温，两人的情感已经浓得化不开，两人已经达到了情深意笃形影不离如胶似漆的爱情最高境界，生活已经甜如蜜。赵姬深信，如此浓情蜜意的感情，在这个世界上，已经没有任何东西能撕得开打得碎砸得烂。

在这之前，赵姬把自己身怀有孕的好消息告诉了吕不韦。吕不韦万分高兴，并当场许诺只要生下来的是男孩，就一定立她为夫人。

她当时把这句话当作了真经。现在听到两个男人在堂上的一番对话，她猛然想起一句俗话来：男人的话要是靠得住，母猪都能爬上树。

赵姬心如刀绞，伸手扶住墙壁，慢慢地稳住身子。

缓缓地，赵姬将闹哄哄的脑袋冷静下来。现在看清了现实，虽然我出身豪门又备受主人宠幸，虽然我貌美如花，然而在吕府名分未定，实质上跟婢女的身份地位差不到哪里。除了听从主子的话，凭我这样的身份已经没有第二个选择。

看清了眼前这个残酷无比的现实，第二个更加清楚的现实摆在了眼前。新的主人是一个什么样的人呢？是的，他是太子的嫡嗣，是秦国未来的国王，

第一章 奇货可居

是储君。一个金光闪耀的前程就在那里等着我，眼下那里还只是一个银窝窝，说不定将来某一天就变成了一个金窝窝。赵姬看清了，眼前的那个窝，那个新的爱巢，的确是个非常巨大充满超强诱惑力的超级金屋。

内心里一阵阵波涛翻腾之后，赵姬渐渐镇静下来。没有必要在旧主人面前哭哭啼啼，倒是有必要在新主人面前强颜欢笑。那里不是火坑，她下面的动作、神情一定要和之前一样，宛若无事。

得到了老师的同意，异人再一次重重拜谢，再与吕不韦高兴地喝上几杯，随即离席，向吕不韦老师告辞。那个美人的身影在他心里不停地晃，已经晃得他急不可耐。我这就要亲自牵着美人的手，与美人同车而回，享受抱得美人归的人生乐趣。

听到新主人的召唤，赵姬从后帐缓缓走出来。在离开大堂的最后一刹那，她转过身来，对着伫立在席前一动不动的吕不韦，望着他那张怅然若失的脸庞，她满怀深情地回望了一眼。她相信，她这一个回眸这一辈子都会深深地刻在她曾经心爱过的这个男人的心中。

对于异人、赵姬、吕不韦三人来说，这将是怎样的一夜？人啊，真是一个奇怪的"动物"，源于人的内心储满了上天恩赐的那份感情。可以肯定地说，这一夜，对于这三个人都是终生难忘的一夜。

来到异人府中，赵姬被新的主人视作掌上明珠。只要能让赵姬喜欢的物件，异人一定会想尽一切办法弄到手，满足她。

如今的异人府再不是先前那种流浪者的家园，虽然他还是人质身份，然而这里已经装修一新，奢华有加。对于这里陌生的环境和生活，赵姬渐渐地熟悉起来、适应起来、习惯起来、渐渐地从先前的震惊中恢复过来，与异人的感情也一天天地培养成熟。慢慢地，两人情意缠绵，差不多到了无话不讲的境界。

即便如此，对于自己身怀有孕一事，赵姬却始终守口如瓶。这一辈子要让这个秘密彻底地烂掉，决不能让异人知道一丝一毫。

时光流逝，赵姬到异人府九个月后，肚子里的孩子还没有生下来，而且连临产的征兆都没有。这事儿让赵姬暗中惊骇不已。怀孕的第十二个月上，赵姬肚子里的男孩出生了，异人给这个男孩子取名"嬴政"，即后来的秦始皇。

喜得贵子，异人非常兴奋，他当即做出决定，立赵姬为夫人。也许他打破头也没有想到，这个小生命并不是他自己的血脉。

或许这就是上天给夺人之爱者的报应吧。

共享江山

人世间有很多变数，而时间更是一个大大的变数。随着时间的推移，秦国的经济实力军事实力变大变强。灭掉赵国成为秦国的军事目标、政治目标。就在嬴政出生后不久，秦国最高层做出决定：撕毁秦赵和约，派大军向赵国发起全面进攻。

"秦军又要来了"，得到消息，赵国国王不是那么紧张，因为自己手上有一张牌摆在那里：秦国的人质。赵王派出使者传给秦昭王一句话："你如果发兵进攻我国，我就会在第一时间杀死你的孙子。"

异人和吕不韦每天都在盯着两国形势的细微变化。异人要保命能不死盯吗？吕不韦不只是要收回投资，更想要赚到大钱，能不死死地紧盯两国形势的变化吗？两人暗中派在各地的耳目在第一时间把秦国即将发动攻赵战争的重大消息传递到了异人和吕不韦的耳朵里。

四周都是赵国国王布下的监视的眼睛，我飞出重围的翅膀长在哪里呢？

突然而来的危险，让吕不韦又惊又喜。惊的是秦国国力恢复如此之快，自己这一次是真的捡了个宝，喜的是自己为此早就做好了相应的准备。

准备工作复杂，归结为一句话，就是：有钱能使鬼推磨。吕不韦早早准备好的黄金白银，这一次重重地砸向担当监视任务的门卫官吏。

吕不韦拎着沉甸甸的金银，在漆黑的夜晚悄悄敲开了一扇扇紧闭的大门，打通了国王设置的一道道关卡。事实证明，在成堆的金银面前，鬼又一次帮他推磨了。

凌晨时分，异人乔装改扮秘密出城。为了缩小目标，防止赵王的马队从后面追杀，异人毅然做出决定：出城时，丢下心爱的赵姬和年幼的孩子，怀揣尖刀，只身潜逃。

一路上，异人白天寻找茂密的树林隐秘的山洞睡大觉，到了深夜，则朝着秦国边境的方向，找准小路拼命狂奔。

人的运气有时就是好。虽然都是夜奔，居然没有碰到什么野兽，不仅一路安全，而且跑的方向正好对准了秦国军队向着赵国开进的方向。不久异人跑进了秦军军营。在秦军的保护下，异人安全地回到了秦国的都城咸阳。

早在异人逃出赵国之前，吕不韦就算定一件大事，必须做足准备。异人在回到咸阳后，第一件大事必定是拜见华阳夫人。该送什么样的见面礼，才能真正取悦华阳夫人呢？

第一印象太重要了。如果没有打造出让华阳夫人欣赏第一印象，她就会失望。那时就等于送给你的竞争对手一个千载难逢的机会。

绝不是多送黄金珠宝就能取悦华阳夫人。原因很简单，没钱的人对钱感兴趣，有钱的人对钱财一丝兴趣都没有。这真是一道高难度的考题啊。

黄金珠宝没有任何作用，那么该送什么样的礼物才能打动华阳夫人的心？

送礼送到点子上，这个点其实就是受礼者最大的心理需求。虽然大多数人喜欢珠宝黄金，但是家里装满了黄金珠宝的人就不一定非常喜欢那玩意。那么，华阳夫人最最喜欢的礼物是什么呢？也就是说，华阳夫人最大需求是什么？

吕不韦打听到一个消息：华阳夫人不是秦国人。

华阳夫人出生于楚国，也是在楚国长大的，是楚国的宗室贵族。也就是说，自从嫁到秦国进了太子的宫殿就再也没回过娘家。这样的人是非常思念家乡的。

这时候哪怕是从她娘家来了一只她儿时熟悉的狗，她也一定有喜从天降、惊喜万分的感觉。这个礼品，只要达到一个目的，让华阳夫人产生全天下最幸福的情感——乡情，就成了。

沿着这个思路，以乡情为主题的礼品策划，在吕不韦的心中渐渐成熟起来。

回到咸阳，一番精心准备之后，异人决定去拜见华阳夫人。

看到身着楚服（楚国服装）的异人，华阳夫人眼前一亮，一股浓浓的乡情扑面而来，一股从未有过的幸福感陡然升起。

华阳夫人非常高兴，当即决定回赠一件异人一生中最为重要、最让人动心的礼品。

人与人之间什么最为重要——感情，而感情标志物是什么——其实就是对方的名字。比如，你收养了一只宠物狗，你做的最重要的一件事，不是给它一块肉骨头，也不是给它买个狗窝，而是给它取一个你认为世上最好听的名字。每天，你呼唤这个名字，你与它之间的感情就在这种一声声的呼唤中渐渐地产生出来，建立起来。

华阳夫人决定给异人赠送新名"子楚"。从楚字里可以看出华阳夫人心中的乡情有多么厚重。

不能不说，吕不韦的"创意礼品策划案"着实厉害，"乡情主题"一下子就攻到了华阳夫人的心坎上。花最小的成本做最大的事，吕不韦成功地做到了。

"异人逃走了"，得知这一消息，赵国人从上到下全都愤怒了。能不怒吗？赵国人的爱国情结受到了重重的伤害。愤怒的赵国人发现了一个出气筒："异人的妻子"。

赵国人很快就发现了异人妻子的踪迹：赵姬是豪门之女，是我们赵国人。这个家族在邯郸的势力不是一般的大，他们早已把赵姬秘密地隐藏起来了。

如果杀死赵姬，岂不是我们赵国人杀死我们赵国人的女儿？这个二律背反的奇怪感情把赵国人搞糊涂了。因此，在对待赵姬的问题上，一些人主张杀，一些人强烈反对。

赵姬家族庞大、高贵、根深，是赵国的豪门大族，赵王做出决定：还是不杀为宜。

公元前251年，秦昭王驾崩，太子柱即位，即孝文王。这个人运气不好，即位时53岁，即位不到三天就一病呜呼。于是我们的老朋友——太子子楚（即我们熟悉的异人）即位，是为秦庄襄王。

听到这个消息，赵王突然有了一个想法：这对我们赵国来说是个难得的两国交好的机会，何不紧紧抓住？我这就做个顺水人情，送还赵姬以及他的儿子嬴政，求得秦赵和好。

庄襄王尊养母华阳后为华阳太后，生母夏姬为夏太后，立赵姬为王后，立嬴政为太子。这人比较守信，履行了在赵国时对吕不韦许下的诺言，任命吕不韦为相国，封为文信侯。

真是想不发财都不行，这笔投资生意我是赢定了。不久，吕不韦收到庄襄王送来的贵重礼品，仅是封赠的食邑就有 12 个县（今陕西蓝田西），后来改为河南洛阳 10 万户（今河南洛阳附近）。

有了相权在手，秦国的军政大权外交大权一步步落入吕不韦手中。

有经验的人知道，太过于顺利的形势往往容易埋下祸根。用哲学上的话来解读，事情总是相对的，盛极而衰。鲜花开到最鼎盛的那一刻，就是它走向凋败的开始。

这一次给吕不韦搅局的不是别人，正是那位被异人（现在的庄襄王）从他家里带走的赵姬。

第二章
秦王亲政

吕相设计

异人也是个短命鬼，在位三年就病死了。对他来说当国王不容易，求长命更难。

此时，嬴政才 13 岁，就不得不即位。13 岁的孩子，按现在 6 岁上小学计算的话，也就是刚刚小学毕业，在今天，让这样的孩子治理国家，简直儿戏。

嬴政坐在国王的宝座上，大家不要忘记一个人——嬴政的母亲，那位新近逝去老公的少妇，才 30 多岁的年轻太后，当年那可是"邯郸诸姬"中的佼佼者，而且与吕不韦之间还有过一段刻骨铭心的恋情。

从老公病逝的震动中，太后慢慢冷静下来，儿子虽然坐在王位上，但是那个位置稳吗？ 13 岁的孩子除了会玩耍还能懂什么？政治争斗、军事争夺，他什么都不懂啊！现在我们孤儿寡母能依靠的人是谁？在这咸阳城里，举目四望，我的娘家在赵国，这里是零势力零实力。大臣们不能依靠，也靠不住，秦家宗室更靠不得，该如何办？

这个咸阳城，虽然极为热闹，大臣宗亲们看上去极为热情，然而他们一定极度冷酷甚至极度残酷。只有一个人，我的前夫，那位曾经做过我几个月老公的男人，他才是我真正的唯一的依靠。

用这样的眼光审看旧日情人，太后猛然发现：我看到的，不只是吕不韦以相国的身份掌握着秦国的军国大权，天啊，我更看到他是一位年富力强的男人。

进一步观察后，太后又有了一个惊喜的发现：他居然有一个特权，以相国身份随时来王宫禁地商讨军国大事。

太后突然想到了一个问题，我那儿子对于成年人之间的事情，对于男女之间的事情，还是似懂非懂。

吕不韦再次进宫议事时，太后忍不住将这个曾经心仪的男人多看了几眼。

相国吕不韦把这一切全都看在眼里，想在心里。

我做生意，做得非常成功，我在政治上的投资获得如此高额的回报、如此巨大的收益，真是想不高兴都难。现如今，国王喊我仲父，哎呀呀，当真是踌躇满志、志得意满，这种感觉真是爽。

那么，太后那个火辣辣的眼神是什么意思？端着香茶在书房里踱着方步，吕不韦陷入沉思之中。

美丽太后的眼神在眼前不停地晃来晃去。

突然，一股恨意从心中爬了出来。我最最心爱的女人，被异人硬生生地夺走，从我的身边，当着我的面，在我爱情最炽热的时候。现在，是上天在惩罚他。是上天在成全我，把我这辈子最心爱的女人还给我。

"太后时不时向我投之以木瓜，我何不报之以琼琚？"

儿子在王位上坐着，吕相国帮着打理朝政。我安静地享受人生的欢乐，这就是妙不可言的人生。看看蓝蓝的天空中飘着朵朵白云，看着后宫花园的鲜花绿叶，摸摸身边肥胖可爱的大花猫，太后惬意每天这样的生活。

什么临朝执政，什么天下女主，那样的生活太累太累。

脱了一切的羁绊，重新拥有吕不韦的爱，那些埋藏于心底的激情，那些压抑多年的爱恋，如脱缰的野马排山倒海，向着吕相国扑了过去。

而吕不韦的想法却复杂得多。

太后与我的确在重温旧情，的确在弥补往日的遗恨。当年我的赵姬，今天秦国太后，主又年少，国家的权力其实就握在这个女人的手里。

我跟太后偷情，其实就是拿命来玩。一旦被潜在的反对派抓住把柄必定死无葬身之地。

白天忙于国家政事，忙于商业琐事，家里又养着太多的妻妾。万事缠身，妻妾成群，吕不韦的一个感觉越来越强烈：我的精力已大不如从前。而太后呢？吃得好，喝得好，玩得更好，又整天无所事事，那个精力实在是旺盛、充沛啊。

一天黄昏时分，吕不韦下朝回家，看到庭院里一只老公狗在追一只刚刚发情的小母狗。看着两只狗在树底下嬉戏打闹，吕不韦的心头突然爬出一种怪怪的感觉：我这儿有限的精力是远远满足不了太后那旺盛的生理需求的。

再次进宫时，吕不韦细细观察太后，突然发现，太后也有了觉察。眼下，二人只不过都在故意做戏，互不说破罢了。

走在回家的路上，看着迎面而来的路人的笑脸，一种刺痛在吕不韦心中翻滚着，这种相互掩饰的游戏还能玩多久？或迟或早，或早或迟，总有捅破的那一天。

一天上午，大臣们在朝堂上讨论国政，议论一项政策，嬴政突然发表了一通自己的见解。

嬴政一天天长大，看来越来越懂事。吕不韦心中想着，突然一个可怕的念头冒了出来：要不了多久，他就会明白男人与女人之间的事。一旦听到身边的下人嘀咕的某句话，或者他看出我与太后之间某个不轨的痕迹，哪怕是一个不经意的眼神，后果将不堪设想。

回家的路上，吕不韦反复在想一个问题：一辈子为之奋斗的事业，搞不好极有可能会栽倒在这个过不了的坎下，那时就必定阴沟里翻船。

回到家里，站在庭院的大樟树下，一个想法不停地搅动着。这道坎，我必须得迈过去。该如何做才能迈过去呢？打开这把锁的钥匙在哪里？必须从这个深不可测的泥潭里尽快地拔出我的双脚来。

太后是正当年的少妇，一定会为摆脱寂寞而向我纠缠不休，这种纠缠一旦被秦王发觉，就一定会大祸临头。每天一从宫里回到家，吕不韦的脑子就立即高速运转。

凭借几十年的经商经验、十多年的从政经验，在无数难题面前跌爬滚打，我总是成功而没有失败，这一次我也一定能走出困境。

一天清晨，洗漱完毕，吃过香喷喷的早饭，背着双手，吕不韦在宽阔的庭院里转悠。

这时，一位嫁接师正在嫁接一棵橘子树。拿起一根蜜橘树枝条，将一个叶芽小心翼翼地切下来，削成一个扁而薄的切面，然后在一棵野橘树枝上割开一个切口，将蜜橘树芽从切口中插进去，用油布密密地包好，将嫁接部位包扎得滴水不漏风雨不透。

看着嫁接师的动作，吕不韦突然有个想法，我不正是要找一个用来"嫁接"的男人吗？让太后打心眼里喜欢上他。寻个切入口，找个机会，把那个男人送过去。当然这事必须做得机密无比。

吕不韦突然感到全身轻松。天下的美男子一抓一大把，太后喜欢的必定是英俊、貌美、壮硕的男子汉。

回到书房，看着摆在架子上的几本书，看着摆在茶几边上盛开的花。除了我能出现在太后的身边，还能有谁呢？大臣？

年轻的大臣可以安排他到太后那里议事，但是需要一个前提，太后或国王宣召。没有宣召就直接往宫里跑，不合规矩，容易被旁人窥破。

太后身边可以设定某个特殊需要，比如身体不适，必定会安排太医，年轻的太医。偶然不适是可以的，天天不适就不对头了。

太后的身边还能有哪样的男人呢？太监，但是太监必须割掉那个作为男人标志物的器官。没有了关键器官，那样的男人在太后那里还能有什么作用呢？什么作用都没有。

从接下来的情形看，吕不韦还是缺少改革家精神，不敢与太监制度做斗争，不敢改变中国古代万恶的太监体制。于是，吕相国最终做出决定，没有必要跟太监制度过不去，但可以跟这一体制玩点小动作，这就叫上有政策下有对策。

这个小动作方法简单，找个健美男，拔掉胡须，假称动用了腐刑，之后让他以宦者的身份进入后宫，专门侍奉太后。这样运作下来，吕不韦自认就可以金蝉脱壳了。

无论上朝理政还是下朝回家，吕不韦都在睁大眼睛寻找一个人，一个让太后合意的健美男。

年轻的官员自然是最好的人选，方面大耳，油光满面，长得漂亮，极少有歪瓜裂枣。官员有知识有文化，素质高水平高，然而这种人往往有家庭背景，在社会上有影响力，有广泛的人际关系，一旦出问题就绝不会是小问题。

这个健美男一定要生长在社会最低层，一定是泥石渣子里某块最不起眼的小小碎片才行。

这就难办了。整天忙于跟上层官员、富有的商人、有势力的文化人打交道，平时哪有时间跟底层的下人扯油盐酱醋的事呢。而身边的几个下人切切不能透露内中的秘密。

以前找手下人办事都是吩咐一声就搞定了，今天办的这件事太不一样，除了我亲自动脚，亲自动嘴，绝不可以让第二个人知道。

现在，吕不韦经常到市郊旅游，着意在底层人中暗中寻找健美男。而苦苦寻找几个月，却毫无收获。

吕不韦心中很是郁闷。这天，他在房里徘徊一阵后，就走到下人们的住处。随便走走看看，在下人们的院落暗中张望。他突然听到一群人在屋里浪声大笑。

什么事让他们这么好笑？吕不韦警觉起来，蹑手蹑脚走了过去。

这时几个下人正凑在一起侃一件事，几天前在京郊发生的一段垃圾新闻，其中一人正在那里把某件事绘声绘色地说给同事们听。

那个下人一准有说书的本领，说出来的事就像他本人亲眼所见一般，引得大家笑声不止。吕不韦站在窗前侧耳细听，很快就听出来了，下人们正在谈论一位大阴人（阴茎很大的人）。

踏破铁鞋无觅处，得来全不费工夫。那个大阴人的姓名地址，吕不韦听得清清楚楚真真切切，立即牢牢记在心里。上天有时真的是很妙，真是想什么来什么，一般般的健美男可能引不起太后的兴趣，而大阴人，那是一准儿能引发太后的兴趣的。

吕不韦决定，这就派心腹门客出城，专门访求那位大阴人。

用一个正正当当的理由不声不响地把他招进来，放在自己的眼皮底下。给他安排一个侍从宾客的不起眼的工作，暗中对他进行仔细的观察，看一看那位大阴人的品性到底如何。是给我制造麻烦带来祸害的瘟神，还是上天派来解决难题带来好运的贵人？

祸乱宫闱

接下来，幸运儿嫪毐正式在吕府上班。

除了吕不韦，没有任何人知道这位新来的同事就是他们在前不久传播的那个故事里的主人公大阴人。吕不韦做得机密无比天衣无缝，连嫪毐本人也一无所知。

细细地观察、反复地审核、审慎地思考过后，吕不韦有了一个结论，这个嫪毐办事认真，做事细致，大事小事从来没有出过差错，品行上也没有发现任何毛病，手脚干净，不偷不盗，至少在试用期没有发现任何劣迹，是个千挑万选也没有挑出骨头的鸡蛋。那么，接下来要做的，就是如何才能让太后接纳他。

一个不专情的男人接纳一个陌生的女人，那是一件非常简单极其容易的事。安排在一个房间聊天兴许就能搞定。而一个专情的女人接纳一个陌生的男人，绝不是一件容易的事。太后是一位什么样的女人呢？吕不韦心中清楚。

一个给太后送上健美男的最佳方案迅速在吕不韦心中生成。

一天，吕不韦传下话来："我们搞一个内部集体娱乐活动（倡乐）。吕府的每一个人，不论是谁，全都要做好准备，大家积极参加。各人拿出自己的绝活来，会唱歌的唱歌，会跳舞的跳舞，什么都不会的就学声猫叫狗吠。"

这段时间，吕不韦给下人们轮流放假，让下人们有充足的时间来排练节目。吕不韦放出话去："大家努力准备各自的绝活，看一看谁的表演更精彩，吕府给最牛的人准备了一大堆重奖。"

吕不韦的心中算好了一本账，看看嫪毐有没有什么绝活儿，能不能把其他人逗乐。如果有的话，那么在太后那里，就可以聊聊倡乐活动，顺便重点推赞嫪毐的绝活儿。

太后喜欢搞娱乐活动。这一次的倡乐活动，太后一准儿感兴趣。我便可以用这样不经意的手法，将嫪毐引进宫中。

这天，艳阳高照，暖风轻吹，吕府倡乐活动热热闹闹开场。下人们个个拿出力气一定要争抢摆在眼前的那堆珠宝。下人中有绝活的人还真不少。吕不韦发现，嫪毐表演的绝活儿大大地超出自己的预期。嫪毐手法新奇，将猫跳狗叫加入民间时下流行的小曲，表演出彩，把整个院子里的人逗得捧腹大笑。

吕不韦心道：这就行了。院子中央的那堆奖品，对不起，是绝不会给你的，不为别的，就是要让你埋没在众人之中，决不能让你出类拔萃的表演吸引众人的目光。

吕不韦暗暗为自己的策划案叫好。这真是一个会唱时尚曲调的小伙子，一个会模仿动物肢体语言的小伙子，一个会逗人乐的小伙子，一个大阴的小伙子，一个长得帅气且品行又没有发现瑕疵的小伙子！事情的顺利程度超出了想象。这样的一个人无论从个人品质上、搞笑能耐上，还是大阴这样的特征上，一准儿会让太后兴趣大增，一定能达到我那个目标，让太后慢慢地忘记了我而完全喜欢上嫪毐。到了那一步，自己就可以自然而然地、毫无瓜葛地全身而退，从而达到完美无缺的金蝉脱壳。

几天后，吕不韦来到宫中与太后讨论国家大事，顺便聊着个人小事，貌似不经意间聊起了几天前搞的倡乐活动。吕不韦发现太后兴趣浓厚。

吕不韦抓住时机，特别聊起了活动中的佼佼者嫪毐，眉飞色舞谈着那一套又一套精彩的手法，那些精妙无比、搞笑逗乐的绝活。

太后说道："是个好玩法，我这里也搞起来，让后宫笑声盈盈、乐趣横生、生机勃发。"

"后宫里，人是不少，但是能说会演还能唱的人才就没有几个了。"吕不韦轻轻地说道。

"把你那边的牛人引进宫来，不就人才齐备了？"

引进人才来宫中搞倡乐活动，只能像请演员到宫里演戏一样，演完就必须清场。要想长期留住人才，让娱乐界的新星嫪毐长久在宫中天天娱乐太后，就得想点办法。

司马迁《史记》记载："吕不韦乃进嫪毐，诈令人以腐罪告之。不韦又阴谓太后曰：'可事诈腐，则得给事中'。太后乃阴厚赐主腐者吏，诈论之，拔其须眉，为宦者，遂得侍太后。太后私与通，绝爱之。"

司马迁真是神人，一个"绝"字活脱脱地描摹出太后对这个男人的喜欢到了极致，爱得情深意浓。

太后也是平常人，才30多岁的年纪就守寡，而且必须终生守寡。太后心道：凭什么要剥夺我作为女人应该享有的人生幸福？作为一个女人，太后岂不是用了类似于曲线救国的方式，与万恶的封建体制做斗争？

不久，太后身怀有孕。

做女人难，实在是难。快乐之中有幸福，幸福之后就有麻烦。摸摸自己的肚皮，看着它一天天膨大，这该如何是好？太后都快要喊出声来了。守寡的太后怀孕，这样的消息必定是天下最大的笑话，一定是政治对手最大的把柄。

第二章　秦王亲政

以前大事小事有吕不韦做主，而现在我的身边居然没有一个能够帮我想点子的人，没有一个帮我一起拿主意的人。

吕不韦真是精明人啊，设局让我钻，我入套了，弄出麻烦来了，现在，他早已躲得远远的，后宫里已看不到吕相国的身影。他已经完全把这事与他自己撇清楚了，似乎与他毫无瓜葛。

是的，这不是他的孩子，当然与他无关。然而这些事就真的与他毫无关系吗？

太后已经没有时间在脑子里理论下去，看着自己的肚皮一天天长大，已经急得发疯了。什么叫热锅上的蚂蚁，这话听起来容易，感受起来就真的不爽。寡妇太后怀孕，那一定是天下的大笑话，这样的消息如果天下乱传，儿子王位不保都有可能。

没有时间想也不能再往下想了。女人，何苦做女人。现在是必须想出办法解决问题的时候。

如果就这样一直拖下去，一直等下去，等到宫里有人听到婴儿的啼哭声，那就将彻底完蛋。现在不只要找到合适的地方生出这个小生命，而且如何抚养这个即将出生的孩子，也必须有个万全之策。必须抢在事情还没有发生之前就想好出路，必须现在就动手。否则，这个小生命带来的必是灭顶之灾。

如何办？该怎么办？

依着女人的天性，一个方案一下子就冒了出来：躲着生，躲到一个别人不注意的地方去生。

咸阳宫中人来人往，儿子的竞争对手一定在宫殿周围密布耳目。只要自己挺着大肚子一出门，他们那些人一定会想尽办法了解自己的肚子里到底是什么，一定会制造出各种奇闻趣事来，各种消息必定搞得满天飞。那时恐怖的事就一定会接二连三地发生。

凭着直觉，太后算定，这咸阳宫已经在众目睽睽之下，这里绝不是我身为寡妇能生小孩的地方，那么哪里才是能生小孩的好去处？

想来想去，太后突然发现，有那么一个地方——那里也是宫，只不过离咸阳有些距离。"距离咸阳越远越安全，好了，就是那里了"，太后决定，起身前往秦国的故都雍城（今陕西凤翔）。

找个什么样的借口呢？就在她全力做远行的准备时，这个问题一下子蹦了出来。自己不住自己的宫殿，要到外地去住，而且还得住上一段时间，那必须要有一个合适的、讲得过去的、令人信服的理由，而且最好还能让人不去打听的堂而皇之的理由。什么外出旅游、散散心、养病之类的蹩脚理由，一定不能放在考虑范围之内。天啊！到底要找一个什么样的借口才好，才能一揽子解决问题？

太后的脑筋飞速地运动起来，终于，她找到了一个让一般人难以想到的理由。

动身前，太后放出风去："我最近请通神的人占卜，那位神人说，'年内太后将有灾祸降临'。而对避灾的办法，神人说了，'太后不能住咸阳宫，必须去外地住一段时间，才有可能躲掉那个大灾星'。"

今天的人们不会相信这个理由，因为我们大多是无神论者。可那时全天下的人都信，因为那时的人个个都是有神论者，无神论者几乎没有。

那时的人不但信了，而且还跟着为太后祈福。

这样看来，太后这人还真是不简单。

放风之后，接下来就是平静之中走过场，太后的车驾一路西行前往秦国的故都雍城，太后住进了雍城中的大郑宫内。

避人耳目的目的达到了，太后在这里秘密、顺利、安全地产下了一个男婴。

为服侍太后并协助太后处理各种事务，嫪毐越来越忙碌，经常往返于咸阳与雍都两地。

嫪毐平时几乎不可能有出宫的机会。现在有机会出宫，又没有人监视，岂能不抓住机会回家看望老爸老妈。

看着儿子带回家成堆的金银财宝，老爸老妈都乐开了花。

看着哥哥带回家成堆的黄金，兄弟姐妹们乐了。

看着嫪家一夜之间突然暴富，邻居们赶过来看热闹。

"嫪毐在宫中不只是当太监，而且服侍的人是太后，而且还深得太后宠爱。"消息在邻居中迅速传播。

找工作的，想当官的，做生意的，纷纷带着厚礼来到嫪家，走嫪毐的门路。这些人犹如一群股民突然发现了一只黑马股，一时之间庞大的资金往这只股票上狂砸猛投。嫪家的宾客越聚越多，几天时间就有上百人前来投靠。据资料记载，嫪家家僮数千。

嫪毐每日里陪伴太后娱乐太后悦取太后，而太后手上的金银珠宝又太多太多。从太后这里，嫪毐得到了惊人的赏赐。

这就犹如从宫里开掘一条到嫪家的小河。别人的河里流的是水，他家的这条河里每日里流动的是金银财宝。太后拿着宫里的钱财不停地赏，嫪毐举起双手欢喜地接，接着就不停地运回家中。

宫里如此之多的钱财如此轻易地流向民间，不出事才怪。可惜无论是太后还是吕不韦，都没有想到这个层面上。钱真的能使鬼推磨，如果海量的钱大量地涌到小鬼的手上，小鬼可能就不只是推推磨了。小鬼可能就要为所欲为甚至变得嚣张乃至狂妄。

太后顺利地产下一个男婴之后，在雍城暂住了一段时光，不久回到了咸阳。再不久，太后又身怀有孕，只好旧戏重演，再一次遵从"通神的人"的指点，跑到雍都"避难"。

住在雍都，咸阳城太后宫中的大事小事都得安排重要的人手前去打理。"传达我的旨意，让嫪毐处理后宫事务。"

嫪毐马不停蹄，为太后跑前跑后。"这是个机会。抓住这个机会，努力地做成一件大事，依着太后的势力，快快扩张我的权势。"

人都是一样的品性，手中一旦有了缺失监管的权力，那对权势的欲望想不膨胀都不行。

秦王嬴政八年（公元前239年），嫪毐被封为长信侯。

一个啥都不是的人迅速变成了秦国上层人物。接着，他又被赐给山阴地。

不久，太后又把河西太原郡封给了嫪毐，作为他的封地。

嫪毐的势力已经横跨宫内宫外，已经打破了太监游戏规则的底线。

东窗事发

时间过得真快，转眼秦王已经到了22岁，即将亲政。年轻人的性格已经养成。《史记·秦始皇本纪》记载，嬴政"天性刚戾自用"。

嬴政准备走上自家的山头称王称霸，举目四望，惊异地发现：在我秦家山上，住着两只老虎。无论是吕不韦还是嫪毐，都在各自的工作岗位上努力垄断着国家大权。

卧榻之侧岂容他人酣睡？本应该属于我的权力岂容他人拿在手里把玩？看着山上的两只老虎，嬴政有一个感觉：芒刺在背，骨鲠在喉，不去掉就非常难受。

在睁大眼睛不停地寻找机会中，嬴政发现，机会终于送上门来了。

一天晚上，嫪毐与秦王的一群侍臣饮酒博戏（赌博）。众人在一起聚一聚，喝喝酒，搞点小赌博活动，其乐融融。喝着喝着，一位酒量小的人喝高了，与另一个微醉的人对骂起来。

嫪毐骂出了一句话来："我是秦王的'假父'，你睁开眼看看清楚。你小子凭什么与我对着干？赶紧趴着回家。"

看到嫪毐圆眼怒睁，侍臣知道惹不起，在嫪毐的斥骂声中，只好忍气吞声，默默地走开了。

而有一位侍臣却没有直接回家，而是来到了秦王面前把嫪毐骂人的那句话送进了秦王的耳朵里。

"居然堂而皇之称为我的'假父'，真是想不收拾掉那个嫪毐都不行。"嬴政恨得牙痒痒。

这段时间以来，秦王上班的第一件事就是看眼线们收集来的有关嫪毐的信息。一天，案头送来了一份密函。

"长信侯嫪毐不是真正的宦者，这人经常秽乱后宫，而且生有两个男孩，这两个男孩全都藏匿在民间。长信侯与太后之间有一个密谋，如果大王您驾崩的话，接替您大位的将是长信侯与太后所生的儿子之一。"

看着这封信，嬴政气得咬牙切齿，当即发下密令：秘密立案侦查。

要想人不知，除非己莫为。嫪毐宫里宫外把事都搞得那么大，还经得起职业侦察人深入调查吗？调查很快有了结果，"那封信陈述情形完全属实"。

加冠礼举行在即，是不是现在就对嫪毐动手？看着那份调查报告，嬴政在房间里走来走去。

如果现在动手—准会惊动太后，那样的话，王位是不是自己的还是个问号。首先要把王位拿到手，这是必须的。有了权位，还怕他翻了天不成？

嬴政发下密令：继续侦察嫪毐的一举一动。做好人手准备，暗中部署兵力，做最坏的打算。欲擒故纵，暂时不打草惊蛇，等待嫪毐有所动作时就一举将他的势力扑灭。

嬴政虽初出茅庐，却步步策划招招用计。

加冠礼如期举行。

按照程序的要求，嬴政必须前往雍都。因为秦国从商鞅变法后才迁都咸阳，而先王的祖庙仍在故都雍城。举行加冠礼程序中一个重要的环节就是到祖庙里祭祀祖先。

嫪毐门下早已养了众多的耳目。其中有一群人紧紧盯住嬴政的每一个动作。嬴政立案侦查宫闱秽事虽然做得机密无比，但是仍然没有逃过嫪毐的眼线。在第一时间，这些重要的消息就传到了嫪毐耳中。

听着接二连三传来的消息，嫪毐心中突然生出一种无来由的恐惧感。虽然头上有太后权势罩着，但太后也会有驾崩的那一天。到那时自己一定必死无疑。傻瓜都明白，秽乱后宫绝不是闹着玩的，一定是死罪。

想来想去，他实在想不出好的对策。现在除了太后，全天下没有任何一个人有能耐能帮到我。

一边是自己亲生的儿子，一边是自己心爱的私藏的秘密老公。我的家里，这两人要打架，我如何能劝得住他们俩呢？这一次，真正是为难了这位太后。

俩人商量来商量去，最后想出了一个办法：利用嬴政去雍都的机会，利用老虎离开山头的机会，发动兵变，拿下秦王，夺取最高权位。没办法了，只能牺牲一个保住另一个，谁叫来跟我商量的是我的秘密老公？那就牺牲儿子吧。

嬴政的车队浩浩荡荡从咸阳开往雍城，一路上旌旗招展，鲜花开放。到达雍都，加冠典礼随即举行，气氛隆重，场面热烈。礼事完毕，嬴政住在了蕲年宫。

这里是先王们在郊祀祈年时住的斋宫，先王们往往在这里举行祭祀后稷、五畤和先王的活动。从军事角度来说，这里守备部队不多，对手很容易就能攻下。

嫪毐的计划就是从这里发动进攻。

要想一举拿下蕲年宫，必须准备充足的兵力，手下的这点门客根本就不够用。我的队伍在哪里？看着后宫满院的鲜花，嫪毐想出了一个暗度陈仓的巧妙办法：找一个会刻章的人，刻出假的秦王御玺、太后玺，然后用这些假的印章制作假的国家公文，再派出人手拿着这些假公文，到各县各市征调县卒、卫卒、宫骑。

有了兵力后，带着门下舍人，带着这批从各地征发来的部队，嫪毐指挥队伍浩浩荡荡向蕲年宫进发。整个队伍打着一个听上去非常正当的旗号，"执行秦王典礼重要的保卫工作"。这就要砍下秦王的头，另立自己的儿子为新的国君。

嫪毐谋划周密，整个工作滴水不漏，然而打破头也没有想到，他的机密举动全都被嬴政的耳目死死地盯上了。

嬴政在暗中做好了一系列军事准备。

"嫪毐征调的部队正在开赴蕲年宫的路上。"嬴政得到报告后，当机立断向相国昌平君、昌文君发出指示："率领早就做好准备的部队，强力镇压叛乱。"

嫪毐所有计划建立在一个基础上：嬴政毫无准备，我们发动一场突然袭击。而嬴政对我秘密的动作一无所知。

突然之间，看到如此庞大的国家正规部队冲了过来，嫪毐当即慌了手脚。秦王如何知道我这边发动了军队呢？犹如公共汽车上的一个小偷，以为对方对自己的动作一无所知，哪知被偷盗的对象居然是公安局的反扒警察，能不吓得魂飞天外吗？在得到消息的第一时间，嫪毐骑上快马赶紧逃命。

在行动预案中，嬴政就预计到嫪毐一定会临阵逃亡，为此制定了专门的追逃计划。

秦军迅速派出多个追逃小组疯狂追击。在好田寺（今陕西乾县东），嫪毐被捕获。执行抓捕任务的士兵按着预先的行动指令，当场砍下嫪毐的头颅。

叛乱很快被平息。

照理讲，这事到这里就打住了。然而嬴政却没有就此收手，以做事做绝的精神，把参与嫪毐叛乱的大臣，如卫尉竭、中大夫令齐、佐弋竭、内史肆等二十多人全都抓了起来，然后按律处死，并将这些人的尸体示众，而且牵一挂十，灭掉他们的宗族，真可谓斩草除根，毫不留情！

嫪毐的门下舍人个个都遭到了重重的处罚，他们全部被罚没家财，没有一人得到幸免，最轻的也被罚为鬼薪，仅仅是夺爵迁蜀的上层人物就达到四千多位。

可以看出，嬴政的动作大大地超出"宫闱秽事"。他已经把它演变成了一起重大的政治事件，被他圈进来的有卫尉、内史这样的政府高层官员，而且数量上还不是少数。

刚刚上台的年轻国王为什么要如此做？

从这个事件牵涉的范围之广、程度之深，可以看出，早在嬴政执政之前，秦国上层就存在着两股势力的斗争，他们一直明里暗里较量。这一次，秦王嬴政为首的政治势力将这一较量直接明朗化，用最为彻底的方式，以嫪毐事件为抓手，将对方的势力一脚踢出了中央政府的舞台。

通过嫪毐事件，嬴政刚刚亲政就将国家的军政大权紧紧地握在了自己的手中。

仲父身死

还是在赴雍都举行加冠礼之前，在秘密立案深度追查嫪毐宫闱秽事的过程中，嬴政就发现，这一重大案情居然牵连到自己最为敬重的一个人物——仲父吕不韦。

"天啊，我尊敬的、能干的仲父怎么能与这样的丑事有关？"嬴政大为吃惊。

继续深入调查，随后又有了新的发现：嫪毐这人之所以能够入宫侍奉太后，居然是吕不韦一手策划与一手制造的一个大大的密谋。天啊！世间的事真有这么奇特吗？

完全了解整个事件的全部真相后，仲父的美好形象就如一座巨大的、完美的雕像一样，被一阵接一阵猛烈无比的惊雷击中，在嬴政面前，轰然一声崩塌，变成了一堆必须铲除、必须清理的垃圾。

"对于嫪毐事件，吕相国有着不可推卸也无法推卸的罪责。"嬴政暗道。

嫪毐的出身是什么？啥都不是。吕不韦的出身是什么，是一位出色的大商人。他在秦国掌权长达 12 年。在这 12 年里，他的那些政绩表明他是一位了不起的、出色的、杰出的政治家。他的地位已经根深蒂固，轻易动摇不得。

再细看吕相国本人，嬴政发现，这吕不韦还真是一位言行极其检点的人，除了做下这件无法启齿的蹊跷事，从里到外居然找不出他做人做事哪怕是任何一丁点儿的瑕疵来。

吕相国为何做这件事？

嬴政终于查出了这件事的终极答案——他竟然是我母亲的情夫！这怎么可能？然而调查的事实明确无误地摆在了那里。

当代年轻人或许能接受自己的母亲丧偶后再嫁。可古代的青年无论如何也接受不了这样一个让万万人戳脊梁骨的事实。可怜的嬴政，面对着这铁一般的事实只好狂抓头皮。

在嬴政对这件事考虑来考虑去、拿捏来拿捏去的时候，母亲的情人之一嫪毐居然在他举行大礼时，对他发动叛乱，要置他于死地。嬴政心想：幸好我暗中提前准备了一手，否则一定完蛋。

母亲的新情人暗中进攻我，那么她的旧情人，难道不会暗中来一场同样的甚至更大规模的袭击吗？

愤怒的情绪不停地在秦王的脑中冲撞，突然，他想到了一个问题。

嫪毐龟缩在后宫里，仅仅依靠母后赏赐的那点钱财为资本，培植势力，而吕不韦呢，他一直在前台风光。吕不韦在秦国执政已久，树大根深。无论在文官队伍还是武官队伍，吕不韦的根系都不是一点点的厚实，必定具有相当强大的势力。

要除掉吕不韦集团，就必须满足一个条件，我自己的实力成长起来，超越对手。要扳倒一棵参天大树，仅仅靠一百个人是不行的，那就等到我集聚几千名甚至几万名杀手。

秦王嬴政十年（公元前 237 年）十月，嬴政做出决定：准备工作完成，条件成熟，启动毁灭吕不韦的程序。

嬴政出其不意突然下发三道命令。头两道是"免除吕不韦的相国职务""勒令其立即离开咸阳，以最快的速度滚回他的河南洛阳封地"。可以看出对吕相国，嬴政没有任何的好感，已经是毫不客气。接下来，嬴政正式宣布"剥夺吕不韦在秦国把持 12 年之久的军政大权"。这次，就差一点没有说他是罪犯，可见这已经是嬴政对吕相国最大的客气。

吕不韦如果是个一般般的人，可能就此消停下去混个自然死。然而，吕不韦是一个用惯了政治手腕、经济手法的人。

或许他自己也没有想到，政治手腕经济手法能成就一个人，也可能毁灭一个人。这就如双面刃，既可以击倒敌人，有可能一不小心伤及自身。

运用任何手腕都必须了解对手。虽然与对手在同一屋檐下生活了二十多年，吕不韦还是真不了解他。

被逐回河南封地后，在接下来一年的时间里，吕不韦派出了海量的宾客，接连不断地在河南与咸阳之间往返（"诸侯、宾客、使者相望于道"），这些人的目的有且只有一个：为吕不韦说情，促使秦王嬴政同意吕不韦重回咸阳，重掌国政。

唉，不研究自己的对手（秦王刚愎自用），过度自信，吕不韦这一次真是花大钱办蠢事。

自从走出第一步棋，嬴政已经移动第二粒棋子，派出大量人手死死盯住吕不韦的一举一动。

"吕不韦派往咸阳的说客，人数之多、次数之频繁，令人想不吃惊都不行。"

"这也太反常了，过于超越常理了。会不会有某个不为人知的阴谋？"

"不怕一万，就怕万一"，嬴政发出命令，"吕不韦及其家属全部迁往蜀地"。

"吕不韦是个政治危险分子，离我国政治中心越远越好。"蜀地，今天是繁荣的四川盆地，秦时则是没有开发的蛮荒之地。迁往蜀地，即意味着流放边疆。

命令发出后，嬴政心中还有一个疙瘩：力度还不够强劲，必须给吕不韦一个明确的信号。嬴政立即动手，亲自给吕不韦写了一封公开信，算是给他的宾客们的说情行为做一个公开的答复。

信中，嬴政用了直接质问的方式猛烈抨击吕不韦："君何功于秦？也配得上封君河南，食十万户！君何亲于秦？也敢号称仲父！"

小字辈的青年真是不给老前辈一分情面，直接把吕不韦逼向了墙角，无路可退，无处可逃，就是要让他无颜再活在这个世界上。

看着摁在桌面上举家迁蜀的命令，看着秦王的亲笔信，吕不韦终于醒悟过来：我的政治生命，在这个小青年的手里算彻底结束了。

细细梳理嬴政采取的每一步措施，吕不韦惊异地发现，嬴政这孩子对我采取的居然是步步紧逼的策略。现在把我逼到蜀地，那下一步又是把我逼往哪里？用政治家的思维，吕不韦突然之间觉察出来：除非我死掉，否则嬴政这孩子决不会停下他紧逼的政治脚步。嬴政这孩子给予我的，其实只有一条路，那条路叫死亡。

对于政治家来说，死有各种方式。而那些诸多的方式中，最让人不能忍受的是被对方羞辱或精神折磨而死。如果被他羞辱折磨，那一定生不如死。走到这一步，吕不韦该如何走？

吕不韦的眼中，望到了一幅无限悲凉的景象。他突然想到了当年父亲送给他的那些话，是的，玩政治不比经商，这的确是一条单行道。经商失败了可以重来，而走入政治这条道就再也没有回头路可走。现在必须往前走，那么接下来的那个"前途"又该是那儿？

"我的人生已经看不到任何政治前景。我的这棵大树不可能再一次遮天蔽日。在山顶上，嬴政的大树已经完全彻底盖住我的阳光，已经不给我哪怕是一丝阳光的照耀，结果一定是我这棵树，这棵花费我一辈子心血的大树，将一定必定慢慢地枯萎死去。"

"与其等嬴政不停地派人来举起利斧朝树身上猛砍，还不如我自己了此残生。"

吕不韦从衣兜里慢慢拿出那瓶偷藏了多年的东西——鸩酒。"是的，喝下它，现在是时候了，这样死会体面一些，甚至会少些心灵的身体的痛苦和折磨。"吕不韦将这瓶度数不高的"好酒"慢慢地倒进了自己的嘴里，缓缓地咽进了喉咙。

于是，一代大商人、大政治家用这样的方式完结了自己的人生、自己的事业以及自己的政治生命。

此局，不经世事的年轻人完胜，老谋深算的政治老手彻底败出。

第二章 秦王亲政

第三章
秦国崛起

戮而杀之

一想到自己上台执政的第一件大事居然是处理自己母亲的秘密老公，第二件大事居然是处置母亲的旧情人，年轻国王的心，无论如何也轻松不起来。

随着对嫪毐"宫闱秽事"案件审理的深入，在儿子嬴政头脑里，母亲的形象越来越清晰——越来越百孔千疮。特别是母亲同嫪毐密谋、支持嫪毐搞武装叛乱，这两件事最终彻底打碎了母亲在儿子心目中高大上的形象。

嬴政不只是气愤，简直是出离愤怒，一怒之下做出决定：将太后由咸阳迁到雍都蕲阳宫居住，达到眼不见心不烦的目的；太后与嫪毐私通而生下的那两个孩子，也即嬴政同母异父的两个弟弟，将他们装在袋子里直接摔死。对着正在离开咸阳城的母亲，嬴政说出一句话来："今生今世，孩儿再也不想见到母亲的面。"

嬴政这番剧烈的感情波动，如果放在理性的层面进行思考，对不对？作为一国之君，遇到这档子麻烦事、苦恼事、伤感情且极丢面子的事，应该如何应对？估计一百个人有一百个看法。有的大臣就提出来："你国王也是人，也有人之常情，对于同母异父的弟弟不应该杀死。如果你国王这么做，全天下那些同母异父的兄弟还要不要过日子？"有的大臣提出来："对待自己犯错误的母亲，你这儿子也不应该完全不孝，政治上的错误与孝道之间不应该直接挂钩。"如此等等。总而言之，政治也要人性化，国王也是人。否则，这样的政治离暴政就不远了，这样的国君离暴君也就不远了。

大臣们评说国王左不是右不对的议论是正确的吗？

身为国王，又是新上台的国王，嬴政的想法与一般人的想法显然不太一样。如果只是一两个人这么说了，在奏章里劝劝，那也是无所谓的事。反正你说你的，我做我的，事我做下了，我就当个聋子，或者用"左耳朵进，右耳朵出"的办法，无视你们这几位大臣就是了。然而，摆在嬴政眼前的情况是，不只是一两个人上谏，而是一批接一批的大臣就这件事狂上奏章，猛喷口水。

这么一件家事，纯粹是我与我母亲之间的事，要你们这么多的大臣来谏诤？年轻的国王被这些喜欢写文章、天天就这事动脑筋的大臣彻底搞火，最终失去控制。年轻人脑子灵活，一个政治手法迅速就想了出来：发下一道极其严格的命令，让这些喜欢喷口水的大臣感受一下什么叫国王的残酷手段，什么叫国王的疯狂头脑，什么叫国王的愤怒，从而让这件事就此刹车。

命令内容：敢以太后事谏诤者，戮而杀之。

"戮而杀之"四个字，不是单单杀头这么幸福的事，是先要在受刑者身上猛地戮上几刀，鲜血淋漓，让受刑者痛苦无比，然后再将其杀死。

新官上任三把火，嬴政要用血淋淋的刀让大臣们好好地感受一番年轻的新上台的领导者心中的那把怒火，那把冠之以名目、树之以道义的强劲烈焰。

看到这道最高指示，所有的大臣立即明白过来：这位年轻的领导真的是很生气。

国王的命令下达了，贴在墙上了，事情到这里就结了吧？让我们当代人想不通的是，那时的人真是奇怪，好像性命不是他们自己的一样，一批接一批的大臣冒着被戮而杀之的危险，一个接一个往国王的案头就这件事接连不断地狂上奏章。

不要命的大臣与暴怒的年轻国王就这样死磕上了。比拼的结果不久就出来了，前后有二十七位大臣因为这件与他们根本无关的国王的家事最终把小命丢掉。

只能说，那时的人骨头真硬，为了某个真理。连小命都不要。

这些人要如此这般踩着我的刀尖上，难道我能因此而示弱？如果我就此收手，以后我这领导还如何当？年轻国王脑子里立即出来一个灵感，迅速发出一条命令：对这些被戮杀者的尸体，实行一个统一的政策——管杀不管埋，直接扔到阙下，堆在那里，任他们腐烂发臭。

"你们这些大臣，还要就这事反反复复折腾我，是吗？还要就这件事跟我过不去，是吗？这么多乱七八糟堆在那里的尸体，吓也要吓死你们。"

事情到这里真的应该了结。碰到这样的国王大臣们追求的那个真理还有什么用？毕竟人的生命只有一次，对于一个人来说，生命才是真正贵重的东西。请珍惜自己宝贵的生命吧，留着它为秦国黎民百姓做点更加有用的事。

而此时，一位脑力奇特的人走进了我们的视线。从年轻秦王血淋淋的刀尖上，这人发现了巨大的"官机"，即当大官的路子。

我们叙述的时候，此人正走在从东边的老家齐国赶往西边强大秦国的大路上，想着到西部去打工发财，最大的职业梦想是在秦王身边谋个一官半职，找份好工作。

人生要有梦想。努力吧，有梦想的人。

此人走到秦国的边界后，一天上午，坐在路边一家小茶馆里喝茶歇脚，听到茶客们不停地议论年轻秦王的种种新闻趣事，听到一起喝茶的茶客们在东扯西拉地议论一些发生在秦国都城里的大事怪事。年轻的秦王、秦王的母亲、嫪毐、吕相国的种种奇闻轶事，没有引起这位找工作的年轻人的特别注意。

一天，听说已经有二十多位秦王身边重量级的大臣被秦王的刀斧手戮而杀之，这位叫茅焦的齐国人突然感觉，这些事有些奇怪，绝不仅仅只是恐怖。再往前走，沿途看到一些本来打算到秦王手下找工作的人，本来打算到秦王那里寻找发展前途的人，纷纷打起退堂鼓。愈是接近秦国的都城愈能看到更多的人从咸阳城走出来，纷纷往别的国家跑。

是不是大家都在妖魔化秦国的国王？我是该继续前进还是另寻他途？

茅焦细细地打听消息，一边琢磨这些事。渐渐地，秦王身边发生的这些大事，在他的脑子里，勾勒出一个相对完整的轮廓。

茅焦一层一层地剖析，终于有了一个重大的发现，这些一连串看似妖魔级的事件之中，居然隐藏着一个重大的秘密——其中有着巨大的职业机遇，同时也内藏着巨大的风险。

我们在此将茅焦的剖析分层阐述如下。

第一个层面，整个事件说明，秦王嬴政虽然年轻，却是一位有个性有血性的小伙子。在当今诸侯并立战乱纷纷的时代，迫切需要这样的人来担当起兼并诸侯一统天下的重任。那些没有血性的国王，在这样的乱世，一定成不了大事。像嬴政这样的国王才是自己要投奔的人。

第二个层面，这位国王是一位年轻人，年轻人才会有理想。一位年老的国王一定只会想着过他的小日子，把这辈子过完算事，哪怕天下洪水滔天也与他无关。只有年轻的领导才是自己投奔的对象，在这样有雄心的领导底下干事才有劲，否则疲软的日子一定过得糟心。

第三个层面，天下诸国之中唯有秦国才有兼并天下的实力，而眼下看来，有这么一个虎狼之心的国君掌权，就表明秦国不但有这个实力还有这个可能。

第四个层面，哪里有危险哪里才有机会；所谓机遇就是机会与风险并存。现在，如果自己双脚踩着秦王的刀尖为他母亲的事去跟他秦王辩论一番，虽然一定有大危险，却也一定藏着巨大的机会。这个机会不只是匡扶正义而让自己一夜之间名闻天下，还可以借此施展自己的才能，得到秦王重用。自己这一辈子需要的不就是这样特别的机会吗？

现在需要的是策划一个冒险的方案，一个能让自己踩着那二十多具尸体筑成的血淋淋的台阶登上无数人仰慕的职业顶峰的方案。

四个层面一层层被茅焦慢慢剖开，茅焦决定不跟风随大流往别的国家跑，而是现在就动手认真策划一个能搞定血性而年轻的秦王的方案。

那么，这该是一个什么样的方案呢？秦王年轻，有血性，在感情的强烈冲击下失去了理性，也叫没有脑子，而自己呢，老谋深算，那么这应该是一个大学教授解开小学生出的难题的方案。想到这一点，定性这个策划案的性质之后，一个周密的方案在茅焦的头脑中迅速形成。

茅焦谏王

茅焦来到咸阳城，住进了一家客栈。准备工作做好后，他立即起身前去拜见秦王。在秦国王室有一个祖传的做法，国王有接见底层民众的传统习惯。

茅焦向秦王的门卫说道："齐客茅焦，有要事上谏大王！"

听到报告后，门卫长从里面跑出来，当面问道："听卫士说你从遥远的齐国而来，你是不是为着太后的事来进谏的？"

"正是。"

"那么，你们东方人还是不很了解我们西边国家最近发生的一些特殊事情吧？"

"都知道，都了解了。"

— 43 —

看到自己劝阻不住，卫士长只好入内向秦王禀告："有人为太后事前来进谏。"

"叫他先看看阙下堆积着的那些死尸，再做出决定。"

卫士长立即把秦王的话转告了等在门外的茅焦。

"我听说天上有二十八宿，现在已有二十七人升天了，哈哈，我今天就把二十八这个数字凑满。麻烦你再告诉秦王，我茅焦不是贪生怕死的人。请你向秦王特别提一件事：跟我一同到秦国来找工作的上千名齐国人，都已经返回齐国去了。只有我一个人等在这里。"

茅焦算出来了："我这拉 1000 个懂事晓理的齐国人和 27 位死去的灵魂垫底，秦王一定会接见我。"

嬴政一听卫士长回报上来的这番话，不由得怒从心头起恶向胆边生。"看来今天这位先生是故意来找茬的，有意来触犯我的禁令的。那好，卫士长，你这就给我准备一只炊镬。我要将他活活地烹死，煮成一锅人肉汤。哈哈，他不是有积尸于阙下凑数的梦想吗？今天我就绝不让他实现，要他尸骨无存。"

即便已经被戮杀的那 27 个人，也没有人敢于这么义正词严地来挑战我的禁令，嬴政气得牙痒痒，感觉自己这一次真是想不发怒都不行。盛怒之中，嬴政催促卫士长立即将茅焦召入。"我今天就要亲眼看一看这位不怕死的人，看看他到底长得一副什么模样。天底下难道还真有不怕死的？这也太让人难以置信。"

茅焦走了进来，远远地望到年轻的秦王一只手按着宝剑坐在那里，一副怒不可遏持剑杀人的样子。

茅焦盘算着：年轻国王已经失去理智，进入我预先设定的状态，那么，接下来，实施计划中的第二步。

计划中的第二步：如果我按着秦王的要求办，立即向前走，让秦王把我看个真真切切，那我一定会被愤怒的秦王杀死。现在要做的事是拖延时间，故意装出一副令人哀怜的样子，用有气无力的步态，用缓慢的步速，慢慢前行。

看到茅焦慢吞吞的样子，看着秦王那急不可耐的神态，卫士长催促他快步前行。茅焦用哀求的声调说道："这位大人，我一走到大王的面前，就会被煮成一锅人肉汤。麻烦您略略忍耐一下，让我在这个美丽的人世间多活那么半个时辰，我做鬼也会感激您的。"

看到茅焦说得如此哀怜，看到眼前活生生的人即将变成一锅人肉汤，卫士长也不再催促他往前行进。

在策划者的心中，时间就是变数。在茅焦的策划方案里，随着时间的延长，人的怒气就会慢慢地消退。

等到茅焦慢步走到秦王面前时，年轻国王的怒气果然已经消退了几分。

第二步棋走完。接下来将是策划案中的第三步棋。

茅焦一边行拜见秦王的礼节，一边说："臣听人说，生者不忌讳言死，国者不忌讳言亡。为什么呢？我这样理解，忌讳言死者不能够长生，忌讳言亡者不能够永存。有关生死存亡的道理是天下的圣君明主都想听的，不知陛下您想不想听听？"

嬴政本来想听听茅焦谈有关太后的事，绝没有料想到这人居然大谈什么"生死存亡"的哲学道理。急切与失望之间只觉得这人有点搞笑，从遥远的齐国跑到我西部的秦国来，只不过谈这么一个不着边际的道理。

这么一想，秦王心中的怒气顿时消去了大半。

"先生绕来绕去，这话我还是没有听明白。你到底是要表达什么意思？"

这正是茅焦第三步棋里理想的效果——激怒之后，一次、再次让对手消气。

茅焦早已计算清楚，这位年轻的秦王只要一听说是谈他母亲的事必定警惕万分，认为一定必定是来辱骂他的、攻击他的。沿着这个游戏定律，关闭年轻人头脑里的警报系统就成为关键的关键。前边三步棋，都是为着一件事，让对方消气，慢慢关闭他的警报系统。

现在对方已消气，警报系统已关闭，可以走第四步棋，这一步叫切入正题。

"陛下有狂悖之行，难道陛下自己还不知道吗？"

狂悖这个词相当激烈，不是一般般的背道而行，用今天的话讲，就是在错误的高速公路上一路狂奔。这样行驶的汽车只会离目标越行越远，除此之外不会有第二个结果。然而，茅焦在这里又不指明是什么方面，就像说相声抖包袱、写小说挖坑一样，一定要吸引对方听下去。

果不其然，嬴政中招，他问道："你这话说一半留一半，你到底指的是什么事？我倒是愿意花时间来听听。"

机会来了，给这位年轻国王彻底一击的机会来了。

"陛下车裂假父，有嫉妒之心；囊扑两弟，有不慈之名；迁母萯阳宫，有不孝之行；纵蒺藜于谏士，有桀纣之治。"

茅焦用无以复加的尖刻言词，直刺嬴政的要害；用如此犀利至极的方式来说清国王的种种狂悖之举，促使国王清醒无比地认识到"秦国已经悖道行驶了"。

就如一位高速路上的交警，用最激烈的方式拦下高速前行的汽车，明白地告诉司机："在这个道上按这个方向行使，已经跑到一个断头路上去了，后果将不堪设想，有可能摔下后面没有接继的断头高架桥，结果只能是车毁人亡。"

茅焦的尖刻用词、高烈度攻击性的观点已经远远地超过27位已死的进谏者，如果就此打住一定会死无葬身之地。

之所以玩这一招，是要拿这些话为最后一句最为重要的话做铺垫。如果没有这些"血淋淋的话"铺就的"鲜红的地毯"，后面一句话的分量就不突出了。

就如卖珠宝，把一颗珠宝放在一个设计新颖的玻璃盒中，底下铺上红绒布，垫起金灿灿的黄金砖，前后左右打上暖光源的射灯，放在展厅最显眼的位置，让展厅其他的珠宝为它当陪衬，这颗珠宝一准能卖上好价钱。

看到嬴政脸上的怒气正在不停地膨胀，看到自己的进谏确实刺痛了这位年轻秦王的心，茅焦当机立断，调转话锋，加高音量，一板一眼地说出了最为重要的那句话——那句让嬴政乾坤倒转、让嬴政调转车头重新驶上正确道路的话。

"天下的人听到了大王的这些做法，对你的好感、信心尽数瓦解，天下再也没有一心向往秦国的人了。臣窃恐秦亡，为陛下危之。"

你大王诛假父、杀二弟、迁生母、连斩进谏大臣，你是快活了，可是，你想到没有，这些事要是被天下诸侯各国的人全都知道了，将会产生怎样可怕的后果——你细想过么？那时，天下的贤士武将都为此寒心，还会有人到你的秦国来为你兼并天下出谋策划出死力相拼吗？我茅焦担心的只有一点，强大的秦国将因为你这个家庭小事而搞到彻底灭亡。我实在是感到陛下已处在危险万分而不觉醒的状态因而冒死前来向你进谏，我绝不是把我宝贵无比的生命放在你的屠刀底下开天大的玩笑。

茅焦最后这两句话真是字字千钧。一心想着如何才能兼并天下的秦王受到这番猛烈的思想撞击之后，就像一个昏睡的人突然从极端恼怒的状态中冷静下来。

统一天下靠的是什么？是人才。没有人才，啥事也办不成。特别是在诸侯纷争的时代实现统一天下这样的大事，更需要专业的人才，需要各类的奇才。如果像茅焦进门时说的那样，有那么多本来要为秦国做贡献的齐国人都回国去了，全都到别的诸侯国去了，如果来自各国的贤士全都纷纷离开秦国跑到别的国家，去为别的国家积累实力做贡献，那么，剩给秦国的必定是歪瓜裂枣，一定不会是什么真正有用的人。

相对于一统天下的千秋大业来说，太后的事就不叫事了。哎呀呀，如果不是这个茅焦，自己的这个成本账还真是颠倒算，一定算错了。那么这事现在还有救吗？嬴政就像下了一盘本来应该是赢的棋却因为一着不慎要全盘皆输，手掌心里开始冒冷汗。原来的那些个怒气即刻变得无踪无影，脑子里在想着如何挽回这一局。

嬴政的任何一个眼神、任何一个面部表情的变化都没有逃脱茅焦的眼睛。话说到这个情分上，每一步都在极速变化之中，风险随时会陡然增加，也可能会像一阵超级龙卷风一样，风过之后，先前昏天黑地的原野瞬间变得风平浪静。

看到嬴政的精神萎靡下去，变得神情恍惚，茅焦心中清楚，自己已经彻底安全，那么接下来就是要走一步提振年轻国王情绪的棋。

这步棋，不用再理性分析，用点情感招就行，伸手给秦王一个台阶下。毕竟人家是一国之君王，刚才自己把人家一顿臭骂，搞得对方实在下不来台。尤其是小青年，更是要面子。

那么，这个台阶一定是双用台阶，一方面，让秦王顺着台阶下，另一方面，自己能沿着台阶上，达成那个目标——让青年秦王器重自己，给自己一个发挥才能的平台。

现在是茅焦正式开演的时间。

高声说完最后那两句话之后，茅焦主动跪下，向着刑具的方向膝行而去，表达的意思很清楚，"我冲撞了秦王，甘愿伏法"。不但如此，他还一边走一边脱掉自己身上的衣服，这是要便于刽子手行刑。"我冲撞了大王，实在是罪该万死，我这就主动到沸水已煮得滚烫、柴火已烧得正旺的炊镬前伏法听令。"

茅焦如此激情的表演，惊呆了在场所有的人。这些人看到过太多的刑场，还没有看到过这样跪着走向刑具的，更没有看到过主动脱衣的，只看到过喊冤求饶的、掉眼泪的、哭得鼻涕横流的。

茅焦的夸张表演，当即急坏了一个人。

一个能让我认识到错误的大恩人、大奇人、大大的有才能的人，怎么能让这样的人死呢？这人简直就是一个高明的医生，能看出病根在哪里，那么，他的手里一定有治病的处方，岂能让这样的人在自己的眼前被杀死？

焦急中，嬴政快步走下大殿，用左手亲自扶起茅焦，用右手向两边准备行刑的官员一边挥手一边说道："赦免了！"

我已经杀了 27 位想跟我讲道理却又没有能够讲清其中道理的人，已经背上了杀害贤士的罪名，再错杀一位，岂不是罪孽深重？

扶起茅焦后，嬴政一边请茅焦穿好衣服，一边当即下达三条命令。"立茅焦为仲父"，表达出作为年轻的君主对年长者的那份尊重，表达出对指点迷津者的敬重。"赐茅焦上卿爵位"，向国际社会表达出秦王对人才的尊重与渴望。"现在就起驾到雍都蘄阳宫，迎接太后回咸阳"，表达出对母亲的孝敬，从而表现出有错误就改的君王高大上的态度。

回到咸阳，太后立即着手做了一件事，在宫殿里专门为茅焦举办丰盛的感谢宴会，表达自己对茅焦上卿的特别感谢。

酒席宴间，太后举酒向茅焦答谢道："抗枉令直，使败更成，安秦之社稷，使妾母子复得相会者，茅君之力也。"

嬴政处理完了家事，迅速做出决定要着手处理国事，实现一统天下的梦想。放眼望去，第一件大事是必须找到人才，组建新的高层团队。

秦王睁大眼睛，四处寻找人才，这时一本书辗转传到了秦王的案头。

发现明灯

　　为了各自的国家利益，天下各国，从国王到文臣到武将，个个穷尽主意，从政治角逐到军事战争，无所不用其极。

　　身处天下混战乱战的时代，身为一个西部诸侯国的国王，我要如何作为才能够一统天下？在这个超级难题面前，嬴政目标的明确：一定要找到一群人—招聘到天下最最具有神力的贤士来辅佐我，建立我的领导团队、智囊团队。仅仅凭我自己单打独斗，仅仅靠秦国这点军队，仅仅靠秦国有限的物力、财力、人力，在六国拼尽所有、强力求存的顽强抵抗面前，是不可能实现一统天下的梦想的，必得要有神人、牛人相助。

　　看着天下纷争的乱局，看着秦国的国力一天天增强，嬴政的工作日程里，每天都安排同一件工作：招纳贤士。

　　一天，嬴政突然发现一位超级神人，一位契合他兼并天下战略思想的思想家，一位发现了一统天下的超级利器的谋略大师。现在有请一直站在幕后默默无闻当"苦力"的韩非先生闪亮登场。

　　这位的确不是一般的人。在那个战争接连不断的特殊历史时期，韩非有着超越常人的特殊思想，今天称思想超人。很有必要给这位叫韩非的超人来一个大特写镜头。

　　如果有记者就统一天下的话题采访韩非，回答可能是这样的。

　　问："诸国争霸，这个世界有统一的可能性吗？"

　　答："有的，关键是该王的手上掌握并可运用一大利器。"

　　问："韩非先生，你所指的利器是什么？"

　　答："法律，即建立法治国家，用法律治理天下，让天下人做任何事都按法律来约束。人人头脑里有法律的概念，天下官员手握法律的准绳，这样一来，这个世界就不再没有规矩，不再乱争乱抢，最后，天下想不统一都不行。"

　　韩非看来，统一天下的关键是要有一个让天下变成"一"的东西，这个东西除法律之外，其他方法都不能达到。韩非认为，武力不能统一天下（兵家），仁义道德不能统一天下（儒家），民主自由也不能统一天下，只有法律，才让天下人的思想、行为由乱变一。

法律有这么给力吗？大家接下来看后文,看韩王和秦王如何思考这个"法律神器之一统天下功能"的课题。

韩非的历史地位:战国末期法家理论的集大成者;主要作品《韩非子》,流传至今;理论制高点:建设法治的世界,而不是人治的国度。

当代人看出来了,"法治社会"的确是一个极牛的理论。漫长的封建社会里,中华儿女一直在人治的祸害中痛苦地煎熬。

两千年前的韩非,怎么就有如神助一般产生了法治天下的思想呢？

《史记·老庄申韩列传》记载,韩非是"韩之诸公子",也就是王二代、官二代、贵族二代。这人有点儿怪,兴趣点与常人不同。当时在社会上混的人,都喜欢搞人际交往,而他却把自己的时间花在了钻研刑名法术的学问上,喜欢研究法律。他不但深入地钻研法律,而且形成了一个重要的观点,认定法律今天是、将来更是建立理想国最实用、最必需的工具。

韩非一边为着眼前乱糟糟的世道从思想上寻找出路,大搞法学研究,一边不停地写作、著书立说,将自己的研究成果写成文章。两千多年后的今天,我们仍然能够看到的《韩非子》一书就是他的著作之一。

为什么韩非的法治思想没有能够像孔子的儒家思想那样得到广泛传播？极为可能的原因是,上天故意设置了一道屏障,因为韩非天生有个毛病:口吃。他与人沟通交流时有这道无法越过的天然障碍。正是说话结巴的毛病,使得他无法用嘴巴说出自己的研究成果,害得他不能像孔子那样四处游历,不能到处宣讲自己的理论、主张。

韩非的法治思想到底是哪里来的？这与他的老爸有关,更与战国时期一个大学者有关。

韩非的老爸非常有钱。今天有钱的家长们个个都愿意花大把的钱把孩子送到名牌大学去读书。韩非的老爸也是这样的玩法,拼命地砸钱,在韩非身上做教育投资。

韩非就读于战国后期大学者荀况家的私立贵族学校,而且成为荀况的高足弟子。正是在这所学府里韩非结识了他的同学,后来跟他一样有名的李斯。在学校里,争强好胜的李斯每当看到自己的成绩不如韩非就非常嫉妒,有时恨得咬牙切齿。

完全不相关的两个神人偶然在名校相遇，是不是某种天定的缘分？正是李斯在秦王面前推荐了韩非，成全了韩非，又最终毁灭了韩非，这就是传说中的不是冤家不聚头。

韩非从荀老师开办的贵族学校里完成学业。学成归来，他立即在家里动笔，根据自己对时事的观察，结合所学的知识，形成自己独特的思想见解，写成了多篇文章。韩非将自己的这些作品一起打包，信心满满地送给国家的最高领导——韩国的韩王。

历史上有不少像韩非这样的神人，针对某些尖锐突出的社会问题认真细致地开展研究，结果居然发现了其中的奥秘。青年孙中山，对晚清社会问题深入研究之后，认为自己找到了社会的症结，找到了解决社会症结的方案，写成万言书，从广东跑到天津向李鸿章中堂大人上书，结果如泥牛入海毫无音信。

史载韩非"见韩之削弱，数以书谏韩王"，结果跟青年孙中山一样，没有任何的结果。

在韩王的眼前，摆着韩非这个超级大能人，然而，韩国的最高领导者有眼无珠，缺乏识才能力，识别不了。像韩王这样的人不能辨识人才，想不败国都难。如果对比一下接下来秦王的做法，这个反证韩王的论据就更鲜明。

好的建议不能被国王采纳，韩非现在也只能空怀一颗报国之心。在战国时激烈竞争的大潮中，韩国日渐削弱，真是神仙也没有办法。

秦王嬴政没有见到韩非之前，趁现在还有点时间，赶紧来看看韩非到底写了什么样的文章，他是如何解剖分析诸侯列国面临的现实难题？

韩非写了《孤愤》《五蠹》《内外储》《说林》《说难》等文章，共达十余万言。韩非认为，韩国"不务修明其法制"，不着力制定法律，不积极完善法律体制，不在全国官员队伍中宣讲法治理念。"举浮淫之蠹而加于功实之上"，今天叫搞形式主义；"悲廉直不容于邪枉之臣"，清廉正直的人搞不过吹牛拍马的人。如此病患重重的官员队伍，如此没有规矩、胡作非为、胡乱作为的政府官员，这样的国家能长久吗？

韩非的这些著述在各国之间辗转流传，缓慢传播。某一天，这些著述被人送到了秦王嬴政的案头。

读完《孤愤》《五蠹》，嬴政当即拍案称奇，随即大喊一声："天啊，我要是能见到此人，并且与他交流沟通，这辈子真是死而无憾。"对于用法律治理国家的观念，嬴政一直在研究，一直在黑暗中摸索，直到看了韩非的文章才感觉找到了一把开启新世界的金钥匙。后来嬴政建立的大秦帝国，法律严紧，体系完备，是前六国无法比拟的。而大秦帝国之所以迅速败亡，其中一个原因就在于秦帝国的法律太过于严苛，法律太多太繁。如果韩非没有过早地被人陷害至死，或许在韩非的帮助下，嬴政在制定法律、实施法律时适时适世而动，秦帝国就有可能避免法律过重过滥造成的损伤。然而历史不可以假设。

嬴政一个人坐在宫中如饥似渴地阅读韩非的文章，一个人坐在那里像个傻瓜一样大喊大叫，拍案称奇，正巧有个人推门进来汇报工作。

这人是韩非当年的那位同学李斯，现在在秦国已爬升到了长史的职位。看到秦王如此这般大加感慨，便走上前去看看秦王是不是看到了非常吸引人的好小说。

看到李斯走过来，嬴政指着桌子上自己正在看的竹简，问道："正好有个问题，你过来帮我看看，这些书简是出自何人的刀笔？"

看了其中几句，李斯一下子就辨认出来，笑着对嬴政说道："这是我一位同学的文章，他叫韩非，韩国人。他的思想、他的文风，我一眼就能认得出来，他和我一起在荀况先生那里学习了好多年，在我们同学中他最能得到荀况校长的器重。"

毕业于荀况那里的人，类似于今天毕业于名牌大学的高校毕业生，而得到荀况特别器重的学生，那就一定是大学生中的高才生！再回过头来看看摆在桌子上的几篇文章，秦王陷入沉思之中。

嬴政盯着韩非的《孤愤》篇，在这篇文章里，韩非点明了加强君主权力的要害所在；再看看《五蠹》篇，韩非既规划出了富国强兵的具体方案，还提出了一个兼并天下的战略目标，构想了一个建立超越五帝三王的大帝国的超级宏伟蓝图。这跟他嬴政的想法是多么的契合。

真正高度的契合！

嬴政梦想中的目标，简约地说，就是十六个字：法治天下、富国强兵、兼并诸侯、建立帝国。这些日思夜念的庞大计划，岂料到在韩非的作品中居然有一套现成的具体的解决方案。"天啊,什么叫句句话都说在自己的心坎上,就是这种感觉"。嬴政犹如行走在漆黑的夜晚,在无边的旷野里,在呼啸的寒风中,突然发现远方亮着一盏闪闪发亮的明灯。

韩非身死

一连几天,嬴政时不时望望这些书简,反复在想一件事:如何才能见到文章的作者?

当时韩国与秦国是敌对国家,你想吞了我,我想灭了你。韩国人有着自己强烈的爱国心,何况韩非这等高度明事晓理的智慧高人。一句话,嬴政花再多的钱也请不来敌对国家的超级牛人韩非。

如何把敌对国家的牛人弄到我秦国来,为毁灭他的韩国服务?这就是嬴政碰到的奇怪难题。

作为一代帝王,想来想去,嬴政终于想出了一个比较复杂然而有可能得到韩非的办法,一个军事与外交连用的双重手法。

公元前 233 年,嬴政决定实施方案,派出强大的秦国大军大张旗鼓、浩浩荡荡攻打小小的韩国。

"平日里相安无事的秦国,在毫无战争征兆的情况之下,无缘无故派出一支强大的秦军进攻我国?叫喊着要毁灭我韩国?"看到边关送来的军情急报,韩王安一头雾水,惊慌之中不知如何是好。"我们小小的韩国如何是强大秦军的对手?"

谁才能摆平秦军?韩王安不停地抓头皮,靠韩国的这点儿军队显然是不行的,只能抵抗一阵子。可这之后呢?现在就去请求别的国家援军也太不现实,因为秦军来得实在太突然、太迅速。天啊,这该怎么办?

从韩王到大臣到武将全都束手无策。现在,除了做无谓的抵抗还能有什么办法吗?留给我韩王的路不多,看我能不能想出一个死里求生的办法来。

韩王的脑子跟一般人的脑子差不到哪里,反复地想,最终仍是没有想出什么死里求生的方案,不过,危急之中韩王突然想到了一个人——一个满脑子是各种各样想法的人。

说话结结巴巴,但是写出来的文章都是针对如今国际关系的现实难题、军事难题、政治难题，满脑子都是把韩国做大做强的主意。韩王早有一个没有明说出来的看法：结巴喷子韩非喷出来的那些理论差不多都是纸上谈兵，没有什么实用的价值。然而，有这么一个人总比没有好，既然他会喷，那就不妨派他去秦国喷，用他那些奇谈怪论把入侵韩国的秦军搞定。这就是传说中的没有办法的办法。

韩王立即派人把韩非喊了来。他对韩非说："你是一位研究国际关系学、政权学、法学的学者，请你当我的特使，在这个战争节骨眼上出使秦国。促使秦国退兵。理由嘛？请你前去劝秦王首先伐赵。至于其中的原因，为什么一定要首先伐赵而不是我们韩国——那就要靠你那个既伸不直还有些扭不过弯的舌头了。"

世上有些事真是无巧不成书，可算歪打正着，如此之小概率的事，这一次给韩王碰个正着。韩王打破头也没有想到，秦王这一次发兵的目的，还真不是要在这个时间段上灭掉韩国，而是要得到韩非这个超级人才。灭掉一个国家需要各方面时机成熟，如果时机不成熟，灭掉小小的韩国容易，接下来引来其他所有国家的联合进攻，秦国将面临多线作战。那才是真正的危险——这点小道理，嬴政心中非常清楚。

看到韩非作为使者到秦国来了，嬴政给了韩非全世界最大的面子——因为你来了，我秦王二话不说，这就撤兵回家。你看看，你的面子大不大？

韩非双脚踏进秦都咸阳，当即受到秦王嬴政盛情接待。那仪式和宴请的级别，完全不是接待交战国的使者，而是接待多年未见却每日里倾心谋面的好朋友。

韩非出使秦国的使命，还没有等他动嘴就已经达到。至于是不是攻打赵国，嬴政当然有自己的整体安排。现在是秦王嬴政在韩非偶像面前演出的时间。

嬴政盛情挽留韩非，希望韩非这一次来了就别走了，就留在秦国工作，留在自己的身边，成为秦王智囊团的一员，为秦国的超级强大、称王称霸、一统天下策划出大方案、金点子。

如何留住韩非？嬴政想来想去，想出了一招：理论上我说不过你，但是，情感上我应该能感动得了你。嬴政每天请韩非吃饭，请韩非喝酒，请韩非沐浴，请韩非聊天。我跟你玩感情，人总是有感情的。在一起的时间长了，感情生出来了，你韩非不就留下来了？

一套接一套暖心工程做下来，终于起了作用。韩非做出决定，答应嬴政，留在秦王的身边工作，为秦王称霸天下做贡献。

人才是留下来了，问题跟着也来了。

韩非会不会玩一套身在曹营心在汉的职业游戏？在国际竞争激烈、国际矛盾尖锐的今天，在这样特殊国际政治环境里，在韩国的敌对国家秦国的最高权力机关，他这位特殊人才能否最大限度地发挥作用？每当下班之后，在后花园里散步，嬴政忍不住思考这个职场难题。

镜头转向韩非。

在韩国，韩非写作时下笔如有神，以文锋严峻、思想峭刻著称，在秦王身边，在秦王面前，他却彻底地变了，变得非常谨慎。

为什么会有这样的变化？是不是因为有口吃的生理缺陷，还是担心言多必败？

真正原因只有一个，韩非极度聪明的大脑里有一个想法。这个想法来源于他对"君王学"的研究。"人主喉下有逆鳞"，在君王身边工作的人，一旦触动人主身上那块看不见的逆鳞就要遭受杀身之祸。民间说法：伴君如伴虎。

出身敌对国家的政治家，韩非明白，在自己脚下有多条政治红线，既看不见更摸不着。类似于物理上的"红外线"，密布在政府、军队那些重要的"保险柜"的四周。肉眼虽然看不见，然而却是实实在在存在着。

之所以有这样的结论，绝不是作者凭空推断，而是有事实根据。韩非写过一篇文章《说难》，对于从政者在君王面前可能遭遇的种种职场困难，做过深刻的解析。

在嬴政的身边韩非谨言慎行，工作了很长一段时间，生活得平稳而安定。

一天，嬴政突然产生了一个感觉，我给韩非的工资也高，待遇也挺好，可为什么到现在为止，韩非还没有结合秦国的实际，结合国际政局的变化，为秦国策划出某个给力的方案呢？

后来有史家解读嬴政的失望感，是由于作为读者的嬴政在读过韩非的大作之后，对偶像的期望值太高了，因而对现实中的作者韩非的失望值，相对而言就不停地上升。一些人认为，学者型人才，出学术成果不是一朝一夕的事，学术研究常常是一个漫长的过程。这与国王的期待之间存在很大的距离。

韩非是秦王花了大价钱——动用军队——才请来的，而且现在也的确是给出了高薪。

嬴政器重韩非却又小有失望之时，一群人从中看出了机会。

我们都是外宾，都是外国来的专家，都是同事。韩非对秦国什么贡献都没有，却隔三岔五就能得到秦王的宴请，而且拿高薪。而我们呢？工作做得比韩非多一大堆，薪水却比他低一大截？这些人的身份有一个专有名称：客卿，如李斯、姚贾、茅焦。

而韩非这人也有内向，下朝后不去跟同事们在酒桌上、饭局上吃肉喝酒打牌，却喜欢一个人猫在家里搞研究搞写作。这样的人才今天在高校里有很多，有个专业名称叫学者型专家。

在同事们眼中，韩非这样为人处世就是这样孤傲、清高，瞧不起我们这帮子同事。

韩非或许不知道，远离团队的孤雁，这本身就是非常大的一个生存危险。

一天，嬴政得到消息，燕、赵、吴、楚四国正在酝酿一个联合进攻秦国的大阴谋。深入研究之后，嬴政做出决定，派客卿姚贾为秦国的亲善大使，出使四国，目标就是拆散这个四国联盟。

姚贾带着秦国外交团，往返于四国之间，一番忙碌之后，最终达到了目标，成功拆散四国军事联盟，使得四国之间那个理论中的大预谋成为泡影。

嬴政非常高兴："姚贾做得非常成功，升为上卿。"

韩非每天忙于学术研究耳朵却没有歇着。有一天，他听到一个消息：这次秦国外交使团国际交往过程中，姚贾趁公务之便与外国国王私下交往，私自结交。

姚贾代表的是秦国的形象，他这样做岂不是践踏国际交往中的政治红线？最终结果是有损秦国的高大上形象，韩非做出决定：把这个情况向秦王报告，杜绝以后国际交往中类似情况的发生。奏章里，韩非写道："（姚贾）以王之权、国之宝，外自交于诸侯。"他提请嬴政明察姚贾，提醒嬴政注意姚贾的违规做法可能给秦国带来的潜在威胁。

韩非的奏章七传八传，不久就传到了姚贾的耳朵里。姚贾决定采取反击措施。在充分地准备之后，一天姚贾来到秦王面前，对自己的那一套做法——与外国重要人物私自结交一事进行公开的辩解。姚贾给自己办公事结私情的国际政治新玩法，想出了一个新概念：双手齐下，两条腿走路。既建立国家之间的政治关系，同时与外国领导人之间又结下良好的私人感情。

赢政细听之后，感觉姚贾说得有理。不管白猫还是黑猫，能捉到老鼠就是好猫。不论你用什么办法，解决了国际大难题就是成功。无非也就是我秦王付出的成本可能大一点，如此而已。秦王决定，继续任命姚贾为外交官，在需要的时候再度派他出使诸侯国。

这件事到这里本来就可以打个结，就此过去，世界平安无事。无非韩非与姚贾之间，对于国王的使臣在特殊情况下如何运用手腕发展与外国重要人物的私人关系，观点不同，如此而已。

可有一个人站在旁边静静地看着眼前发生的一切，突然有了一个发现，秦王对韩非的态度已经变得冷淡，不再把韩非看作神人。要搞倒这个职场竞争对手，那就只要一个机会了。

李斯早就嫉妒得眼睛流血，于是编织了一套说辞。

"韩非是什么人？他是韩国的一位公子，韩国王室贵族的成员之一，那么他的心一定是在为韩国着想，绝不会为秦国谋划。"

"现在大王将这样的人留在秦国的最高层，也就让他有机会接触秦国高层的机密，深度了解秦国虚实。这样的人一旦回到他的祖国，对于秦国来说就是一个大大的祸患。找他一个过错，以名正言顺的方式将他依法诛杀。不给伟大的秦国留下任何的后患，不给对手韩国以任何可钻的漏洞。"

从李斯的分析里，赢政听出了一点东西：韩国公子在窃取秦国最高层机密。

赢政点头称赞："宁可错杀一千，不可使一人漏网。不怕一万就怕万一。那就找个由头，将韩非下狱问罪。"

突然之间，自己由河里的鱼变成了河岸上的鱼，韩非被秦王毫无征兆的当头一棒打晕。

韩非茫然不知所措。一天，同事李斯来到监狱看望他："作为老同学，一直想帮你的忙，也一直帮不上什么忙。这最后一个忙，我想，无论如何一定要帮。"说着，李斯从衣袋里拿出一小瓶毒酒，说道："帮你留个全尸吧。"

看着毒药，韩非陷入了沉思，突然有一个感觉：李斯在学生时代嫉妒之心就重，我这次必定是遭受他的陷害！或许上天留下一丝向秦王陈述无罪的机会。我绝不服毒自杀。

自从把韩非下狱，嬴政就对这个决定反复掂量。突然他醒悟过来，把韩非下狱问罪的决定有些不妥。沿着这个思路前行，他又有了一个新的发现，我这样做必定是中了李斯的计谋。嬴政立即决定明天一早就派人到狱中宣布赦免韩非。

与此同时，回到家中正坐在明亮的烛光下的李斯的脑子里反复转一个念头：如果韩非生存下来一定会发现是我搞的鬼，必定寻找机会报复我。这样的话，后果将不堪设想。

接下来，李斯紧紧盯住秦王的一举一动。得到明天一早秦王要赦免韩非的消息后，李斯立即派出人手，抢在前面，深夜让韩非在狱中"自尽"。

得到韩非的死讯，嬴政心中非常悲哀：轻易之间，就突然失去了一位真正有才能的人。

该死的李斯，都是他的馊主意，一定要重重地将他治罪。正准备做出这个决定时，嬴政突然想到一个东西——成本账。如果把李斯杀了，那就是付出两个人才的高昂成本，最终吃亏的一定是自己。

眼下秦国非常需要像李斯这样的人才，那就不能自砍手足。嬴政气得把桌子狠狠地拍了两下。

韩非死了，韩非的那套理论——以法治国，以礼立国，被嬴政认作一统天下的法宝。历史证明，嬴政这一次赢了。正是有了韩非一系列理论的光辉指导，在兼并战争中嬴政笑到了最后，终于赢得了整个天下，在中国大地上成功地建立了韩非所提出的"超五帝、侔三王"的大秦帝国。

这时一位跟韩非一样有神力的人物，正来到咸阳寻找工作，我们得赶紧把镜头挪过去。

尉缭佐秦

此时，一个严峻的现实摆在嬴政的面前：诸侯国之间，谁都不服谁，战争时不时就在两国之间发生；或者几个国家联合起来打某个国家。只有把诸侯各国全都灭掉，一个不落全都兼并，这个世界才有安宁的那一天。那么该如何动手，才能实现兼并六国、一统天下的梦想？

反复思考中，嬴政突然发现，如果能够解决两个大难题，对于强大的秦国来说，一统天下的可能性就大大地增加。

凭借秦国强大的军事力量，秦军能够消灭吞并六国中的任何一国，然而如果六个国家联合起来，或者他们中间的某几个国家联合起来，秦军无论如何就搞不定他们。这个征战的过程，一定变得缠缠不休；秦国国力再强大也会在这种一对多的车轮战中慢慢地消耗掉。

如何阻止诸侯各国结盟，如何行动才有可能不让六国合起伙来抵抗秦国的军事进攻？这该是怎样的妙招？

上面的难题如果能解决，下面的问题，就必须解决。

秦国的确战将如云猛将成群，然而面对长期的、艰难的、规模宏大的统一战争，仅仅有一群军事上的实干家不行，秦军系统里必须要有一个人，一个谙熟军事理论的军事天才军事谋略家，这样才有可能协调数量庞大、多条战线同时作战的秦军。

秦王对军事天才望眼欲穿。就在这时，秦王嬴政十年（公元前237年）的一天，一位军事天才，就像上天派来的一样从魏国来到了秦国。

真是来得早不如来得巧。

来者是魏国大梁人，布衣出身。注意，大梁是魏国的都城，也就是说，这人是在大城市里见过世面的。从东方那边文明先进的都城里混出来的，与山里人乡下人相比，眼界大不一样。

此人叫缭，既是军事上的实干家同时又是军事理论家，历史上流传下来的军事名著《尉缭子》一书就是他的作品。这样的双料人才，今天被称为牛人、神人。当然，这个评价是我们后人给出来的，而我们正在说的这个时候，缭先生还是一位马不停蹄赶往秦国努力寻找工作的青年。

缭一脚踏进秦国土地时，年轻的秦王嬴政已经平定了嫪毐集团的叛乱，解除了相国吕不韦的职务，正是大权在握，可看着摆在自己桌面上的那两个难题，正愁云满面。

如何才能在当今最发达国家找到一份属于自己的理想工作？

缭一路都在盘算。最理想的工作，当然是在秦王嬴政的身边干活。如果能帮秦王搞定他的难题，好工作必定不请自来。那么，秦王的难题会是什么？我的手上有没有他需要的解决方案？

当缭的一双脚踏进秦国的地面时立即有了发现。带着一份谋划好的方案，缭青年敲开了秦王家的大门。

"今日秦国强大，诸侯国国君犹如郡县之臣"。这个说辞捧到了点子上，表明缭看出一个国际竞争的大格局：七国之中，秦国最为强大；秦军与六个国家之中任何一国军队打仗，秦军一定必定是绝对的赢家。

话锋一转，缭将重拳猛击在秦国的软肋上。"如果他们六个国家联合起来的话，秦国则形势危矣。"

看到嬴政认真在听，缭继续说道："当年晋国的智伯、吴王夫差、齐湣王，这三国可谓国力强大，这三人可谓牛气冲天，而最终的结果呢，被他们的对手彻底灭掉了。这就叫枪打出头鸟。眼下，七个国家中，谁最牛，谁就成了出头鸟。你秦国最牛，如果不想出对策就反而会引火上身。"

嬴政一听，吓了一跳。这真的不是遥远的历史典故，这三国、这三人就是不久前发生的事。

"先生能看出病根，又从遥远的魏国大梁跑到秦国咸阳来，手中必定是有治病的良方"，嬴政急忙唤人给缭奉上秦国上好的香茶。

"我的解决方案，简单地讲就叫离间计，成本费用 30 万金。"

"先生真是神人。这是秦国最上等的香茶。"嬴政一边请对方品茶一边挪动椅子，朝着缭的身边坐近了些。

"花费 30 万金收买诸侯六国的重要权臣。把这些人收买过来，就能扰乱打破他们联合起来攻打秦国的阴谋。六国之中一旦有人提出联合进攻秦国的密谋，那些行动计划就会立即由被你收买过来的人将详细的信息送到你的案头。"

"离间计搞定的只是对钱感兴趣的人。那些重要权臣中，还有一部分人骨头特别的硬，在黄金面前，也丝毫不眨眼。对付这样的人就得用第二招，谋杀、暗杀。"

"那些收买不过来的六国权臣，就想尽办法从肉体上消灭他们。利用收买的杀手，不声不响地灭掉他们。"

"离间与谋杀两招合用，在六国最高层就能制造出一种政治局面，诸侯各国的上层人士政治上向着秦国一边倒。六国上层一旦倒过来了还有联合进攻秦国的能力吗？"

听着缭的短篇小论，看着日光辉映的墙壁，摸摸手边靠椅上光滑的扶手，嬴政有一种如听仙乐如沐春风的感觉。我苦苦追寻的答案原来上帝塞在了这个青年朋友的脑子里。

离间暗杀，再加上我秦国祖传的远交近攻策略，天下统一的大门岂不就此敞开？还等什么呢？（远交近攻：对路远的国家，就结交，如远在山东的齐国；对路近的国家，就军事进攻）

"缭先生，你太有才了！"嬴政打着响指，当即决定："我这就聘请你为秦国客卿。"

祝贺贺缭，好工作到手了。

看着缭，嬴政越看越觉得高兴。这样的人才，真是上天送来的宝贝啊。嬴政从心中感叹起来。如此旷世难找的奇才，我该如何留住呢？送走缭青年，端着手中的香茶，来到王室庭院，望着蓝蓝的天空，嬴政反复思考这个问题。

留住高级人才，用钱就行，狠狠地砸出高薪即可；而要留住超级人才，留住特殊人才，就不单是钱能起作用了。因为你的竞争对手手中也有钱。

除了钱之外，对方还有没有某个渴望的心理需求？

嬴政想出一个办法，授给缭客卿一个非常特别的特权，其他任何大臣都没有也不可能享受的特权：在穿着上、在饮食上，特别授权缭客卿与秦王同一个级别，也即达到王者的级别。

今天的人们，不同社会地位的人可以穿同样的衣服，吃同样的饭菜，古人的做法有些类似于今天军队里的军服、肩章的管理体制，不同级别军官的服装肩章不可乱穿乱戴，否则就违犯了部队纪律。比如皇帝的龙袍，一般人不但不能穿着，甚至私下里制作拥有保管收藏都有可能要掉脑袋。

我这样特别授权，必定让缭客卿找到受宠若惊的感觉，嬴政很是得意。

你王者穿的龙袍怎么能让我这样一个布衣随便穿呢？我穿在身上，全身哪一块肉都不舒服，你这不是践踏了礼教的底线吗？缭一边感谢秦王的特别授权，一边心中暗想。

什么样身份的人，就穿什么样的衣服，吃什么档次的饭菜，这感觉才爽。这才叫标准，否则，你秦王岂不是带头破坏社会标准？

缭越想越觉得不对，细细察看嬴政的一举一动，发现问题越来越大越来越多。看看他的相貌，长眼睛、高鼻梁，听听他说话的声音，跟凶猛的鸷鸟一般。他发脾气时，那个声音就变得像豺狼嚎叫。这样的人必定是虎狼居心的一个人。

这样相貌的人，得势前往往超出常人的谦卑，得志后往往像虎狼，轻易就能伤人性命。

我这么一个布衣出身的人，因为上次给他提了一个小小的方案，他现在看到我总是低姿态，这么轻易就颠倒君臣之礼，不守礼教的底线，那么，如果他果真能取得天下，天下人到那时不都成了他的臣虏了么？

"为了混个自然死，此人身边绝不可久留。"

得出这个结论后，缭立即行动，悄悄离开旅馆，偷偷逃出秦国。

连续两天不见缭来上班，嬴政立即有了一个不好的感觉：这个人才怕是留不住，这会儿一准在往国外跑。当即，秦王派出人手四出寻找分头去追。

追的人还真是下了大力气，缭还没有走出咸阳城，就被秦王的手下给追上了。

嬴政又惊又喜："先生不告而辞，舍弃寡人而去，是有什么不可说的苦衷吗？"

"哪里？哪里？这两天想看看咸阳城繁华的大街小巷，看看城里高大别致的建筑群。"

话虽这样说了，缭心中却清楚："这下给秦王彻底地喜欢上了，一准给秦王盯上了，必定想逃也逃不掉。"

既然问不出那个真实的原因来，那就不必再问了。嬴政明白：现在我能做的，就是必须在自己身上找原因。

沿着这个思路，嬴政果然发现了一个大问题，自己一时高兴竟然忘记给缭授予官爵。想到此处，嬴政缓缓说道："我这么急急地找你来是要告诉你一件事，我已决定正式任命你为国尉，请你来主管秦国的军事。望先生辅佐寡人安定天下。"国尉，类似于当代的国防部长。

不怕贼偷，就怕贼惦记。既然已经被秦王惦记上了，那就一定跑不掉。想到这一层，缭决定接受秦王国尉的任命。此后，人们就称他为"尉缭"。

秦王看人还真是有眼力，在尉缭的脑子里绝不只有那个离间计暗杀计，那也只不过是小小地露一小手，还有一个比离间计暗杀计价重一万倍的宝贝，只是尉缭一直捂着等待真正的买家出现。

既然尉缭一见面就能看出秦国的问题，而且能开出切中秦国难题的给力处方，那么这人的脑子里一定有一座金山，那个离间计只是金山一角而已。

掂量着秦王开出国尉这个价码，尉缭有一个感觉：这个价码应该是到位了，我脑子里的这个宝贝可以出手了。

这个宝贝非常的厚重复杂，已经从那个时代流传至今，总结起来就是一本书《尉缭子》。

表面上看，这只不过是一部兵书，尉缭无非也就是当了一回写手。可实际上，绝不如此简单。在尉缭的领导下，正是以书中记述的兵法为训练工具、作战标准，秦国的军队完成了一次质的飞跃。秦军从以前野蛮生长、章纪混乱的时代向正规化军队时代华丽转身；秦国军队的招募训练管理作战，从人治向法治极速飞升，今天称"标准化、系统化"。

反过来说，如果没有尉缭的巨大贡献，秦军的训练管理作战就难以达到系统化、标准化、规范化的国家正规军程度，还只是一个类似于山寨版的土匪集群而已。

有人会问：促动秦国的军队发生这种巨大的变化，有这个必要吗？

答案是非常有必要，这样的秦军适应了大规模作战新时代的军事需要。

发动统一战争之前，秦国与诸侯国之间的战争差不多都是一国对一国单打独斗的打法。战争规模小，无非也就是几万人或者十万人左右的战争规模。而秦王嬴政接下来发动的统一战争，也叫兼并战争，如秦国与楚国的战争，秦国出动的军队是 60 万人的规模。在这种超级巨大的战争规模中，如果全军号令不统一，如果行动的方案没有协调好，如果……秦军还能取胜吗？这些用来"统一""协调"的工具，必须在战前制定标准，按照定制的标准进行前期训练，战时按训练成熟的一整套方式方法，组织指挥作战。

尉缭为秦军打造的正是这样一个中枢神经系统、一个类似于电脑视窗的操作平台、一个全军上下通用的标准。

修郑国渠

秦王嬴政解决了家庭内部难题，又得到了军事天才尉缭，秦国兵精粮足，秦军训练有素，正睁大眼睛寻找机会向六国下刀子。就在这时，突然发生了一件谁也意想不到的大事，一件大得无边的大事——涉及在秦国上层工作所有的"外籍专家"。

事情还得从秦昭王说起。

商鞅变法以来，秦国大行改革开放之道，国力越来越强大。

秦昭王认定实现秦国世代大梦想的时机已经成熟，做出决定，启动一个重大程序，虎视东方。秦国位于中国的西部，所谓八百里秦川。而秦国要向东部发展，首当其冲的便是灭掉卡在它东进道路上小小的韩国。

韩桓惠王眼光精明，一眼就看出秦昭王的虎狼之心。韩国力量弱小，显然不是强大秦军的对手。

拼经济，拼军事力量，韩国都不可能是秦国的对手，毕竟一个是马一个是狗，狗再怎么努力锻炼身体，再怎么努力地吃鱼吃肉，也不可能跑得过马的。

韩桓惠王开动脑筋，反复构思，突然一个机会撞上门来。

秦国建成了一个巨大的水利工程——都江堰。正是通过这个工程建立起来的自流灌溉体系，使得原来极其缺水十年九旱的成都平原变成沃野千里的天府之地。也正是这个工程发挥出来的巨大作用使得秦国的粮食产量连年猛增，翻着倍儿往上涨，秦国的国力直线上升。

秦国上上下下都看到大型水利工程巨大的收益，秦国王室搞水利工程建设的热度持续上涨。

秦国上层个个都在想一件事：再在某个合适的地方，再搞一次大投资，兴建一个巨大的水利工程。

韩桓惠王正在为秦国经济高速发展感到头痛，听到这个消息，头痛得更厉害。秦国人都发了疯了，一天到晚搞什么大投资大项目，兴修什么破水利。

一位大臣看出了韩桓惠王的心思，上了一篇奏章。"水能载舟，亦能覆舟。巨大水利工程能成就秦国，为什么不可以毁灭秦国呢？在他们搞水利工程搞上了瘾时，在他们于巨大的成功面前晕了头时，再送他们一个更大更浩繁的水利工程项目，让这个巨大的工程项目拖垮他——为何不可呢？"

不要急着笑话这个大臣拖垮对手的计划。美国里根总统在1983年也用同样的思路设计出拖垮前苏联的方案——星球大战计划。嬴政统一六国之后建立的大秦帝国，就因为修长城、筑骊山墓、建阿房宫等工程建设，自己把自己彻底拖垮了。

看了大臣的奏章，韩桓惠王大加赞赏，"这绝不是异想天开，实在是让韩国死中求生的一道天才级的设想。"

韩桓惠王立即着手在全国招聘水利设计专家。

一位天才级的水利专家郑国报名应聘。

韩王亲自接见郑国："你有这么好的才能，在我们韩国却发挥不了，实在是我国国力太弱。而在秦国，他们有的是钱，他们国家的投资商人个个都想促动国王再搞一个超级大的水利工程项目。凭你的才能，现在就去游说秦王，必定成功。这是拖住秦国的天赐良机，也是你实现才能的最好机会。"

郑国是一位热爱自己祖国的专家，接到韩王赋予他的这个极其特殊的使命，立即动身出发。他决心用自己的专业知识、聪明才智去建设水利，从而拖住秦国毁灭韩国的速度，正如韩王所说的，自己一个人相当于十支韩国大军啊，这一定是我运用才能报效祖国的绝好机会。

带着一腔爱国热情，带着满腹专业知识，水利专家郑国踏进了秦国的土地。

有人会问，为什么不找个烧饭的厨师冒充水利专家呢？那样造出来的才是真正的害人工程。看来韩王拖累计还是有巨大的思维漏洞。

我只能说，你说对了。

话说之前秦庄襄王（异人，后改名子楚）刚刚即位不久，相国吕不韦执掌大权。两人正雄心勃勃要将秦国进一步做大做强。

"自商鞅以来，我秦国以农战立国，都江堰工程修建成功就是最好最大的成果，这种当代世界最先进的基本国策，我辈必定承袭光大。"

两人正在踌躇满志寻找下一个农战目标时，农业部大臣看准时机将一份由外国水利专家郑国起草的"关中地区开凿大型水渠的建议案"递了上来。

两人看过之后，兴趣浓郁，秦王当即责成郑国拿出一个完整的修渠方案，也就是项目计划书。

郑国发挥自己的专业技能，对关中地区展开实地勘察，在取得一系列数据的基础上，规划出修渠蓝图，然后将施工蓝图、资金投入、成本预算、收益预算等制成项目计划书，呈送庄襄王、吕不韦审阅。

这是一个表现郑国绝世才能的整体方案。方案中，郑国精心抛出了一个天才的设想——引泾水入洛水，类似于我们当代的南水北调工程。

南水北调工程由东线、中线、西线三部分构成，规模宏大。与此类似，郑国的引泾水入洛水工程也由三个部分组成，它们分别是分渠口、引水渠、灌溉区。

渠首选址极为关键。通过精心测算，郑国将地址选在了泾河冲出群山进入平原的一个峡口。在这里，泾河的东西两面都是高山，从西北方面来的巨量的河水向着东南方向奔腾而下。郑国选择在这里修筑拦河大坝，利用大坝以及东西两岸高山的共同作用来抬高水位。被抬高水位的泾河河水进入灌区。当代人们经过科学测量，发现渠首的等高线为 430 米，最后注入洛水时下降为 365 米，推算当时渠首高约 445 米，平均比降为 6.04‰。

不要小看了这个 6.04‰，因为这个数字恰好切合了渭北平原的特点：在地势上，渭北平原西北略高东南略低。这样一来，整个渭北平原就形成了自流灌溉系统，由原来的无水缺水的干旱区变成万亩良田，由原来的缺粮区变成秦国的大粮仓。

在这个系统中，除大坝外，引水渠工程也十分关键。引水渠即从渠口到灌区中间的水路引导工程，长度约 20 里。这段渠的位置在《汉书·沟洫志》中有详细记载："凿泾水自中山西邸瓠口为渠。"

灌溉渠分为两大部分：干渠与支渠。类似于人体的血管由大动脉血管和毛细血管构成。这些个干渠与支渠路程长，流经的区域多，大约 300 多华里。这也说明这个水利工程灌溉面积宠大。

与一般水利工程不同的是，这个工程在治峪、清峪、浊峪等自然形成的河流中，大量地运用了拦腰截断的"横绝"工程技术，这样一来，得到大量补充的河水第二次被抬高水位，再一次最大限度地扩展了灌溉面积。这样即使在旱季，农田仍然能够得到充足的水量灌溉。

充分利用原有的自然河，最大限度地扩展水利资源的横绝工程技术，成为战国水利工程技术上一大发明。后世的人得益于这一成功做法的示范效应，争相仿效。在大规模兴修的水利工程中，利用横绝工程技术，梯级抬高水位，扩大河流的灌溉效益。

这是一个设计合理、技术先进、效益显著当然也非常浩大的自流灌溉系统工程，无论是庄襄王还是吕不韦，都是见所未见闻所未闻。审阅之后，二人大为赞赏，随即做出决定：从国库里拨出资金，由国家投资，由郑国负责，按设计方案组织施工。

想想看，都江堰也就相当于当代人建设了一个大型的国际机场，而眼下的这个工程则相当于当代人建设上百条高速公路、高速铁路，那个受益的人数和地区，一定更加庞大。后代人点评这一工程是中外古代水利史上少见的范例之一。

这个宏大的水利系统建成后，后人为着纪念郑国的光辉业绩，称这一人工建设的灌渠为郑国渠。

注意一下郑国渠规划设计的施工工期：10 年。即使在当代，也极少有费时 10 年的工程项目，可见这个工程量之大。

就在工程建设进行到一大半的时候，韩王用郑国修渠以疲敝秦国的阴谋被秦王嬴政的密探发觉。

年轻的嬴政震惊了，愤怒了，立即逮捕水工郑国，下狱问罪。

审讯随即进行。

对于这一天的到来，自韩国出发的那一天起，在内心深处，郑国就默默地做着准备工作。这么多年过去，这个准备工作早就完成了。

面对被杀头的危险，面对秦王的满脸的疑虑和满腹的愤怒，郑国毫不畏惧，面不改色。

"韩王派你来我们秦国鼓吹修渠，是不是？韩国想用这样的手法来拖垮我们秦国，是不是？"

"当初，我确实是为疲敝秦国而来的，不过——"

"不过什么？"

"大王，臣是说，河渠一旦修成，那么它必将给秦国带来莫大的利益。臣为韩国的确延长了数岁之命，然而河渠修成之时，便是为秦国建立万世之功业。"

郑国这一句话就像阴沉的天空突然响起一道惊雷加一道闪电。愤怒的秦王当即变得冷静下来。

"是的，当初秦国最高层做出修渠的决定，不就是要建万世功业么？"

想到这儿，一个现实也摆在了面前：工程已进行了大半，如此巨大投入的重大工程，绝不可半途而废，否则秦国的损失就太大了，大得让秦国恐怖了。

一阵思索过后，秦王做出决定：不加罪于郑国，让郑国继续担当秦国这项水利工程的总设计师、总建造师，将工程按预定方案修完。同时要保质保量完成任务，不用提前，也不要拖后。

嬴政的决策可以用英明两字来形容，郑国渠修成之后确确实实为秦国带来了巨大的效益，秦国的实力再一次得到直线飞升。《史记·河渠书》记载："渠就，溉泽卤之地四万余顷；于是关中为沃野，无凶年；秦以富强，卒并诸侯，因命曰郑国渠。"

传说中的坏心办好事的景象在秦国出现了。韩桓惠王当初要是知道自己的那个策划案会为自己的死对头结出这样的硕果，一定会狠扇自己耳光。

对于秦王来说一场风波摆平了，然而让他打破头也没有想到的是，由这件事引发的另一场更大更恐怖甚至对秦国的未来有着毁灭性的强力风暴，在另一个角落迅速升起了。

李斯治国

大风暴正在酝酿之中，眼下还有点儿时间，正好请出秦国高层政坛中的一位顶级人物——李斯。

据《史记·李斯列传》记载，李斯是楚国上蔡（上蔡，今河南上蔡县西南）人，自称"上蔡布衣"。可以看出，他不是富二代、官二代，是个"穷二代"。

李斯年轻时在郡里做过小官。他不满做小官的现状一心想当大官；他更不满当时列国纷争的现状，就像卡通人物奥特曼一心一意要"拯救地球"一样，他梦想着能协助某个国王结束诸侯割据的局面，实现一统天下的大志向。

如何通过做大官达到一统天下的梦想？李斯想来想去想到了一个办法。找到那个时代最著名的学者荀况，一定要到他的学校里去进修，学习一统天下的谋略、治理国家的手法。

读者应该还记得，在荀家学院中，他遇到了韩非。

临近毕业，所有的同学都在忙于找工作，李斯也没有闲着，他搜集天下各国诸侯王的情况进行评估研判。

楚国面积最大，国力最强，然而楚王那个人是一个在自己的理想国里睡大觉的人，缺少一统天下的大志向。道不同不与之谋。

东部的其他五国，个个都差不多，积弱难返。凭他们弱小的国力岂能担当起一统天下的大任？岂可扛得起兼并天下的超级大战争？

而秦国远在西边，国力强盛，特别是秦王有吞并天下的雄心。

打定主意，李斯随即做好西行的准备工作。这天，他来到老师荀况面前做最后辞别。

"接下来找工作，你有什么难题吗？"

李斯答道："机不可失。当今各国争雄，正是我施展才能的天赐良机。七国之中，秦王有吞并天下称帝而治的雄心，正是我游说的绝好目标。耻辱莫大于卑贱，悲哀莫甚于穷困。今天，我既卑贱又穷困，那么将来我一定会在秦国走上富且贵的人生大路、事业大道。结束这个动荡不安的世道，实现我一统天下的梦想。"

荀况本来想勉励他几句，可看到李斯有这样大的志向，老师也一时语塞。

当李斯踏进秦国的地面时，正赶上庄襄王驾崩、嬴政年幼、相国吕不韦掌握秦国最高军政大权。李斯立即投身在吕不韦的门下，做一个门客。

既然存下心要"拯救地球"，那么在吕不韦这里，李斯就要利用一切可能的机会来表现自己。

成功向着有心人，成功向着精心谋划的人。不久李斯就得到了一个机会，由吕不韦出面推荐，李斯荣幸地成为秦王嬴政的侍从人员。

在小小的侍从职位上，李斯细心观察有了大发现：虽然这里自己的地位最低，但是却有机会接近国王，能够跟年轻的国王说上话，两人年纪相近，能够乱七八糟地扯的东西还真不少。从这些乱七八糟的闲扯中，李斯又有了重大发现：这嬴政虽然年龄不大，然而却有着狮子一般的雄心。这人正是我要寻找的对象。

一天上午，天空晴朗蓝天白云，看到年轻的秦王吃饱喝足，正在花院里悠闲地散步，李斯决定把早已背得滚瓜烂熟的一篇说辞送到秦王的耳朵里。

"坐而等待的人，必将失去时机；成就大功大事业的人，必得抓住机会，才有可能有所作为。"

这样一个不深不浅的道理，一下子吸引了秦王的注意力。

看到秦王伸长耳朵来听，李斯顺势接着说了下去。

"当年秦穆公称霸于西戎，没有能够兼并各国，是由于那时诸侯国尚多。"

"自孝公变法以来，秦国日日强大。而诸侯各国相互兼并，战火不断，互相削弱。现在东部只有六国，形势已经大变。"

"如今诸侯国畏服于强秦。以秦国之强大，灭掉诸侯，如同扫除灶上的灰尘。"看到秦王神情专注，略略点头，李斯认定属于自己的机会之门正在缓缓打开。

"这是万世难逢的良机。如果错过这个机会，等东部诸侯各国慢慢变强盛起来，或者他们联合结盟进攻秦国，那时即使有黄帝的才能，也不能兼并六国、一统天下。"

一个低级的侍从能说出如此高妙的时局大论？再细看李斯，秦王惊讶地发现这位平时也不怎么出众的侍从，今日不只是语出惊人，而且气势不凡。再接着往下问，这个侍从居然毕业于当代大学者荀况家的高等学府，是东方高人荀况的弟子。

原来自己的身边藏龙卧虎啊！嬴政大为惊讶。

嬴政心中一直有同样的看法同样的想法，从来没有精细地梳理过，还是模糊的概念，现在被李斯这么一说，感觉精神特别振奋。如此直抒胸臆，真是闻所未闻。

秦王嬴政当即做出决定：破格录用，拜李斯为客卿，职务为长史，负责各项重大政策的制定与执行工作。

再之后"韩国阴谋"被发现，虽然秦王已做出处理，然而事件的影响在秦国的宗室大臣们中间继续发酵，在宫廷内外闹得沸沸扬扬。

几位大臣联名上奏章，主张杀气腾腾："请将那些来自国外的宾客，不论官职大小贡献高低，用一刀切的办法，一律驱除出秦国国境，以免再度发生类似郑国的事件。"

这些人提出来的理由相当强劲，火药味很浓："从郑国事件中可以看出，那些从各诸侯国来的外国专家，表面上是在辅佐秦王，实际上极可能是为其本国的君主曲线游说，充当间谍，甚至设计陷害秦国。"

秦国的宗室大臣之中，一种奇怪的情绪——强烈的排外情绪，突然爆发出来。

猛然而来的政治大震动，跟突发的大地震一样，虽然发生得非常突然，其实有着长期的破坏力积累的过程。在秦国历史上秦国的宗室大臣对国外来的客卿已经积怨很久，已到了恨之入骨的程度。

从商鞅变法开始，秦国的历代国君个个都奉行新法。新法中有一条款：宗室大臣中，没有立下军功的不得享有爵位和特权。

正是由于这个原因，商鞅变法之后，秦国的国家大权差不多全部从宗室大臣身上转移到国外来的客卿们的手中。

外国客卿跑到我们秦国来，来抢夺本应属于我们宗室贵族的特权。宗室贵族谁都接受不了这个转变。

而秦国国君却从这种改变中获取了巨大收益。削弱了宗室大臣的势力，身为国王，享受到了变法带来的巨大红利——国家一天比一天兴盛、强大，生机勃发。

面对国家权力渐渐被外国专家垄断的困局，一直以来秦国宗室大臣埋下头来努力做一件事：寻找外国专家的毛病。这么多人在高层掌权，我们就不信总不会一个人都没有问题。

这时终于有了"郑国案件"。看着这个突破口，宗室大臣们憋在心口的那股怨气、恶气、恨气，以最大的压力释放出来："一定要秦王制定一项专门的政策，将客卿一律驱逐出国。"

看着摆在案头的奏章，嬴政立刻产生了共鸣：该死的吕不韦不就是来自外国的吗？居然在秦国专权 12 年，居然把我的母亲当作了他的姘头。即使饶过了母亲，也不能饶恕那个从外国来的商人。

想到这一层，再想想郑国，嬴政有一种不寒而栗的感觉。即使饶恕郑国让他继续修渠，也不能饶恕那个该死的韩国国王，居然策划了专门针对秦国的拖累招。

震惊、愤怒，嬴政的拳头捏得"咯咯"响。

是的，到了该动手的时候了，让所有来秦国打工的客卿、宾客，不论是谁，不论职位高低，重要与否，贡献大小，一律让他们统统滚出秦国。宁可错赶一千，不可让一人漏网。

我这就吩咐人手，赶紧起草一份逐客令。

还在郑国事件刚刚披露出来时，李斯用敏感的政治眼光紧紧地盯着，特别盯住秦王的一举一动。

"秦王正在寻找人手起草'一切逐客'的新法令"得到这一消息，李斯感到头大了：如果他不是疯了的话，为何做出那个只有疯子国王才能做出的决定？他的头脑一定被某种可怕的情绪完全蒙住了。

如何把一个头脑发疯的国王变成一个正常人？如何造出一根粗大的铁链拉回一匹正在发飙的在错误的道路上一路狂奔的马？

李斯的脑细胞接受着最为强烈的挑战。

如果在这场挑战中失败，我将跟其他人一样，被灰溜溜地赶出秦国，我的前程将暗淡无光；我那远大的梦想也将永久破灭；我梦中的高官厚禄将化为乌有；我生活的这个世界将继续动荡不安战争不止。

那么，这个世界留给我的路还有多少呢？

身为一位外国人，这样的时刻，不可能跑去跟秦王当面锣对面鼓地据理力争，那样的话只会更加激怒秦王。那么，现在留给我的，留给秦国的，留给这个战乱不止的世界的，有且只有一条路可走——上奏章。

这将是一篇什么样的奏章呢？那一定是一封让秦王看上一眼就再也放不下的奏章，不只是在道理上打倒宗室大臣的主张，还要在文采上下足功夫，在文采上吸引住嬴政的眼球，一定要攻下嬴政头脑里那个花岗岩一般的堡垒。

可这样的文章不好写啊。

不久，史上最著名的作品《谏逐客书》摆上了秦王的案头。

文章先叙述了秦国穆公以来皆以客致强的历史，说明秦若无客辅助则未必强大的道理，然后列举各种女乐珠玉虽非秦地所产却被喜爱的事实对比，说明秦王不该重物而轻人。

文章里，李斯举出来的人和事并不久远，全部发生在嬴政的祖辈身上，嬴政当然像熟悉自己的手指头一样熟悉他们。

文章里，李斯举出来这些宝物音乐，并不陌生，件件都在他嬴政的手头身边。

李斯列举的样样人物、件件事例，秦王如此熟悉，李斯由此推出来的观点，岂能是错的？

情绪愤怒的秦王像突然之间被人打了一针麻药，疯狂的思想狂潮在李斯的才华与理性面前缓慢地停了下来。

嬴政并不是一个笨人，笨人成不了千古名人；他是一个极度聪明的人，特别是左右官场，更是如鱼得水。嬴政的人格里有强烈的情绪化的成分，然而一经高手点拨，他就会立即变得冷静下来，而且冷静得出奇——当初处理他母亲那件事就是一个佐证。

在宗室大臣们的喧嚣声中，他发下命令，立即取消正在下发全国即将公布执行的逐客令。

一场可能动摇秦国根本的政治危机，就在危机即将发生的前一刻，被李斯、嬴政用智慧、冷静的判断掐断。

"郑国事件"，使得秦国的客卿制度在经历秦国历代君主试验之后，在嬴政、李斯的手中，最终得以正式确立。这个重要制度——今天叫"政权最上层开放体制"的确立，预示着秦国的国力在诸侯竞争中将以不可阻挡之势变得越来越强大，同样预示着一场空前绝后的兼并战争序幕即将拉开。

第四章
东出六国

舍韩攻赵

现在秦国内部矛盾全被解决，所有人都把眼光盯上了东部六国。从国王到大臣，下了吞并六国、一统天下的决心。第一步，必须打开东部出路，搬掉那块横梗在东进道路上的大石头。

韩国地处秦军东进的要冲。灭掉韩国是秦国最高层别无选择的选择。

要灭掉它，表面上看是极其容易的一件事——韩国实在太弱，与秦国比拼，不在一个等量级上。然而这个动作的风险却大得无边。

一个邻居虽然弱小，然而他却绝不只是一家人，他的后面还站着许多亲戚朋友，还有军队在保护着这一家人的性命安全。这就是秦国上层面临的大难题。

当初晋国分成三个小国韩、赵、魏，从领土面积上看，韩国最小，在现今山西省的东南部、河南省的中部。它的四周都是比他强的邻居，西边有秦国、魏国，南面有楚国，东面有郑国、宋国。

四面都是强敌，韩国最为弱小，就如一个锅，邻居们都住在高高的锅的顶部，用虎狼一般的眼睛盯着锅底，这就是韩国的可怕处境。

这么一个小国，国君应该努力地经营自己，赢得生存空间，然而不知什么原因，这个国的都城却一再迁移。从平阳迁到宜阳又迁到阳翟再到迁到郑，似一个游牧民带着自己的毡房逐水草而居。都城这么迁来迁去不花费大量的人力物力么？如此穷折腾，大户人家也被折腾成了穷人。

韩国的地理环境，从军事上来看，山地多，平原少，形势险要，易守难攻。从经济上看，崇山峻岭，交通不便。《史记·张仪列传》记载"韩地险恶山居，一岁不收，民不厌糟糠。地不过九百里，无二岁之食。"不论富人穷人，不论大国小国，发奋图强，总能找到属于自己的生存空间。然而，韩国历代国君的作为实在让人看不懂。

进入战国时代，各国国君都认识到一个非常现实的问题——在接下来一场接一场的国力竞赛中，在接下来一场接一场的战争中，谁的实力强谁才有可能活到最后。

这个时期，大国的国君们一个比一个努力地在做同一件事——搞改革。魏文侯最先搞社会改革，魏国的国力跟着就变大变强。赵国的赵烈侯、公仲连举起了改革的大旗，赵国国力跟着一步步变强盛。然而，小小的韩国，自韩康子到韩昭侯即位的90年间，却没有哪位国君搞过什么重大改革。

在这期间，韩国在国内没有作为，在国际上倒是发动了一场接一场的小型战争。战争中，韩国小有收获，灭掉了郑国。然而在与其他国家的战争中，韩国收获更多的是负数——接连丢城丧地。多么类似一个穷人，手上有几个钱，不种田不种地不做生意，天天趴在赌桌上，想着从那里拼出一个天地。结果呢，有输有赢，输赢相抵，最终又回到了原点，还是一个穷人。

韩昭侯时期，韩国终于出了位改革人才申不害。韩昭侯很有眼力，重用申不害。正是在相国的职位上，申不害在韩国大力搞社会改革。改革措施收到了显著的成效。《史记·申不害列传》记载："十五年，终申子之身，国治兵强，无侵韩者。"

韩昭侯、申不害之后，韩国走入了政治怪圈再没有出现改革家，国家大权倒是落在了宗室贵族公仲、公叔的手中。那个时代的宗室贵族类似于当代的利益集团，这个群体控制了国家大权，政治上，国家想不腐败都不可能。宣惠王、襄王、厘王在位的50多年间，韩国国势一天天衰落下去。终于沦落为诸侯各国中实力最弱的国家。《战国策·韩策三》记述："今天下散而事秦，则韩最轻矣；天下合而离秦，则韩最弱矣。"

正是看到家门口的这个邻居衰落得让人想不打他都难，在秦惠王时期，张仪就提出"下兵三川，灭掉韩国"的国策。

秦惠王是个聪明人，聪明的手法是民主，民主的手段是让司马错与张仪当面锣对面鼓就下兵三川的主张进行辩论。

如果不辩论，张仪的主张看上去绝对正确，一旦进入辩论的环节，另一个比张仪更正确的主张出现了。在惠王面前，司马错提出："应当首先攻取巴蜀，这样一来，就可收到广地、富国、强兵的效果。"

同样是打一场扩张领土的战争，打韩国虽然容易，但仅仅是为领土而扩张，而打巴蜀，除了达到领土扩张的目的外，还达到了另一个目的——富国。

花费同样的本钱，按照张仪的做法，能买来一只鸡，而按照司马错的做法，除了买来一只鸡，还同时附赠了一只鸭。你说该采用谁的主张？

惠王不是笨蛋，当即采纳司马错的方案。

公元前 316 年，惠王派司马错带兵进攻巴蜀，一举取得成功。后来，秦国在这里建成都江堰工程，使这一地区成为秦国取之不尽的大粮仓。

历史用事实证明，秦惠王的这一重大决策——弃韩而攻取巴蜀——完全正确，于秦的富强，于秦兼并六国，都有着极其重大的战略意义。

现在摆在嬴政面前的课题是：韩国越来越弱，秦国越来越强，是不是这就赶过去把他灭掉？

把强大的秦军派过去，这就把他给灭掉。嬴政每天都在强化信心，然而另一个问题又摆在面前：如果秦军攻打韩国的话，赵、楚、魏等国会不会趁机联合起来攻打秦国？凭着过硬的政治头脑，嬴政认定他们一定会趁机向秦国发难。

三大理由摆在那里。一是由于出兵韩国，秦国国内兵力空虚，正是东部国家进攻的大好时机；二是东部国家联合进攻秦国，会以"正义者"甚至"执法者"的姿态，名正言顺；三是东部诸国一定极力阻止秦国打开向东拓展的通道，在这一点上，东部任何一个国家都绝不会让步。

要灭掉韩国，要打赢这场兼并战争的第一仗，不能急于去取得韩国的那点领土，而是要打破东部诸侯各国联合进攻秦国的可能性。

事情似乎又回到了问题的原点。我手中现有的条件跟我的祖辈时大不一样。首先，秦国国力强盛就不用说了。其次，秦军运用尉缭量身定做的"军队标准"进行训练，已经把一整套标准化战场作业流程练得滚瓜烂熟，从上到下跃跃欲试，都想在大战中一试身手。最后，这些年来，我们在东部诸侯各国的大臣中暗地里投下重金，收买贿赂暗杀工作全都做了，现在到了该收获的时候。

一天中午，风和日丽，嬴政的一帮大臣最终策划完成了彻底吞并韩国的路线图。

这类似彻底毁灭一个同朝为官的政敌，这位政敌绝不是单独的一个人，而是一个关系网。要毁灭那个人，首先就要毁灭他所编织的那个关系网；而要毁灭他的关系网，那就要毁灭他的关系网中最主要的几个关键人物。

后面的"毁灭"两个字，不是真正地从肉体上毁灭他们，而是只要把他们搞垮搞臭就行了。而这些搞垮搞臭的工作并不太难。

这就犹如毁灭一棵大树，只要挖断它的几个主要的根茎，要不了多久，它就会死掉。

赢政做出决定：启用训练有素的秦军，打击韩国关系网上最为重要的三个结——分兵攻打赵、魏、楚。打死他们是不可能的，打伤、打残他们就行了。把这三个关键的结打得结不成结，就达到目的。

赢政想出来的这套打法，成就了军事史上一个重要的战略——舍韩攻赵——秦国在灭韩之前，为达到灭韩的目标，首先进攻赵、魏、楚，削弱三国军事实力，以此作为蚕灭韩国的战争条件。

如何分兵进攻赵、魏、楚，是不是平均用力？

现在是一家人打三家人。一家人如何打赢三家人呢？虽然这一家心怀鬼胎的人打人的目的不是把那三家人全部打死，而只是打伤、打残，但打的方法一定要正确，否则打不了狐狸反而惹一身臊。

赢政想出来的办法如果一一叙述，其中的逻辑脉络就非常复杂，如果用一组专业术语来表述，就简洁多了。这组专业用语有三个，一个叫"田忌赛马"，一个叫"柿子选软的捏"，一个叫"杀鸡给猴看"。

赵、魏、楚三家有强有弱，如果平均用力，结果一定非常糟糕。赢政用"田忌赛马"法，把对方按军事实力分成上、中、下三等，然后，派秦军中最强劲的力量对付三家中最差的那一家（实力不一定最弱，但秦军最容易得手），即柿子选软的捏。在打斗的过程中，对于最差的这家，用力打，用心打，打得另外两家胆战心惊——"杀鸡给猴看"——从心理上，让他们三家谁也不敢小看秦国的军事实力，从而达到自己的目标——到时秦国灭韩国时，这三个国家不敢对秦国轻举妄动。

依着赢政的策划方案，秦军集中主力大军多次进攻三国之中势力相对较弱的赵国。

秦军两次把赵军打得大败。

得到"赵军亡卒数十万、邯郸仅存"的消息后，嬴政解读出他需要的那个战略效果：赵军已遭重创，秦国打伤、打残赵军的战略目标已经达到。

公元前230年，嬴政发下命令，由内史腾率领秦军进攻韩国。

训练有素的秦军，经过赵、魏、楚三国战场实战的磨炼，犹如一把钢刀，已经变得锋利无比。弱小的韩国军队已经不是秦军的对手。

进攻韩国的秦军，没有遇到什么大的抵抗，转眼之间就攻下韩都新郑。韩王安成被俘，韩国宣告灭亡。

弱者的背后，往往隐藏着看不见的强者。如果无视潜在强者的存在，在弱者面前一味地逞强，必然引来大麻烦。为着打败一个弱者，嬴政三招并下，将潜在的强者打得抬不起头来，终于将眼前的弱者一拳致命。

韩国灭掉了，冲向东部的"出海口"打通了，下一个要灭掉的该是谁呢？

当初制定攻打韩国方案，着眼点有两个，一是为了打通"出海口"，二是找最弱的小国打，从而让秦军练练手，找出经过专业训练后秦军身上还存在的漏洞，并增强打败敌手的信心。

这下目的全都达到了。灭掉了韩国，秦国的实力进一步增强。接下来，面对东方五国，是不是继续找弱国、小国打？

一个有事业心的人，最怕的是陷入"成功经验"筑成的迷障。成功经验可以让职场人稳步前行，却极有可能使得事业人原地踏步甚至走入死亡绝境还不知其原因。

在新的形势下，嬴政如果醉心于成功经验，继续打小国、打弱国的话，接下来，一场接一场的兼并战争，越是往后，秦军的压力将越大。摆在后面的必定是强国大国，这些国家，将来有可能排除内斗、抱团生存，到了那时，强强联手，极有可能在某个机遇中反过来灭掉秦国。

在寻找、确定下一个目标对手时，嬴政丰富的宫廷斗争经验发挥了作用。他反复研判国际形势，最后找到了最佳战略路线——枪打出头鸟。

出头鸟不一定实力最强，但往往是有一定的军事实力，是喜欢多事的。

出头鸟一定是有能耐的国家，这样的国家，往往有几位有能耐的人。所以，出头鸟绝不是好打的鸟，没有相当的枪法打不到出头鸟。而且，一旦没有打下出头鸟，随后秦国就不会有好日子过。那时出头鸟一定不会放过秦国，只会变本加厉联合其他国家祸害秦国。

这是一着险棋，然而却又不得不走。打真正的强国，秦军不一定能胜利，失败的可能性反而会更大；而打弱国，虽然能收眼下一时之功，但越往后秦军的日子越难过，到最后一定压力山大，说不定有可能形成溃坝之势，到头来秦国不但不能兼并天下，反而被强国毁灭。因此，"出头鸟"路线图不走也不行了。

沿着枪打出头鸟的思路，嬴政找到了混迹于列国丛林中的那个目标——赵国。

秦赵渊源

现在是必须细看赵国的时间了。再不看就没有机会了。

为着"历史地看问题"，有必要把镜头往前移一移，移到三家分晋时期。自从晋国分为韩、赵、魏三国，赵国就一直是其中势力最强者。《史记·赵世家》中记载："赵北有代，南并智氏，强于韩、魏。"

战国初年，在诸侯中，赵国的国土面积可以用得上"广阔"这个词来表述，地域差不多位于现在的陕西、山西全省，加上山东、河南的一部分。

历经两次社会大改革，赵国越变越强。

第一次社会改革得力于赵烈侯与相国公仲连，两个牛人想出了一个新招，一个历史上别的国君想都不敢想的招，"从低级别的士阶层中选拔人才，并担任重要的官职"。

他们从士阶层中选拔了三位狠人——牛畜、荀欣、徐越，分别任命他们担任师、中尉、内史。

比较一下，同样是王国的顶层，赵国的赵烈侯向社会下层开了一扇小小的窗口，秦国的历代国王将政府重要官职向外国的专家开放。开放的程度，大不一样。

赵国的第二次改革才是真正具有社会意义的重大改革。

运用拿来主义的手法，赵武灵王将北方骑马民族的一套成功做法——胡服骑射体制在全国推广。

胡服骑射体制，即全民皆兵，赵国人平时为民，边生产边练习骑射战术；交战时期，全体赵国人全都变成训练有素的骑兵部队。

得益于胡服骑射的作用力，赵国一举改变了在国际战场上长期被动挨打的局面，变得日益强大起来。

赵惠文王继承了胡服骑射体制，赵国继续保持了强盛的势头。同时启用一批军事牛人，赵军战斗力更加强劲。

赵惠文王任命乐毅为相，任命蔺相如为上卿，以廉颇、赵奢为将。赵奢兼职"田部吏"，"用之（赵奢）使治国赋，国赋太平，民富而府库实……当今之时，山东之诸国，莫如赵强。"

赵国国力强盛，立即开启抢占周边诸侯国地盘的程序，对着秦、魏、齐、燕，赵国接连发动军事进攻，接连取得重大军事胜利，大片的疆土被开拓出来。从公元前283年到公元前275年，廉颇带领赵军攻打齐、魏，占领了齐国的昔阳、魏国的几、防陵等地。

公元前269年，秦军进攻赵国的阏与。在赵奢的率领下，赵军突发奇兵大败秦军，打得秦军狼狈而逃。

秦军缓过劲后，发动了对赵国占领下的几的进攻。作为战场上的老手，秦军虽然在阏与战败，但是主力未损，力量仍然是强大的。在秦军进攻面前，几危在旦夕。

得到消息，廉颇率领赵军骑兵以最快的速度向几驰援。

对着正在围城的秦军，廉颇指挥骑兵发起猛攻。城里的赵军立即从城内杀出。赵军形成里应外合之势，秦军又一次被打得大败。

不死鸟没有气馁，秦军努力积累力量。公元前262年再度出山，由白起率领，向赵国的长平发起进攻。

得到消息，赵王迅速做出决定，派狠将廉颇率领军队守卫城池。

秦军闭关修炼六年之久，一定是积累了相当的力量。这一次呼啸而来，必定来者不善。赵军再厉害，在训练有素如虎似狼的秦军面前，如果硬碰死磕，即使胜利也必定遭受重创。

秦军越败越强、越败越勇敢、越败越灵活，越是败，战场经验越足，该如何对付这位战场混子？如何搞定眼前一败再败却从不服输的秦军？望着威严、整齐的秦军军营，廉颇狂抓头皮。

什么偷袭战、埋伏战、阵地战，这些战法，在强大而且准备充分、报仇心切的秦军面前必定会如鸡蛋扔向石头。

秦军是强、是牛、是狠，这一次你们从秦国跑到我们赵国来抱定了必胜的信心，也的确有着取胜的实力，然而你们秦军就没有致命的软肋吗？

沿着这个思路，廉颇有了重大发现：秦军远离本土作战，而我赵军呢？优势正在这里——据城而守，守土作战，有着便利的、就近的后方支持。

秦军庞大，必须要有强大的后勤保障，而远离本土作战，必定要有强大的远程运输能力。秦军肯定为此做了充分的准备。我赵军念动拖字诀，将时间拖长。秦军军粮运输中的变数就有可能出现，那时就是赵军打败秦军的机会。

我们组建敌后破袭队伍，专门破袭秦军的运输线。秦军时常闹粮荒，日子肯定不好过。

利用高大的城墙为依托，住在城里的赵军，念动拖字诀，拖了一年，又拖了一年，再拖了一年。廉颇准备就这样拖下去，再拖你秦军三年，看你秦军还能不能扛得住。

赵军的敌后破袭队伍，反复袭扰秦军的粮食补给线，廉颇不停地寻找机会，等着秦军中变数出现。

秦将白起没有闲着，反复地观察赵军。秦军都住到了长平城下了，我就不信破不了长平城。慢慢地，随着时间延长，白起有了重大发现，廉颇使的是拖字招，妄图把我秦军活活拖死在长平城前。

看破了对手的秘密，一个打败廉颇的策划案迅速在白起的案头制定完毕。

你廉颇不是在等我秦军出现变数吗？那我就为你制造一点儿变数。你的军队躲在城墙后面，我搞不定你；你们赵国的城墙又高大又结实，我也搞不定你们；你们的骑军速度快、冲击力强，还常常跟守城的军队玩里应外合的游戏，我搞不定你，但是，哈哈，有人能搞定你——你的上司。你就等着看好戏吧。

白起的方案迅速送到了秦王的案头。

秦王细看之后，当即拍板：从国库调拨一批黄金，调用各方面的资料，迅速行动。这一次，秦王制定的目标手段非常明确：让秦国的特务在他们的包里藏进巨量的黄金白银，在赵国国王赵孝成王身边的大臣中，用黄金铺路，收买贿赂大臣；一切的工作集中对准一个目标，离间廉颇；最终目的：让廉颇失去对赵军的控制权。

这真是一个大阴谋啊，赵国上层被完全蒙在鼓里。

秦国巨量资金发力，在赵国最高层，一张看不见的离间廉颇的地下网迅速搭建完成。

接下来发生的一系列事实证明，秦国的阴招是成功的，秦国雇请的"地下战线"的成员是给力的，黄金真的能让人间的鬼推磨。赵孝成王中了秦国的反间计，任命赵括代替廉颇执掌赵军大权。对赵括这个名字，很多人非常熟悉，他成功打造中国成语史上一个很猛的成语：纸上谈兵。在赵孝成王面前将自己带兵打仗的能耐吹得神乎其神。结果呢，赵军惨败，付出了40万士兵的生命，赵军主力精锐损失殆尽。赵国40万家庭陷入痛苦之中，泪水成河。

赵王急于求成，急于求胜，耐不住这么长时间地拖下去。赵括主张对秦军实施进攻战略，完全无视秦强赵弱的敌我形势。两人的主张一拍即合，

赵括接手廉颇领导赵军，立即动手做了两件事，首先更换将吏，换上自己的一套领导班子；接着做进攻前的组织准备工作，将原有的防御部署全部推翻，改为进攻部署。

自从赵括走上领导岗位的那一天起，白起就盯住了赵括的一举一动。从赵括的行动中白起看出了赵括的弱点：赵括这人果然有能耐，他的新领导班子最大的能耐就是骄傲轻敌。

赵括必定进攻我军，接下来就是分段布置大口袋，截杀赵军。

白起刚刚完成新的军事部署，赵军就冲出城池，摆开决战的姿态。

白起指挥秦军发动进攻，接着佯装大败，向后撤退，诱使赵军脱离原来的防御阵地。

赵括中计，指挥赵军狂追秦军。"秦军大败，纵军直追"。追着追着，一支军队接着一支军队，纷纷掉进了秦军事先设计好的伏击圈中。

对掉进口袋的赵军，白起指挥秦军进行分段进行分割包围，最终将追击的赵军全部歼灭。

长平之战，前后有 40 万赵军被俘。白起发下命令：这些人一个不留，全部活埋。

长平惨败，赵军损失了最能打仗的精锐、主力。原本与秦军势均力敌的赵军遭受重创。在强大的秦军面前赵军丧失了抵抗能力。

秦军立即部署对赵国都城邯郸发起攻击战。公元前 259 年，秦王派出秦将王陵带领得胜的秦军向赵都邯郸挺进。

赵军已经失去抵抗能力，秦军长驱直入，赵都邯郸随随即陷入秦军的包围之中。

如果不出意外，这次秦军一准能将赵国收归囊中。

这次一定能拿下赵国的都城，把昔日强大的死敌彻底给灭掉。王陵对此信心满满。

国际军事关系中，各个国家的目的不同，但是有一点是相同的，那就是维持战略平衡，不让某一个国家单独做大，防止出现新的战略威胁。

秦军进攻长平时，诸侯各国已经将眼光盯紧了长平战场。长达三年的战争之后，秦军大胜，活埋了 40 万赵军。这些消息让所有的诸侯国高层大为震惊。

秦军如果灭掉赵国，秦军必定不会停下他们得胜的脚步，邯郸旦夕可下，唇亡齿寒，不可坐等。魏王、楚王迅速达成协议，组成国际军事联盟，参与秦赵大战。

魏王派信陵君无忌，楚王派春申君黄歇，双方组成国际联盟大军，驰援邯郸，从外围进攻正在围城的秦军。

公元前 257 年，魏楚联军抵近邯郸。无忌、黄歇指挥联军向着住在邯郸城下的秦军扑了过去。发现援军到达，赵军从城内杀出，里应外合，大败秦军。秦将郑安平率两万兵卒向赵军投降。

秦昭王不得不签订战败和约，派出孙子异人到赵国当人质。读者如果还记得的话，本书开篇就是从倒霉蛋异人，亦即从这里开始的。

李牧称神

现在，我们的镜头终于移到了异人的儿子即秦王嬴政这里，嬴政灭掉了韩国，运作"枪打出头鸟"的兼并策划案，秦军的枪口再一次瞄准了赵国。

如何才能打掉这只颇具实力的出头鸟？如果贸然攻打赵国的话，会不会引起其他国家再一次联合反攻？嬴政不停地思考着这道难题，寻找破解难题的答案。公元前236年，突然一个答案被对手送上门来。

赵军正在发动一场大规模的军事行动——进攻燕国。赵王派出狠将庞煖正全力进攻燕国的狸（今河北任丘东北）。

嬴政立即打出"援救燕国"的大旗，派出秦军中最为厉害的大将王翦、桓齮、杨端，兵分两路向赵国发起猛烈的进攻。

秦军开到赵国的地面，立即攻打赵国的城市，抢占地盘。王翦出兵上党，不久就攻下赵国的阏与、橑阳（今山西左权）。桓齮、杨端出兵赵国的河间，打下这一带的六座城池。

以攻打赵国的中心城池为依托，以占地为目标，用快速蚕食的做法，秦军将赵国的国土像蚕食桑叶一样，一片片地吞下去。打着救燕的旗号，实际上却疯狂地抢占赵国的土地。就如一位心怀鬼胎的医生，高高举起"治病救人"的旗帜，实际上却疯狂地卖高价药给病人，从病人身上赚黑心钱。

赵军攻打燕国的阳城。秦军得到消息，立即发起第二波抢地行动。桓齮指挥秦军，攻打赵国的邺城、安阳城。赵国又有一大片土地落入秦军的腰包。果真是螳螂捕蝉，黄雀在后。

庞煖率领赵军从燕国凯旋，当回到赵国后，这才发现赵国境内的整个漳水流域的河间各城悉数被秦军霸占。

"得不偿失"，赵悼襄王坐在王宫里一遍遍地品尝这个词又甜又酸的味道。

看着大片的国土被秦军占领，赵悼襄王非常郁闷。不久，他患上了严重的抑郁症，最终抑郁而死。

"赵王死了，新国王年幼"，得到消息，嬴政站在大殿上喊道："赵国顶层青黄不接，上天再一次赐给我秦国良机。"于是，他立即发出命令："向赵国腹地深入。"

公元前234年，嬴政再度发出命令："在已经占领的地区建立雁门郡、云中郡，设立行政系统，就地收起税收，稳固、强化占领区的统治，对赵国由重点进攻转为全面进攻。"

桓齮率领秦军向赵国的平阳、武城发起攻城战，成功地击败了赵军，杀死赵国名将扈辄。公元前 232 年，桓齮率领得胜的秦军从上党出发，翻越太行山，向赵国的赤丽、宜安发起进攻。

出头鸟难道就这么好打么？关键时刻，赵军军中的另一位战神——李牧走了出来。

李牧原本在赵国北部边防军中服役，长期驻守在代地的雁门。多年来，他一直率领赵国的边防军与时不时南下抢掠的匈奴军作战。

匈奴军就像草原上的狼群一样，有时在深夜，有时在大风天，有时在雪花飞舞中，突然出现，然后疯狂地抢劫，看到什么抢什么，汉人家里收藏的财物和日常用品都变成了他们免费拿取的物品。

赵国的边防大军还未赶到匈奴军抢掠的现场，对方大部队却已经将抢劫到手的财物打包，然后跑得远远的了。

遇到这样的军队，边防军真是一点办法都没有。突然出现，疯狂抢劫，又迅速远遁。即使赵国边防军沿着"血迹"一路追到匈奴境内，抢劫的匈奴军更是逃得不见踪影。

无数次追击，无数次扑空，追击途中多次险遭匈奴军的埋伏，从失败之中李牧渐渐地摸索出一套对付匈奴兵的特殊战法。

打仗就需要大量的资金，没有钱啥事都办不成。战争也是这样。国王不能足额拨给钱款，那就自己想办法。李牧设置一批特殊的官吏，安置一批特殊的边民（准军事化的边民），大搞军队垦牧，一边守边一边搞经济开发。牧垦官员收上来的租税用作边防军的费用开支。

有钱就好办事。李牧安排边防军每天宰牛杀羊，大吃大喝；喝饱喝足的士卒练习骑射。

同时派出一批教官，训练一批职业侦察兵。这批人扮作牧民，深入匈奴生活的腹地，充当间谍。在匈奴兵来袭之前，提前传出信息，边防军从而做好应敌的准备。

让人难以理解的是，李牧向士卒发出"斩首令"。"匈奴入寇时急速进入城堡。与来犯的匈奴骑兵不得轻易交战。如果有人贪功恋战，那就要重治其罪。有敢于违令捕虏匈奴者，一律斩首！"

"本来是边防守军，为何发现来犯的匈奴骑兵却避而不战？"没有人做出解释，而命令必须严格执行。

"斩首令"发布后，几年时间里，赵国北部边疆还是像以往一样很不安宁，然而，从百姓到士卒，战争伤亡人数大大减少。这得力于职业侦察兵给力的信息，他们常常能提前预告匈奴兵来犯的时间、地点，类似于我们今天的天气预报。渐渐地，边疆地区的居民也形成一个习惯，一望到北部天际的狼烟，无论是放牧的巡逻的，第一时间就往城里跑，依靠着高大的城墙躲避敌袭。

渐渐地匈奴军队中，一句话越传越广："赵国的守将李牧是一个害怕打仗的胆小鬼。"渐渐地，匈奴兵越来越放胆到赵国北部边境来打劫，频率越来越高，人数也越来越多。

以前边防军得知匈奴来犯就立即组织战斗，为什么李牧将军指挥边防力量后，边防军得到消息立即也像我们百姓一样躲在城里不出来？为什么现在边防军一望到狼烟，就只是一个劲儿地往城池里跑，而且跑得比哪个都快？为什么？

没有人出来对这个"军事机密"做出任何的解释。人们只能不停地猜测。

"李牧胆怯"的消息终于传到了赵国都城。一位大臣认定这是一个自己升官的大好机会，立即写成奏章送到国王的案头。

李牧的那套搞法，实在让人感觉窝囊，损了国家的面子，丢了边防军的威严，长了匈奴军的志气。赵王看了奏章，立即派出专人向李牧传话，责备李牧。

李牧听了，就像没有听见一个样，也不解释为什么，依然故我。

为什么不赶紧向国王做出解释呢？难道你的军事意图向国王也要保密？让人搞不懂。

赵王是个懒人，李牧不解释，赵王也懒得去猜测李牧如此这般"窝囊"的军事目的。然而大臣们却绝不收手，几位大臣继续上奏章，坚定地要求赵王重重地处罚李牧。

赵王决定不再为着这事费自己的脑细胞，直接就将李牧召回邯郸，另派他人代替李牧，担任北部边地将领。

匈奴可不管你赵国是否换了将领，到了他们吃的喝的用的花费得差不多时，又来赵国的边境抢劫了。

这位新来的边防军将领，看到匈奴兵开过来了，立即兴奋起来，指挥边防军一路掩杀过去。

双方多次厮杀，结果让赵国人很失望。从边地百姓到京中大臣到国王，大家都看到了同一个景象：赵国边防军打不过匈奴军，不是丢了士卒性命就是边疆重要城池被匈奴洗劫一空。

以前虽然不与匈奴兵交战，但毕竟还有个城池在那里保护着，有军队在城池里守着，匈奴兵还不敢怎么放肆。现在军队打了败仗，匈奴人更加疯狂，毫地顾忌地抢劫。

天啊，这该如何是好？

在这道真正的难题面前大臣们全都哑巴了，再也没人伸头出什么主意。

赵王再怎么懒，现在不动脑子也不行，毕竟边地是一天都不等人的，匈奴人随时会来劫掠，而派在那边的边地将领只会把那个可怕的大洞越补越大。

想来想去，赵王脑袋想空了也没有想出什么好主意，最后，只得做出一个不得已的决定：请李牧重新出山，再次担任边地将领。

赵王实在想不出比这个更好一些的办法来了。

自从回到邯郸，李牧就闭门不出。外面的闲言琐语多了去了，无论我向别人做解释还是不做解释，结果都一样——说了也白说，白说不如不说。李牧打出一个理由"身体健康状况不佳"，之后就大门不出二门不迈。

坐在家里，李牧算定，按现行边关将领的做法，不出一年，边地就会出问题，而且是大问题。而我的做法一定不会为大臣和国王们理解，即使向他们做出深度的解释，也很难与他们形成共同语言，到时只会遭受更多的流言。只有事实才能说明一切，其他的解释只会印证一个流行语，越描越黑，那就干脆不说，不做任何解释。何况军事机密，知道的人越少越好。

接到赵孝成王发来再度到边地领兵的诏令，李牧立即想到一个问题，要想在今后堵住大臣们的嘴巴，必须向赵王要一样东西。否则今天去边地了，明天还要被大臣们骂回来。

来到赵王的面前，看着赵王焦急又很无奈的脸，李牧郑重地说道："大王一定要任用臣下，臣下也只能按从前的办法御敌。我闭关修炼，整整想了一年了，我这脑子，唉，还硬是想不出更好的办法。"

"既然你想了一年都想不出别的办法，而其他人想出来的办法已被证明都是馊主意，那就还按你原来的办法行事吧。"

就这样，李牧再度上任，依然按着原来的老办法率领军队据守边关。

经历了一年的战争折磨，无论士卒还是边地百姓，都开始认识到李牧"躲"字诀的功力，虽然躲起来很没面子，很让人心理受伤；望着敌人糟蹋自己的国土，躲在城池里不出来，很让人澎湃的爱国的情感受伤，然而总比努力出击然后遭受更惨重的伤亡、边疆城池遭受更恐怖的洗劫要好一些。

匈奴兵每发动一次侵袭，赵国边防军便跑到城池躲一次灾难。李牧将这些过程作为活生生的教材，要求士卒加紧训练。他告诫士卒："躲只是手段，出击才是目的。现在必须加强训练，有朝一日出城之时，就一定必定取得胜利，那时就必须一箭毙敌。"

几年下来，李牧的将士就用这样的手段与匈奴兵玩"捉迷藏"。你来我躲，你回家了，我就打开城门刻苦地练本领。

时间一长，匈奴兵开始适应了赵国的躲难战术，越来越放开胆子抢劫。

李牧要求部下制定详细的训练计划、训练目标，刻苦训练，同时加大赏赐的力度，让优秀的士卒日日有小奖，月月得大奖。

身负武艺的士卒摩拳擦掌，然而看到匈奴兵猖狂却又得不到用武的机会，心中非常着急。

看到将士们树立起了与匈奴决一死战的决心，看到士卒士气饱满、斗志昂扬，李牧认为，现在收拾匈奴兵的机会成熟了。

李牧立即着手出击匈奴的准备工作，选用兵车1300乘，选用骑兵13000名，选用能破敌擒将的士卒5万人，选用善射的弓箭手10万人。

人员集中完毕后，李牧立即走出第二步棋，战前大演习。演习中，陌生的兵与将熟悉起来，所有人对自己的角色、功能、发力的方式、配合的方式、进攻的方式、退劫的方式全部熟悉起来。

演练完毕，李牧立即发出命令：纵牧于草原，引诱匈奴前来抢劫。遇到小股匈奴侵入后，佯装败退，遗弃一些牲畜财物，诱敌深入。

看到草原上有这么多的牛羊，匈奴首领认为发财的机会又到了，于是率领大军朝着赵国北部边境扑了过来。

埋伏在匈奴内部的侦察兵提前传回了消息，李牧立即埋伏队伍，张网以待。

多年的准备就等着这一天的到来。十年磨一剑，就是要在这一天将对手一剑封喉。

李牧早已选择好地形，埋伏好兵马，诱着匈奴兵一步步进入 17 万大军组成的包围圈。

这一次，匈奴兵也很够意思，一下子开来了 10 万人马，能跑的都来了。

李牧也不客气，正面摆上战车，跟着就是 10 万弓箭手，把箭像飞蝗一般射向匈奴骑兵，再紧跟着是 5 万刀斧手，排开阵式，轮番上阵与匈奴兵捉对厮杀。在匈奴兵的两翼、后方，13000 名骑兵担当了两翼包抄和断后的任务。

神仙也抗不住这样的打法，何况匈奴兵没有一丁点儿打大仗的思想准备，以往的成功早就让草原民族本来应有的警惕放松了。

从来没有遇到过汉人边防军这样的阵式，匈奴兵首领突然有了一个感觉：这一次掉进了人家张开的网里，想跑也跑不掉了。那就拼吧，唯有拼 才可能有活路。就如掉进了狼夹子里的狼一样，除了咬断自己一条腿，没有其他的选择了。然而这一次不同，赵军不只是人数大大超越匈奴，而且个个训练有素，个个都像出膛的子弹，不要命地往前冲。

多年的准备就是为着今天一朝出力，赵国的士卒能不个个如狼似虎？

李牧的"先屈后张"法这一次非常给力，一举消灭匈奴 10 万骑兵。此后十余年，匈奴再也不敢也无力侵入赵国的北部边境，一战换得十年平安。

大败秦军

现在是公元前 234 年，秦王嬴政派出大将桓齮等人率领秦军进攻赵国。在武城，桓齮不但杀死赵军大将扈辄，而且将 10 万赵军俘虏全部杀死。

桓齮的无耻差不多把赵国逼上了绝路。像赵国这样的国家，能有多少 10 万为单位的将士呢？赵国形势立即变得危险万分。

赵王急了。能不急吗？ 10 万将士被对手屠杀。战争要是这样打下去赵国一定是死路一条。

情急之中，赵王想到了一个人，长年在北部边地与匈奴军较量的李牧。

第四章 东出六国

虽然李牧这人的办法的确让别人难以理解，但是从结果上看是管用的。

那就好好地用一用他。用北边的边防大军、边防将领来对付强大的秦军，一准能让秦军知道我赵军的厉害。老虎不发威，当我是病猫？

边防军不同于内地的地方驻军，特别是北部边地经常与匈奴打仗的边防军，有很高的战场实战经验。

赵王想到这一层，立即下令升李牧为大将军，率军南下，抗击秦军。

李牧率领赵国的边军往南方赶，秦将桓齮正率领得胜之师向着赵国北部挺进。每到一处秦军攻城略地。公元前233年，这支秦军攻下赵国重镇赤丽、宜安。深入赵国腹地的秦军已经能望到赵国都城邯郸城楼的影子了。

在肥（今河北藁城西南）地，两支大军不期而遇。李牧立即摆下阵势严阵以待。

两军迅速约定了交战日期。

秦军将赵军打得一败再败，在赵军面前，秦军犹如下山的猛虎一胜再胜，赵军必定人人胆怯，个个自危。军胆被秦军吓破，赵军成了惊弓之鸟。

而且我这支边防军还从来没有跟秦军交过手，不知彼只知己，必定风险万分。望着蓝蓝的天空，看着眼前高大的树木和无边的营帐，李牧满脸愁云。

在失败面前，有没有打破秦赵僵局的途径？沿着这个思路，李牧突然有了一个发现，秦军一胜再胜，胜利胜利还是胜利，在众多的胜利面前，秦军必定发生变化，变成了一支骄兵，必定失去警惕性。这就是我军打败秦军的基点。

现在需要的是我军也发生变化，由胆战心惊变成一支怒气冲天的怒军。

交战前一天，李牧率领将士举行隆重的阅兵仪式、庄严的誓师大会。将士们个个激情满怀表达自己的决心：国家到了危难的紧要关头，现在正是奋不顾身、英勇杀敌的好时候，勇杀秦匪，誓死保卫赵国。

在士兵心中，无数把拯救国难的激情大火被李牧点燃。

秦军这边，这一天全军休息放假，类似于战地一日游活动。对于打败眼前的赵军，桓齮太有信心了：前边一直是胜仗。进入赵国以来，无论大仗小仗恶仗都打过了，还就是没有败仗的记录。秦军打赵军，想不胜都不行。

这支部队确实已经发生了大变化，兵骄将傲，完全不把赵军放在眼里，我们接触的所有赵军，都给我一个同样的感觉——在我强大的秦军面前，赵军太不经打了。

赵军怒气填胸，而秦军则松散无备。

双方一经接触，赵军就像狂泻而出的铁流，直扑秦军。

这让秦军一下子惊呆了。往日的赵军不是今日这样的状态呀？在往日的战场上，赵军看到一胜再胜的秦军，立即会如惊弓之鸟一般惊恐。然而今日的情形却太不一样。

秦军没有更多的时间思考赵军为何短时间内发生如此巨大的变化，因为赵军以疯狂一般的速度冲到了秦军的面前。

自打进攻赵国以来，秦军还没有碰到过这样不要命的打法。然而秦军绝不是吃素的，也是在战场上混大的，双方不久就进入混战状态。

狠的碰到不要命的，这样的两支军队，就是传说中的巅峰对决。

在这样的场合，任何的战术策划都不起作用，一切的一切全看平时积累起来的真正实力。就像奥林匹克竞技场最后冠亚军的争夺赛，在剧情最激烈的时刻，教练除了给选手鼓劲外，什么赛场策划、现场战术协调全都派不上用场。

而这种大规模的团队作战，又分成两大部分——阵前的和阵后的。

阵前的，面对的是冰冷的钢刀和飞蝗一般的箭矢；阵后的，那就一定是使劲呐喊，为阵前的兄弟们助威。而这两部分人又怀着两种完全不同的心情。阵前的，在血肉横飞中要么拼死，要么幸运地生存，一切全看运气、努力和斗志。阵后的，心情就复杂得多了。

人都是现实的，看到阵前的有取胜的可能那就使劲呐喊；如果看到阵前出现溃势，无论是心灵高尚的还是低贱的，都在寻思逃跑得最快的办法。因为即便你不想，别人也都在想。到时你想不逃都不行。只有一种人是例外——报仇心切的、激情满怀的——只有这样的人，在这个时候才会视死如归，才会在风险最大的时刻把自己变成只有胆量不求生命的战神。

阵前的将士拼命搏杀的时候，双方的将士都在努力坚持，谁能坚持到底，谁才会有胜利的可能，谁最先逃命，就一定是崩溃的命运。正所谓兵败如山倒。所以，这个时候最最重要的就是在血腥的搏杀面前坚持、镇定，最高级别的状态是激情满怀视死如归。

战斗进行到最为关键的时刻，赵军战前准备的精神力量开始发力。阵后的秦军虽然也在呐喊，可随着时间的拖长，精力的疲惫，呐喊的声音已经显得有气无力，渐渐地弱下去了。而赵军就像打了鸡血一般，越喊越有劲。而这种气氛的烘托，在这样的关键时刻最为重要。在大的国际赛场，主场队员往往有他们特殊的优势，今天主场的赵军呐喊的优势充分地发挥了出来。

被注射了"激情"的赵军，阵后使劲，阵前发力。秦军耐不住这种活缠加死磕式的打法，接近中午时分，颓势出现。

李牧等的就是这个最为磨人的机会。阵前的秦军逐渐力不能敌，同时阵后的秦军呐喊声变小，李牧推测，这个时间节点上，秦军中已经有一部分人产生了逃出战场的迹象。这正是我一直在等待的机会，为了这一机会，李牧早已暗中做了两手准备。

首先，李牧下令，调用早就准备好的预备队，从阵中杀出，冲入敌阵。

这是一支生力军，他们早已在阵外等了很久，等的就是这个亮相走场的机会。这批人马一经放出，就如猛虎下山，给疲惫的秦军一下子形成强大的压力。

李牧的这一招让秦军大为震惊，阵前立即不支，阵后的人一经发现这一情况，开始准备逃命。

秦军有着极为丰富的实战经验，一发现自己不行，立即以最快的速度逃出战场，保存实力就成了此时的第一选择。

李牧发现秦军阵后已经在有组织地有序撤退。

这时，李牧发出第二道命令：密集擂响战鼓；东、西、南三个方位，全军扑上去；北面留空，给敌人逃命。殊不知，在敌方逃跑的路途上，李牧早已设下埋伏。

秦军发现东、西、南三个方位赵军战鼓如雷，只有北方静悄悄，那里无兵阻挡，便纷纷往北逃。

守候已久的赵军早已做好准备，看到秦军逃进包围圈，立即冲过来，轮刀就砍。秦军已成惊弓之鸟，哪里经得住这样的打法。随后，秦军惨败，赵军大获全胜。

桓齮这一次彻底给打晕了。回秦国吗？十万大军被打没了，回去一定犯下了重罪。左想右想，桓齮做出了人生中最后一个最为重要的决定：逃向燕国，到那里去湮没人间，了此残生。

而李牧这边立下大功，让赵国在危急时刻转危为安。赵王非常高兴，感觉自己用人得法，感受自己这一次特别有眼力，封赏李牧为武安君。

计除李牧

出头鸟不好打啊。得到十万大军被赵军消灭，桓齮人间蒸发的消息，秦王嬴政感到头大。

坐在王宫里，看着这份摆在案头的战况汇报，嬴政拼命地想主意。

在大败面前，大臣们这一次全都变哑巴了。"那我就慢慢地想吧，总有一天，我要把打掉这只出头鸟的办法想出来。"

两年后，嬴政终于等来了一个主意。

一个并不怎么起眼的大臣，突然提出了一套方案：两年前桓齮率领的秦军是强大的，赵军并不是秦军一个等量级上较量的对手。秦军为什么最后反而吃了败仗呢？我认为，打败秦军的并不是赵军，而是李牧。

所以结论是，现在只要寻找到除掉李牧或者寻找到卸掉李牧兵权的方法，今天的秦军就一定能打败赵军，从而拿下整个赵国。

这个世界上有没有解除李牧兵权的办法呢？仅仅依靠或者等待赵国内部的党争权斗是不可能的。那么秦国就必须从外部给他制造滚蛋的机会。

看着这份奏章，嬴政突然看出了两句话：我们的枪口不要对着赵军，而要对着李牧；赵国内部与秦军外部相结合，制造出李牧滚蛋走人的机会。

"两年来，在失败的阴影下，我们全都钻进了牛角尖，进了思想死角"，嬴政拍着桌子感叹："其实，促使李牧离开赵军的办法有很多。"

一个办法很快就被嬴政想了出来。

既然秦军打不赢赵军，那么我就不求胜而求败，败的目的不是真败，而是在败中消耗赵军的兵力。也就是说，用败仗的办法引诱赵军出击，在赵军追击秦军的路上，我预先设下伏兵，伏击赵军，从实际上消灭赵军的有生力量。

用这样蚕食的方式，慢慢地且大量地消耗赵军。赵王不会看不到这些个事实吧。制造了这个条件之后，我再用黄金在赵国的大臣中用力，那时，赵国的口水一定会把李牧过去的功绩淹没掉，到那时，赵国的兵权还能一成不变地握在李牧手中吗？

沿着这个思路，公元前232年，秦王嬴政派出大军进攻赵国。

"气势搞小了，赵王不一定派李牧出战。那我就搞大气势，逼你赵国派李牧挂帅"。嬴政派出两路大军，浩浩荡荡开向赵国，一路奔向邺，一路奔向太原。接着，秦军又向赵国的重镇番吾（今河北平山县东）发起进攻。

出兵前，嬴政在召见带军大将时，说："这一次，你们必须多打败仗，求败不求胜；这一次，你们必须多杀赵军，求里子不求面子。至于在战场上是如何的打法，你们就各施高招吧。"

秦军两路大军向赵国发起进攻。得到消息，赵王一点也不吃惊：我手上有神将李牧，还怕他秦军什么？赵王立即命李牧率大军迎击。

正如赵王料想的那样，李牧又一次打败了前来进攻的秦军。

可接下来，赵国的大臣们坐下来算战争账时，却有一个重大发现：李牧率领赵军的确多次打败了秦军，然而在同秦军的战斗中，赵国兵力损失却非常严重。这样的损失是一定要有人来担责任的。

谁来负这个责任？大臣们这一次差不多异口同声地说："除了李牧，还能是谁？当然是李牧了。

嬴政把一块污迹死死地抹在了李牧的身上。铺垫工作做好，嬴政睁大眼睛在赵国的高层寻找有能力而且有意向朝着李牧吐口水的人。就在这时，一个人物进入了视线。这与一位漂亮至极的邯郸美女有关。

现在出场的是邯郸城里有倾国之色的倡女。自从嫁进王室之后，她就发挥出漂亮、多情还极富才华（能歌善舞）的特长，吸引住了所有在她身上打主意的每一个王室男人的眼光，结果让这个王室宗族在"性"问题上乱成一锅粥。

最近她的丈夫死了，她新近成了寡妇。

正在赵国政治舞台上走秀的悼襄王早就跟她有一腿，看到美人身边那个夫君的位子腾了出来，真是想不娶她都难。

国王的这件婚姻小事，李牧看在了眼里，急在了心里。李牧认为虽然那是你国王个人生活小事，可也是国家的大事啊，毕竟国王的形象是重要的。

李牧一着急，脑子就没有想许多，毫不转弯地当面向悼襄王劝谏："你可以娶任何女人，独独不能娶那个女人。"

悼襄王如果是个聪明又理性的人，他就听了。可悼襄王对极高颜值的美少妇早就晕了头，早就打定主意要把她娶过来，管你是谁提意见，全都听不进。

接下来，悼襄王幸福无比地娶了美少妇，美少妇不久就为他生了一个儿子赵迁。

此前，悼襄王已经立赵嘉为嫡嗣。现在经不起美女的耳边风，悼襄王做出重大决定，"废嫡而立迁"。

不久，悼襄王死了，赵迁顺利地当上了赵王。美女被封为悼后。

倒霉的悼后又一次变成了寡妇。用那时人的话讲，那位美丽的女人有一个恶命——克夫。再一次变成了寡妇的悼后没有从此沉沦下去，没有浪费她的美貌，她凭着自己美丽的外表，又吸引到了一个男人——春平侯，两人不久开始了新的生活——私通。

现在坐在王位上的还是一个小孩子。赵迁没有任何从政的经验，赵国的朝政落在了悼后的宠臣郭开手中。

郭开是一个小肚鸡肠的人，嫉贤妒能是他的拿手好戏。郭开心中清楚：一旦有才能的人在朝中行走，就一定难保自己的地位。一山容不得二虎，何况我这只虎还是一只没有什么超能的虎。只要发现有才能、有才干的人，郭开的第一个动作就一定是想方设法把那位同事除掉。

秦国的间谍正在赵国四处打探可能卸掉李牧军事大权的人。这些人努力活动，不久就摸到了郭开嫉贤妒能的品性，而且掌握了悼后喜欢黄金珠宝的敛财特色。

苍蝇不叮无缝的蛋，现在苍蝇们在赵国最高层这两颗蛋上发现了小缝，岂能不立即叮上去？

一番重金贿赂的程序之后，一道陷害李牧的程序启动了。

公元前229年，即上次出兵赵国三年之后，秦王嬴政又一次派出两支军队，发动了对赵国的进攻。这一次的目的仍是制造陷害李牧的借口。

大将王翦率秦兵直下井陉（今河北井陉北井陉山上的隘口），杨端和率另一支秦兵进攻邯郸。另外，嬴政还派羌瘣带兵助战。

大将们出兵之前，秦王嬴政给了一句话："不求速胜，不求速败，你们只要做成一个事实就行了——拖，把赵军死死地拖住，一定要带足粮草，在赵国前线拖的时间越久越好。"

看着"哗啦啦"开来的两路秦军，而且其中一路直扑都城，年幼的赵迁着急了，他立即派李牧、司马尚率兵抵抗秦军的进攻。

两军一接触，秦军表现得绵软无力。虽然是来进攻的却进而不攻，而赵军也一时也打不败它。赵军像碰到了一堆橡皮泥，弹性特别强。

双方就这样在战场上互相对峙，纠缠不休，这场战争似乎处在一种停滞不前的"惰性"状态。双方一拖就是一年。你盯着我，我也盯着你；你打不败我，我一时也打不赢你。

在这一年的时间里，秦王派在赵国的间谍不停地发力，终于从宠臣郭开那里找到了门路。接受了秦国间谍的贿赂，郭开开始做一件小事，在赵王的耳边说李牧的坏话。

"李牧上一次、上上次，都把秦军打得大败而逃。而现在，时间过去一年了，却不见什么大的响动，那是为什么呢？那就只有一个可能，李牧和、司马尚可能是互相串联。他们俩都按兵不动，那就只有一个可能——图谋反叛。"

包括赵王在内，赵国人都不知道这是远在秦国的秦王设下的计谋，只看到一个残酷无比的现实：这一年来，秦军驻扎在赵国境内，天天喊进攻、日日谋划进攻，却不见大的动静。赵军天天喊抗秦，却不见赵军的大动作。这个现实，让几乎所有的赵国人都有点儿摸不着头脑，谁也不知道秦军与赵军的葫芦里到底藏着什么奇怪的药。

赵国人开始不停地揣测，真是想不揣测都难啊。

可郭开早就想着一件事：如何把能人李牧赶出官场？一直以来，郭开一直在忙着一件事，不停地收集李牧的负面信息。就在他瞪着眼睛四处打听时，秦国埋藏在赵国的间谍暗中不停地散布谣言：李牧正在准备图谋反叛。这个重要的信息不久就被人有意送进郭开的耳中。

郭开立即将这一重大信息汇报给年轻的赵王。

赵王的身边，除了郭开的人，没有反对党。郭开提供的信息被毫无疑问地放置在赵王做出判断的依据上。

赵王做出了一个较为稳妥的决策：委派赵葱、颜聚替代李牧的职务。赵王的意思很清楚：姑且不论李牧有没有图谋反叛的想法、做法，先把他从重要的岗位上换下来。不怕一万，就怕万一。

接到解除军职的命令，李牧心中清楚，赵王听信了身边某些人的谗言。

殊不知，走在回家的路上，死神却已经追上了李牧。郭开暗中派出的杀手，在一个小酒店追了上来。面对杀手，李牧说出一句话来，"赵国要亡了"。而一同被暗杀的还有赵军另一位重要将领司马尚。

"李牧死了"，先前一直待着不动的秦军，得到李牧死讯后立即向赵军发起攻势。

正如赢政料想的那样，没了李牧，赵军再也不是秦军的对手。公元前228年，秦将王翦指挥秦军大败赵葱率领的赵军。秦军乘胜追杀，一举捕获了赵王迁。这一年的十月，秦军攻破邯郸城，赵国被秦军彻底毁灭。

"出头鸟"被打下来了，下一个目标该是谁呢？

节侠田光

秦军拿下赵国后，秦国的大军已经来到易水河边，燕国感受到突然而来的威胁。

秦军就在不远的国境上做准备动作，国家危在旦夕。在这样的危急关头，面对强大的秦军，弱小的燕国如何生存？燕国从上到下都在担惊受怕。

燕太子丹每天盯着秦军的一举一动。力量弱小的燕国，想要去联合东方其他大国，谈何容易？到处送礼，求爷爷告奶奶，付出巨大的成本，喊破了嗓子，最大的结果可能是除了别的国君送来一些同情的话，其他的都只会是空话。面对强大的秦军，谁敢伸头出手相助？平时喜欢出头的赵国被秦军结结实实地端掉，现在再也没有国君敢随便与秦国为敌。

即便调集全国的军队，弱小的燕国军队也一定打不过虎视眈眈的强大的秦军，而联合其他国家的路子基本上走不通，要拯救燕国，还有没有路径？发展经济、招兵买马、扩军备战……真是一切都来不及了。在强大的秦军面前，就像一个鸡蛋碰到石头上，再怎么强化内功，都无济于事。

燕国已经到了这一步，燕太子丹还能有什么办法？

少年时的两场磨难经历，让他于危急之中突然萌生了一个天才的想法，就如溺水的人突然之间抓到了一根似乎能救命的稻草。

镜头沿着时间轴往前推。

少年时，燕太子丹在赵国都城邯郸当人质。当时嬴政就出生在那里，两人成了儿时的玩伴。

这样的苦难环境里长大的两个少年，共同的命运使得他们俩像一个战壕里的战友一样，结下了深厚的友谊，成了生死之交。燕太子丹把嬴政看作人生中最要好、最得意的朋友。一个月明星稀的夜晚，两人捏土为香，结为义兄义弟，发下重誓"只要有机会，一定要一统天下，结束战乱纷争的世界"。

两人长大成人之后，命运发生了翻天覆地的变化。

嬴政在秦国即王位，当上了一国之主，而太子丹又要当人质，这一次是在秦都咸阳。

昔日的朋友，今日又在一个城里相集，然而身份相差却是如此悬殊，一个在天堂，一个在地狱。

嬴政已经处在绝对强者的地位，对于这位今日的弱者、昔日的难友，没有看在结义兄弟的面子上给予任何的友好，就别说什么特别的帮助。

处于被对手收拾地位的人，最怕的是自己的弱项被对手看得一清二楚。

少儿时期的好友，今天的秦王，对于人质太子丹的弱项、强项了解得清清楚楚。现在要管理好这位人质，嬴政制定出来的方案有着极强的针对性。

太子丹陷入深深的痛苦之中。往日的友谊不见了踪影，嬴政对待我，真正是变本加厉。

最要好的朋友嬴政怎么突然之间就变成这样的呢？太子丹深深地体味到爱之深、恨之切的滋味，非常郁闷。

有一次，太子丹找到了一个机会面见秦王。看到这位儿时的玩伴，太子丹非常兴奋，满怀希望提出了一个小小的请求，请秦王允许我回一趟国，探望一下自己的亲人，解一下思乡之渴。让太子丹打破头也没有想到的是，这位最要好、最得意的朋友给出的答案竟然是"等到乌鸦的头上长出白毛，马的头上长角的时候，我便答应你回国"。

一股怨恨从太子丹痛苦的心头生长出来。从此，太子丹寻找一切可能的机会逃离秦国。

　　成功向着有准备的人。终于有一天，太子丹找到了机会偷偷地逃回了燕国。

　　现在，秦王的大军压境，太子丹埋藏在心中的一个想法，越来越强烈，非实现不可。那就是把自己那个儿时的伙伴杀了，一定要把他杀了，以前只觉得那是解心头之恨，今天，就要提到另一个高度——救亡图存。只有从肉体上毁灭秦王嬴政那个人，秦军才有可能停止进攻的势头。

　　只要他嬴政在台上一天，东方各国就一定会被他吞掉。灭掉东方诸国，并吞天下，那是嬴政在童年时代就埋在心中的种子，现在那颗种子早已发芽，正变成大树，一天天枝繁叶茂。

　　秦王远在秦国，住在秦国的王宫之中，如何才能杀得了他呢？哪里能找到能进入秦国王宫、能贴身谋杀秦王的高手呢？

　　太子丹突然想到了一个人，自己的师傅鞠武。

　　虽然是老师，虽然这辈子见多识广，平时满脑子都是主意，然而，在这样的大难题面前，鞠武一时也拿不出什么好主意。不过，鞠武没有让学生失望，他向太子介绍了一个可能解决他的难题的人——田光先生。

　　田光是一位向来以议论国家大事为己任的人，类似于今天某些以讨论国际时局为最大兴趣的网络大V。当太子丹向田光先生提出"以图国事"的议题时，平时思想像洪水泛滥一般的田光，突然感到自己的脑力捉襟见肘。

　　田光的脑子飞速地思考，终于有了一个想法。

　　"我不能亲身为你解决难题，但是在我的朋友圈里，有一个人物，或许他才是你真正要找的人"，田光说道。

　　田光提到的这人，名叫荆轲，"荆轲虽然不是燕国人，然而，却是一位能堪任大事的人。"

　　荆轲，何许人也？

　　荆轲，卫国人，平素喜欢读书、击剑，这样的人，今天称能文能武。荆轲不仅满脑子思想，同时还是一位击剑高手，今天称剑客、侠客。

　　荆轲完成学业，决定到邯郸寻找工作。

可在邯郸，他没有找到什么心仪的工作。

荆轲不甘心两手空空、灰头土脸回家，于是来到燕国的都城，心想或许在这里能找到一份中意的工作。

一天下午，阳光明媚，燕都大街上人来人往，荆轲一边行走，一边东张西望，看看街景，寻寻机会。这时，他突然看到一个人，熙熙攘攘的街头，此人居然旁若无人地喝酒，一边还有节奏地抚弄着筑（类似琴的一种乐器）。筑声时而低沉，时而高亢。

这声音多么契合我的心境啊。我满腹经纶却沦落如此，我有一手好剑法，现在却连吃饭都成问题。人啊，多么像一枚金子不幸掉进了沙堆，难道就再也没人来发现，难道就再没人捡起来，细细擦拭？听着震动心魄的筑声，荆轲的脚再也挪不开步子。

什么叫心心相印？这就是传说中的心心相印么？这位击筑人的心境，只有我荆轲才能解读，才能真正读懂，才能理解至深。

很快打听出来，此人叫高渐离，以杀狗为业。

荆轲买来熟肉，买来好酒，送到高渐离的身边。两位素不相识的陌生人，对着好酒好肉边吃边喝地聊起来。

以前，无论在卫国还是在赵国，荆轲交往的全都是名流豪杰，"我一直认为，只有社会上层人士，才是我交往的对象，今天我突然明白，从他们那里我得到的、找到的全都是失望，从他们身上我从来没有感受过真正的快乐。只有屠狗人的筑声，让我第一次彻底忘记了痛苦，突然找到了天堂似的快乐"。

通过高渐离，荆轲结识了他的好朋友——京城名流——处士田光。

德高望重的田光先生与生活在社会最底层的屠狗人高渐离结为至交好友？荆轲细细琢磨，得出一个结论来：这件事本身就说明一个问题，这位叫田光的人绝不是一般的人。

交往之中，田光有一个发现，这位外国人荆轲不是等闲之辈，不能用平常的眼光来看他。虽然这人目前没有工作，还在失业之中。

这是一位心怀大志、学业有成、武艺在身的小伙子。这样的人，就像地下的一株大竹笋，需要的是破土见光的那一刻——春风的到来。

渐渐地，田光产生了一个想法，寻个机会，把他推荐到一个合适的平台上。

一天，太子丹的老师鞠武找上他，田光突然发现，这个平台终于被送过来了。

一连几天阴雨绵绵，这天天空放晴，田光决定单独拜见太子丹。

一道香茶过后，太子丹缓缓说道："燕秦不两立，燕国如何挡住强秦？"

田光说："我今天特意为荆轲而来，他这人文武全才，人品高尚，剑术高强，周游多国，见多识广，或许正是太子抵挡强秦需要的人才。"

太子丹猛然有一个感觉，莫非我这是踏破铁鞋无觅处，得来全不费功夫？摸着手边的茶杯盖子，太子说道："我的确在寻找一位顶级敢死队员，这人必定是有去无回的壮士，这件大事如能做成，必定能拯救我们弱小的燕国，必定能拯救东方各国，这件大事必定要你这样有眼力、有办法、有思想的人一起担当。"

听到"有去无回"四个字，田光突然有一个感觉：这件事极其重大。一个外国人能不能为燕国牺牲他宝贵无比的性命，实在是悬。

"这要从长计议"，田光望着窗外的阳光，缓缓说道。

从田光简短的回答里，太子有一个感觉：田光是一个可以托付大事的人。毕竟我要找的不是一般人，要有以身殉国的勇气，是神一般伟大的壮士。

田光起身告辞。

望着田光转身离去的身影，太子突然冒出一个想法来：我这辈子，还没有亲身送过任何人，这一次我要亲自送田光先生回家。

看着太子马车的华盖，坐在太子的马车里，田光的一个感觉越来越重：太子的想法如果不能实现，那么燕国将必定毁于一旦。一切的一切，就看我能不能做通那位外国年轻人荆轲的思想工作。

太子的马车停在了田光家门口。临离去时，在田光的耳边，太子轻声说道："适才所言，乃国家大事，万望先生不要泄露于外人。"

田光点头答应。

坐在客厅的太师椅里，田光突然悟出：太子最后一句话里，有另一层意思。

太子亲自送我回家，又把这个只有你知我知、天知地知的秘密交给我，那就是说，这事只可办成，不可办砸，更不能只是表面的敷衍。我的年岁大了，不能上战场了，然而，今天太子已经把我送上了硝烟迷漫的战场，而且让我独领一支看不见却必须出死力的地下大军——太子这是把万千重担系于我一身啊。

如何行动才能办成太子交代的国家大事？

国家安危系于我的手中，如果能用我的命来办成这件事的话，我的小命又算得了什么？

想到这一层时，突然之间，田光发现了一个办法——一个唯一能促成这件事的办法。

回到房里，田光给自己泡上一壶最好的香茶，叫厨房里为自己烧好一桌丰盛的酒菜。这是我在人世间最后的一餐盛宴——一定要吃饱喝足。

吃好喝好，田光细心地穿戴整齐，怀揣一把锋利的尖刀。

之后，他缓步到旅馆来会见荆轲。

双方寒暄之后，田光说道："燕秦势不两立，现如今秦军灭了韩国、赵国，秦国的力量威胁东方各国。今天上午太子丹会见了我，向我讲了一套毁灭当今秦国绝世无双的方案。我已是年老无能。但是，我认为世间还有一人能办成那件惊世大事。这个人，只有你才行，所以我把你推荐给了太子丹。我希望你能亲自前往太子丹宫中走上一遭"。

"遵命，一定照办"。

"太子跟我分别时，特别告诫，'那是一件关系国家安危的高级机密，一旦泄密，事情就万难做成'。从太子那里回来，我直接就奔你这里来了，没有跟第二个人讲起。将来某一天，我保不住我会无意中说出来。"

看到荆轲眼里闪出一道疑问的目光，田光靠近一步，说道："你现在就赶快去太子那里，同时向太子带上一句话，说我田光已自刎而死，以此来保住那条秘密。"

说完这话，田光迅速掏出怀里早就准备好的尖刀，没等荆轲反应过来，便朝着自己的脖子毫不犹豫刺了过去。

一股鲜红的血从他的颈动脉处当即喷了出来。荆轲立即冲了过来，然而一切已经迟了，田光的整个颈部，从气管到喉管已被彻底割断。

田光这只是要保密吗？拉着田光正在渐渐冷去的手，荆轲突然醒悟过来：这田光是以死明志啊！怀着万分的悲痛，荆轲立即前往宫中去拜见太子丹。

方案初定

得到田光自刎而死的消息，太子丹立即明白过来：对于荆轲这样一个外国来的小伙子，若没有田光这样如此有名望的长辈殉国的壮举，如何能感动他用最为宝贵的年轻生命来拯救燕国？

朝着田光殉国的方位，太子丹跪了下去，拜了又拜，一边痛哭流涕，一边膝行向前。屏退左右人员后，当着荆轲的面，太子用极为悲痛的声音呼天抢地："丹之所以告诫田先生切勿泄于外人，是因为丹要成就机密大事。今日田光先生以死守秘，真是感天动地。"说罢，大哭不止。

哭过之后，太子丹连忙请荆轲就座。一边喊人给荆轲上香茶，一边离开自己的座席，对着荆轲深深地叩头。接着，抬起头来注视着荆轲的眼睛，不紧不慢地说出早就准备好的一番话来。

"田先生不以丹为不才，所以才使我有了这样的幸运，能在你的面前，敢于提出我的求助来。这真是上天哀怜燕国啊，是上天派壮士来啊，是上天不弃燕国，是上天不让我们燕国无依无靠啊。"

说完这段话，太子把眼光从荆轲的眼前移开，面朝着窗外的天空，用狠狠的腔调说道："今日的秦王嬴政，有着虎狼一般贪婪的心，那人真是欲壑难填。我已经看得再清楚不过了，他要是不占有全天下所有的土地，他要是不称王于天下，是决不会收手的。几个例子已经明显地摆在那里了。他派出的秦军俘虏韩王，占领了韩国全境，照理说，应该满足了罢，可是，他停下脚步了吗？他派出他的得胜之军，北上进攻赵国。当王翦率领的数十万秦军，冲到漳（今河北省南部）、邺（今河北磁县南）时，当李信率领的秦军冲到太原（今山西中部）、云中（今内蒙古土默特一带）时，那时，我就看出秦王嬴政的意图来了，他一定必定算好了赵军无力抵挡他强大的秦军，算定了赵国最后的结果必定是称臣投降。果然不出我所料，战争打下来，结果是赵称臣于秦。现在我已彻底看出来了，虽然秦军没有来到我燕国的地面，嬴政一定在算计如何吞下我们弱小的燕国。事实摆在这里，我们燕国面积太小，即使今天我们动员全国的兵力，也根本不是秦军的对手，双方不在一个数量级上，如何较量？其实，我们燕国还有一条路可走，那就是借助其他诸侯国的力量，然而自从赵军彻底失败，各诸侯国都退缩了，畏惧秦军了，不敢联合抗秦。我左思右想，认为上天还是留给我们、也是留给我们东方各国最后一条生路——除此之外，再也没有别的路可走。"

说完这段长长的话，太子猛地转过身来，面对着荆轲说道："这条唯一能救得天下的险路是得到一位上天派来的勇士，出使秦国。"

作了这样一个极为肯定的判断后，太子抬起了头，望着天花板，慢慢地说道："秦王嬴政从小跟我一起在赵国长大，那时我们都是赵王的人质。我太了解他那个人了，贪，特别贪利。天下也就只有我才了解他的本性。我的整个策划案，正是建立在对他深刻了解的基础上。我想，利用他贪利的特点，派勇士向他送重礼，他一定必定不会拒绝，一定会笑着接受。那时，利用这个接近他的机会，就在咸阳宫中劫持他，用死来逼他全部退还秦国所侵占的诸侯各国的土地。"

说完这段话，太子转过身来，看着荆轲说道："这个办法能不能做到呢？有没有可行性呢？其实这个办法并不是我的天才创意，而是有先前成功的案例，我只不过要复制一下别人的成功，如此而已。或许你也听说过那件事。当年，曹刿不就是用匕首硬逼着齐桓公，结果，齐桓公不得不退还了侵占的土地了吗？"

"如果秦王政决不答应退还侵占的诸侯土地，那怎么办？"

"当即将他刺死。"太子用缓慢的声音稳稳地答道。

"绝不只是刺死了秦王。刺死秦王，将必定能灭掉秦国，彻底铲除秦国那条祸根。"看了荆轲一眼之后太子继续他的演说："秦王一死，那些在外国统兵的大将，得到消息之后必定失去斗志，必定与新的国君之间相互猜疑，因为他们不知道新的国君会不会像死去的秦王嬴政那样带领他们从一个胜利走向另一个胜利。此种情形，各诸侯国君岂不看在眼里？其实大家都在等待这样一个局面的出现。到时各国必定乘机联合攻秦，秦国必破无疑。那时各国一定要彻底毁灭这个多事的秦国，对它可能分而治之，从此，强大的秦国将不复存在。"

"这是丹最大的心愿！"顿了一顿之后，太子丹接着说道："一时之间，我找不到可以堪任这一重大使命的人。我特别希望荆卿留意。"

"我听得非常明白。您说的是国家大事，像我这样才能低下的人，岂能担当如此重任？"

太子心中猛一"咯噔"，莫非这位外国来燕国找工作的小伙子根本就不想为我的国家去牺牲他宝贵的性命？正当他这样想时，突然另一个想法冒了出来。

假如这人一口答应下来，那么，接下来，他可能是拿了我们燕国的重金，然后玩人间蒸发的游戏。是的，他这是谦让，那么接下来就应该有戏。这正说明这是一个做事稳妥、堪当大任的人。是的，田光义士的眼力没有错，这人正是我要找的人。

太子丹立即走出早就准备好的一步棋，跪在地上向荆轲叩头，嘴里说道："田光先生说得对啊。人世间有且只有你，才是能够担当这一重任的人。"

看着伏在地上的太子，荆轲突然发现：如果不答应这件事，怕是自己一步也走不出太子宫。田光用死来保守这个秘密，那就说明——知道这个秘密的人，必死无疑。荆轲开始后悔，后悔当初没有想到这一点，后悔一时冲动，居然依着田光的话来到太子宫中。但是，现在说什么都来不及了。显然摆在面前的路只有两条：一，不接受这个任务，必死无疑；二，接受这个任务，同样是死，但是死得壮烈，死得天下皆知，死得名传千古。那么与其走出门去，被太子手下的人偷偷地杀死，不如当一个壮士，去到秦王的宫殿，为全天下人的安危而死。

想到这一层，荆轲立即走上前去，扶起太子，说道："我尽自己的一切力量来完成这一人间重任"。

太子非常兴奋，当即尊荆轲为上卿，安排上等的房间供荆轲休息。每天清晨，派人送来大鱼大肉，时不时送来山珍海味，还配专车服侍配美女。

这应该是让我上天堂之前过上一段幸福美满的人间生活。荆轲每天吃喝玩乐，很是享受送到嘴边的美味佳肴。

"这人就这样一直吃吃喝喝玩玩乐乐？"太子心中纳闷。

该用一句什么样的话，来促动荆轲行动呢？不能硬性地命令他，不能低三下四、阿谀奉承地请他、求他。

细细琢磨后，太子意识到秦兵已抵近易水边上，早晚有一天，他们会渡过易水，到那时即使我想长久地如此这般侍奉足下，又怎么能做得到呢？

真是巧妙至极的一句话——不是我来催你去刺杀秦王，不是我下狠心催你去鬼门关，实在是秦王他自己不等人。

"太子是在催促我赶紧动身。"荆轲听出了太子话中的意思。

这段时间，荆轲大吃大喝大玩大乐，脑子里一天都没有闲着，一直在寻找一个问题的答案。如果我的手上拎着一堆黄金、珠宝，秦王会接见我吗？即使接见的话，他会为着看一看这些黄金珠宝而走下大殿来吗？如果他不主动走近我，我又如何接近他？

太子的方案存在着致命的漏洞。如果他没有完善的方案，那好，我正好从这个必死无疑的陷阱里逃脱，就此从太子这里脱身。

想到这一层，荆轲又突然发现另一个问题，如果太子拿不出完善的替代方案，如果太子坚持他的方案没有问题，那怎么办？这个问题转化一下，我必须为他找到一个补丁，那么，那将是怎么样的礼品，能使秦王走近前来看上一眼？

我把想出来的方案提供给你，如果太子能拿出这个礼品，我就肯定去刺杀秦王，否则，就别怪我吃了喝了然后走人了。

然而，已经发现的漏洞与补丁却不能自己主动去向太子提出来，否则太子一定会产生我"故意找茬然后有意刁难从而脱身"的怀疑。该如何办？

只要我表现得大吃大喝大玩大乐，只有这样才能逼太子来催促。

当太子上门，说出那句秦军已抵近易水的话题时，荆轲发现，属于自己的机会来了。

"这些天来，我一直在考虑一件事。如果我的手上只有黄金珠宝而没有一件信物，秦王能接见我吗？即使接见，他会走近前来观看那些黄金珠宝吗？如果他不走近我，我如何挟持他？刺杀他？"

这句话一提出来，太子立即陷入沉思之中。这些天一直考虑为何荆轲不动身，却没有考虑到这个被我完全无视却至关重要的问题。这个问题有解决方案吗？那个让秦王走近燕国使者的信物该是什么？

看到太子一会儿望着天空，一会儿望着天花板，荆轲决定将方案出手。

"这些天来，我一直在想这个问题，也一直在寻找这个问题的答案。我听到一件事，我想，我们寻找的终极答案，或许就在这件事里"。

"什么事？"太子把脸转了过来。

"臣最近听说秦王嬴政正在四处购买一样东西——用黄金千两、食邑万家的高价悬赏樊将军的人头"。

说到这里，荆轲停了下来。

荆轲看到，太子又一次陷入了沉思。

荆轲接着说道："我想，左手拎着樊将军的人头，右手拎着另一样东西——督亢地区（督亢，易水流域，燕国最为富庶的地区）的地图，秦王必定会接见我，必定会亲自走上前来察看他做梦都在想的这两样宝贝。那么，刺杀秦王的机会就有了"。

"樊於期将军的人头、督亢地区的地图，的确是秦王梦想中的宝贝，一定能引得秦王前来观看，而除了这两样东西，怕是成堆的黄金他也不稀罕。只有这两样物件才能拖得动嬴政的脚，你想出来的的确是一个天才方案。然而，这樊将军的人头？"

太子抬起了头，显出一副为难的脸色来。"樊将军！他是在危难之际投奔于我——我岂能伤害长者的诚意？"

荆轲陷入深思之中。

如果我有更好的解决方案，我还向你要樊将军的人头？荆轲不由得从心里开始骂太子。

"我已经走到了这条路的尽头——除了用樊将军的人头，别无他途。"

"既然你太子想当好人，那我荆轲就不得不当恶人了——我亲自出面去向樊将军借人头。如果他樊将军愿意借，我荆轲就冒死去秦国，否则历史到这里，这一段就必须改写"。

"天啊，我不做恶人，谁做恶人？"看着太子转身离去的身影，荆轲对着墙壁喊道。

人头是那么好借的吗？手中如果没有一套行之有效的方案，谁愿意把头借给我？

一天下午，天空中正飘着小雨，荆轲拜见大名鼎鼎的老将军樊於期。

寒暄过后，接过樊将军亲手送过来的香茶，荆轲一边品茶，一边说道："将军对秦王的仇怨，一定比大海还深。您的父母，您的宗族，全部惨遭秦军杀害。

我想，您一定听说了，秦王正在用千金与万家这样的高价来悬赏您的人头"。

"每每念及亲人、宗族被害，於期痛彻于骨髓，只是我一时还没有想出报仇的办法来"。樊於期大声说道，仰天长叹涕泪横流。

"我的手头的确有一套成熟的方案，可以以此解除燕国面临的大祸患，同时为将军报仇。"

"什么方案？"

"我亲自去刺杀秦王。"

"你不要命啊？"

"为了燕国安危，为了我们东方各国，为了太子的知遇之恩，将强秦从地球上抹去，我的命又算什么？"

"秦王能接见你？你能接近秦王？"樊於期用鄙夷的眼光看了看对面这个毛头小伙子。

荆轲就在等这句话。

"我的手上只要有一样东西就能达此目的，就能引得秦王想不接近我都难——将军您的人头——我用将军的人头来献给秦王，秦王一定高兴，因为这正是他做梦都想得到的宝贝。那时，趁他下殿之机，我左手一把抓住他的衣袖，右手将暗藏的匕首刺入他的胸膛。"

看到樊将军没有说话，荆轲补说了一句，"请相信我职业剑客的能力。"

"为了除去秦王，年轻人，你都愿意献出自己宝贵而年轻的生命。我这条老命算什么？"樊於期一边说着，一边脱去衣袖，露出半边带伤的肩膀，扼腕向前。

郑重的声音从樊将军嘴里出来："秦王正是我日夜切齿痛恨的虎狼，今日，我愿意助先生一臂之力，做成这件天下的大事"。

说完这句话，还没有等荆轲转过头来，樊老将军果断抽出身边的利剑，挥剑自刎。

"樊於期将军自杀殉国？"得到消息，太子丹立刻做出决定：割取樊将军人头的事，我一定要亲自去一趟，而且必须做得非常张扬，做得家喻户晓，天下皆知。

当着众人的面，太子伏尸痛哭，极尽悲哀。祭奠仪式后，立即派人割下樊於期的头，用匣子封装起来。随后派人向秦国吹风，燕国杀死了大将樊於期，即将派专使去秦国，面呈秦王。

一天晚上，太子喊荆轲过来鉴赏一件宝贝。

"我已暗中找人，花下重金谋到了一把全天下最锋利的匕首。我找到了一位专业的药师，用毒药渍泡刃部。只要划破秦王哪怕是一点点皮肤，只要见到丝缕之血秦王必死无疑。"

荆轲看着那把匕首，灯光下，只见一股冷冷寒气透出来。

"万事俱备，我这就收拾行装，立即出发。"

看着荆轲转身离去的身影，太子丹觉得还有件什么事没有做。荆轲一个人前去秦国刺杀秦王，实在有点儿不放心。万一他失手，就一定给燕国惹来大祸。只能成功，绝不能失败。如何才能万无一失呢？太子默默地想着，一双脚慢慢地踏进庭院里来。望着头顶上漆黑的夜空里闪光的几颗星星，一个想法慢慢爬了出来。

就如单身一人在山沟沟里走夜路，增加人手，必定增大胆量。但是使者团队又不能太多，太多可能引起秦王的疑心，那就增加一个人。

这应该是一个什么样的人呢？

刺杀秦王，必定有去无回。这样的人，会是谁呢？

沿着这个思路，太子丹很快就找到了一个人，秦舞阳，13岁时杀人，是一位犯下死刑罪的犯人。

这实在是最糗的补充方案。之所以这样说，大家接着来看下文。

刺杀团队组建完成，太子丹感到全身畅快。"坐在家里，听嬴政死亡的好消息，看秦军败退的特大好戏，听秦国灭亡的超级评书，东方各国必定为我的成功而欢呼雀跃，奔走相告。"

在书房里吃着花生米，喝着香茶，品着燕地花生特有的浓香，太子丹突然有了一个想法：在燕国的国境线上，我亲自为降秦使团搞一个盛大的送行仪式。为使团造势，向秦王的耳朵吹风，该死的嬴政，贪心的嬴政，必信无疑。

这天，天气爽朗，万里无云，太子丹带着大队的人马，来到燕国边境，为二人使团举行专门的送行仪式。全体人员身着白衣，扎着白头巾，举着白旗，沿途敲锣打鼓，一路鞭炮送行。

两人来到秦都咸阳，住进驿站。荆轲连忙上街打听到一个消息：秦王的宠臣中，庶子蒙嘉能说会道，还特别喜欢钱财。

真是想什么来什么。荆轲立即带上重礼拜见蒙嘉。

蒙嘉拿钱就办事，得知燕国是来送投降的信物，非常高兴有如此好的机会做成大事。为此，他还专门策划了一道说辞。

"实力弱小的燕国诚知不是我们秦军的对手，燕王不敢兴兵与我秦军对抗，他愿举国称臣，成为我们秦国的郡县。燕王恐惧大王，不敢亲自前来，特别斩下樊於期的头，派了他的使者，送来了燕国督亢地区的地图。他们的使者在馆舍等候大王召见。"

好消息总是让人兴奋，兴奋之中就忽视了潜在的风险。这正是荆轲方案中的关键。

听到大好消息，嬴政兴奋了。他能不兴奋吗？弱小的燕国不战而下，真是既在意料之中又出意料之外。秦军已对燕国采取了大军压境的军事措施，燕国不战而下，哈哈，来得比料想的略早点儿。

如果各诸侯国能够效法燕王降秦，那么接下来，虽然征战还是不可少，但却可以大大减少秦军的伤亡，可以大大缩短剪灭东方四国的时间。

沿着这个思路，嬴政做出决定：这一次我要亲自接见燕国的使臣，不但要隆重，而且要在正殿上进行，仪式要搞大，搞出气势来，并以此达到一个目标：强有力地吸引其他诸侯国国王的眼球。可他打破头也没有想到，燕国派来的使节竟是个索命鬼。

嬴政一连发下三道命令：选择吉日；做好接待外宾最为隆重的九宾之礼的准备工作；百官到时身着朝服，全部上朝。这一次一定要把气氛做足，把气势搞起来，不但要亲自在咸阳宫殿中接见两位来自燕国的使者，还要跟他俩拉拉话，握握手。

荆轲刺秦

这天，天气晴朗，丽日高照，荆轲、秦舞阳入殿觐见秦王。两人手里各拎着一样东西：荆轲手捧装着樊於期人头的匣子，秦舞阳手里捧着地图盒。

宫殿布置得跟往日不同，三步一岗五步一哨，甬道的旁边站立着一排接一排手持铁戟、身材高大的卫士，这些人全是精挑细选，一个个威风无比。整个气场隆重热烈，威严齐整。

荆轲心想：今天是来取你秦王的小命，同时不也是送我们这两条人命上天么？要不了多久，这些武士手里冷冰的铁戟就要刺进我们温热的身体中。

荆轲神态自若缓步徐行。我的一举一动，将直接牵涉这个举世无双的阴谋是否在最后一步取得成功。为了达成这个计划，在我的眼前，已经死了两条活生生的人命；为了夺得眼前那个人的性命，今天我们还必须再赔上我和秦舞阳的命。是的，脚步一定要稳，绝不能在最后的关头让这条人间虎狼看出丝毫破绽。

历经两条活生生的人当面自杀的悲壮场面，荆轲的心里已经长起了一层厚厚的硬壳。虽然年轻，已经历经世道沧桑的变化，秦王摆再大的架势也没有任何的意义。"要不了多久，那个坐在大殿上看上去高大无比、气吞山河的人，就会成为我的刀下鬼。"

秦舞阳心里还嫩着呢，虽然十三岁就亲手杀过人。

看着如此众多的卫士众星拱月一般站在这些宫殿的通道上，心里不停地打鼓。在自己的死亡路上，在死亡马上就要来临时，他还没有做好充足的心理准备。

越是走近秦王，秦舞阳心里越是害怕，走路的样子开始失态，腿肚子发软，脚不达土，就如喝醉了酒的人走路不稳。

秦王坐在大殿上，只顾了高兴，没有注意到这个细节。荆轲走在前面，不知道的身后秦舞阳的步律发生了变化。

荆轲一边走，一边望着两侧的大臣。这些人的神态不对啊，这些大臣的眼睛怎么个顶个看着我的身后？

荆轲本能地回转头，突然发现秦舞阳魂不守舍的样子。

关键的时候，你怎么能这样？荆轲心中大惊。

荆轲稳住神情，用自然的神态笑了笑，向着旁边的众人，缓缓说道："北方藩属蛮夷之人，乡野之子，未曾见过国王尊颜，未曾见过王宫威严，心中有些畏惧。望稍事宽容，使其得以完成使命。"

嬴政的眼睛早就盯着秦舞阳手中的地图，高兴之中，用快乐的声调说道：

"取舞阳所持地图。"

这才是嬴政最最关心的大事，至于乡野之人第一次进宫吓得尿裤子的事，这时哪有兴趣。

从秦舞阳的手中，荆轲接过地图盒，双手捧着呈献上去。

嬴政接过地图，就着旁边的桌上观看起来。"哈哈，心仪的宝贝，做梦都想征服的地区，现在，不费吹灰之力，成功来到了眼前。"

嬴政一边展开地图，一边观赏起来。

这是一幅精心绘制、精心策划的地图，"长"是这幅地图的特点，在长长的图卷的后半部卷进了那把渍泡了极效毒药的匕首。

秦王慢慢将图卷打开。突然，一把锋利的匕首露了出来。

看到这个完全出乎意料的物件，秦王一下子惊呆了。

荆轲看到匕首露出，暗中早早做好准备动作，一步冲上前去，左手抓住嬴政的衣袖，右手操起那把特制的匕首，直刺秦王。

惊慌之中，嬴政用力抽身，本能地后退。就在匕首接近身体的一刹那，嬴政用尽全力，扯断了衣袖，一下子脱开了荆轲的手。

嬴政当即用力拔剑。虽然大殿上布满警卫，可嬴政仍保持了一个习惯，每天随身佩剑办公。

可今天的剑有点儿怪，嬴政再怎么用力地拔，可就是拔不出来。剑身与鞘套紧紧地贴在了一起。

荆轲一个箭步冲了过去，这就要把早就准备好的匕首刺进秦王的肉体。

看到荆轲冲过来，嬴政立即往后快跑，绕着殿上的大柱子，跑了起来。

突然而来的一幕，令大殿上所有的大臣都惊呆了。大家回过神来，想出手救助秦王时，这才发现了一个大大的问题：荆轲手上拿着锋利的匕首，我们的手上空空如也。

大殿里有没有手握兵器的人呢？有的，而且很多，郎中（皇帝侍卫人员）手里都拿着兵器，然而，他们全都在大殿的下面，没有诏令，他们谁也不得执兵器上殿。制度，在特殊情况下，起到了坏事的作用。

郎中们一个个看在眼里，急在心里。

可此时正是荆轲的好机会。

荆轲脚下生风，追击的速度越来越快。很快，荆轲就追上了嬴政。嬴政被荆轲追得没有逃生的路，只得徒手与荆轲搏击。

就在这死亡正在降临的瞬间，旁边站着的一个人，发挥了急中生智的牛力。秦王的侍医夏无且，正在殿上，双手举起了手里的药箱，向着荆轲掷了过去。

趁着荆轲躲闪药箱的当儿，嬴政立即跑到另一根柱子的后边去了。

现在是嬴政拔剑的时间。再不拔出宝剑来，死神就一定不会再客气了。

今天还就是怪了，那个长剑，无论嬴政如何用力，还就是拔不出来。想必那把剑类似于我们从超市买回来的铁盖子的玻璃瓶水果罐头，有时它的里面吸住了，没有特殊的工具，还真是难以拔开。看着玻璃瓶里面的水果，还就是左右吃不上，心里那个急啊。

我们急的无非是美味，嬴政急的是自己的贵重的性命。就在他心急时，一位侍臣大声喊道："大王把宝剑推到背后。"这的确是正确的办法，鞘一旦被背部顶弯，空气就进了鞘与剑之间的缝隙。

嬴政调整了动作，宝剑一下子从鞘里拔了出来，握在了手里。

你手里是一个短短的匕首，我手里是一把长长的宝剑，这下，你跟我还是一个等量级上较量吗？何况我是主场，身边有这么多的啦啦队，你是客场，唯一的一位拉拉队员还吓得在那里尿裤子！嬴政抖擞精神，朝着荆轲挥剑刺了过来。

眼看着情势突然之间发生逆转，荆轲心中吃紧。脚下略为迟缓，没有逃过秦王的剑锋。左股中剑，当即骨肉分离。

受到剑伤，瘫倒在地，荆轲的脑子飞速地运转。"只要匕首刺中秦王，哪怕划破他的皮肤，毒药就有机会发挥作用，同样能至嬴政死命。朝准嬴政的脸面，荆轲将手中的匕首，猛力掷了过去。

嬴政将头一偏，匕首击中了他身后的柱子。

看着倒在地上身受剑伤、手无寸铁的荆轲，嬴政变得更加神勇，用剑猛击荆轲。

痛苦中，荆轲破口大骂："今天没有一下子取你的性命，并不是你侥幸逃生，只是我想活着劫持你，逼你归还你强占的天下的土地"。

　　嬴政没有答话，只是命令手持兵器的郎中上前，当场杀死荆轲和秦舞阳。

　　愤怒之中，嬴政立即做两件事，庆幸自己死里逃生，用大赏群臣的办法给自己压惊。其中侍臣夏无且因为用药箱掷击荆轲有功，赏赐黄金两百镒。接着发下诏令，命令王翦率大军伐燕。公元前227年10月，秦军攻克燕国都城蓟（今北京）。燕国灭亡。

　　对于秦王来说，燕国太子丹失败的计划倒是给他送来了一个出兵燕国最好的口实。

　　"第三大战略目标已经实现，下一个要毁掉的该是谁呢？"

　　嬴政将眼光瞄向魏国。

水淹大梁

　　春秋末年，晋国一分为三，韩、赵、魏；三国之中，赵国最强，韩国最小。现如今，最强的和最弱的，全都被秦军灭掉。

　　魏国的地理位置差不多位于今天陕西、山西、河南、河北等地，东西狭长。其中，今天的上党地区为其交通要道。

　　自从吞下了韩、赵、燕，秦国的边境线与魏国纠缠在一起。

　　与秦国比，历史上魏国是一个强大的国家。

　　战国"七雄"时期，魏文侯最先实行社会改革。此时，各诸侯国国君还在依靠贵族、国戚治理国家，而魏文侯打破传统，率先把眼光瞄准士阶层，一批牛人如吴起、西门豹、李悝、乐羊等，在魏国的政坛崛起，文臣武将群星灿烂。

　　在官员队伍管理上，魏文侯实行新政，"食有劳而禄有功、使有能而赏必行、罚必当"，打击吃空饷的贵族，制裁居功自傲的官僚。

　　经济上，施用"平籴法"，降低物价，拉动内需，提高市场消费能力。

　　社会上，颁行成文法典《法经》，依法治国。

　　魏国成为汇集各国人才的高地，成为各国资源融通的平台。

　　至此，魏文侯在位50年，魏国走上了富国强兵的道路，成为战国初年最为强盛的国家。

　　魏文侯死后，魏武侯继位。

魏武侯的身边挤满了谗言乱喷的"小人"。魏国大夫王错把攻击的目标对准了吴起。大会小会会上会下，狂喷口水，终于促使软耳朵的魏武侯解除吴起的西河守职务。

当年魏文侯起用士阶层出身的吴起，成为国王重视并大量取用士阶层的标志性动作，牛人吴起因此也成为天下士人的偶像；吴起的成功路，成为士人梦想中的"成功路"；有才能的士人，个个都想复制吴起的成功路径。

现在，看到连偶像吴起在魏国政坛上都立不住脚，士人全都产生了同一个感觉，对魏国政治寒心。才智之士打起背包纷纷离开魏国，到别的国家找工作去了。

政坛的反应从来不是单一的。失去了人才支撑，对秦国的战争，魏国频频失利。魏国面临塌方式滑落，如果没有某个力量赶紧采取措施，前景就非常不妙。

魏武侯死后，一位震后恢复的领导——魏惠王出现了。

魏惠王是一位雄心勃勃的人。

面对日益严重的战争威胁，魏惠王果断做出决定，迁都大梁；兴修水利，开凿鸿沟，提震经济；为提高军队战斗力，开创通过武术比赛的方式，选拔"武卒"。

在人才队伍建设上，他看重知识与能力，轻视资历与出身，礼贤下士。

魏惠王有雄心，有手段，然而运气却差。魏国的对手齐国发展得更快，更强。在之后与齐军的桂陵、马陵两次大战中，魏军惨遭失败。

两场军事危机中，魏国虽然挺过来了，但是元气遭受重创，之后再难恢复。

魏惠王之后，东边一度强盛的齐国开始衰落，然而非常不幸的是，西边的秦国却一天比一天强盛起来。此后魏国一蹶不振，再也没有出现过什么给力的国君。

魏公子无忌（信陵君），有着全天下超一级的军事才能，然而却非常喜欢专权，以至魏国上层没有形成强力的领导团队。他的团队，独专大权，排挤了反对派。他的谋断，没有人敢提出反对意见。结果即使在明显的错误面前，往往也是一路狂奔，一错到底。

秦昭王抓住无忌专权的漏洞，发动军事进攻，屡屡得手。

公元前293年，在伊阙，韩、魏联军与白起率领的秦军对决，秦军大胜，俘虏魏将公孙喜，斩首24万。魏军实力大受损伤。

三年后，魏军再败，割让400里土地给秦。

一年后，秦军攻占魏国61座城池。

公元前283年，秦军一度攻到大梁城下。

吕不韦担任秦国相国期间，秦军攻势凌厉，魏国的高都、酸枣、朝歌、首垣等战略要地、重要城池相继丢失。

秦军的打击下，魏国已经成了一位久病不起的病人，昔日的"高帅富"，在秦军面前，变成了"猥琐男"。

"打韩国、打赵国，打燕国，都是在为拿下魏国做铺垫工作。是的，我早就惦记着你了。以前秦军攻打魏国还有后顾之忧，总是担心赵国从后背下手，担心韩国切断秦军后路，而现在，啥忧都没有了。"

公元前225年，嬴政策划出大胆的战争计划，置魏国其他城池、要塞于不顾，派王翦之子王贲统帅大军，直接深入魏国的都城大梁，里三层外三层将大梁包围起来。

大家会问嬴政为何如此大胆？

这是因为他发现了魏国在军事部署上的一大漏洞。

就在秦军拿下燕国时，魏国立即采取了相应的军事措施——全局收缩。

从中可看出来，魏国的心理胆怯了。对付一个胆小鬼，还有什么可怕的？

围住大梁城后，王贲立即分军。他用很小的一部分兵力，继续围城，围而不攻，虚兵围城。

同时，精锐部队部署在大梁的四周。王贲派出侦察部队，侦察魏国援军的动向，提前得知信息。根据信息，设置埋伏圈，布下口袋。

王贲故意放出大梁城求救的人马，让他们去搬救兵。

魏国的救兵每每走到大梁的附近，往往掉进秦军预先设置的口袋，被秦军一一吃掉。

看不到援军的影子，原本有救援想法的其他魏国军队，也都偃旗息鼓。

王贲分出一部分兵力，投入引水工程，引黄河、大沟的水来灌注大梁城。

经过日夜奋战，一条引水工程不久建成。大梁城被引来的河水围困，成了汪洋中的一座孤岛。

水困第三个月，大梁城原来坚固的城墙出现部分塌陷。

站在东倒西歪的城墙上，魏王魏假没有看到一个援军的影子，只看到不远的地方黑压压的秦军的军帐。秦军随时就有可能发起进攻，那时这些破败的城墙根据无法挡住秦军的铁流。

韩国、赵国、燕国都挡不住秦军的进攻，魏国也会不复存在，天下还有谁能挡得住嬴政的铁骑呢？这个世界上，估计不会有了。魏假做出决定，亲自出城请降，给自己留下一条活路。

于是，魏国灭亡。

现在，我必须与天下最大的老虎展开真正的直面的较量。接到魏国投降的消息，嬴政立即有了一个强烈的感觉。

王翦灭楚

无论是从国土面积还是军事实力，楚国跟秦国都是一个等量级上的军事强国、经济强国。在秦军相继毁灭韩国、赵国、燕国、魏国的过程中，楚军去哪了呢？秦军搞出如此大的动静，为什么楚军就像睡着了一样一动不动？

下面，有必要讲一下楚国的历史。

楚国，在诸侯各国中面积最大，物产丰富，兵员众多。

楚国辖有今湖北、湖南、安徽全境，以及今四川、陕西、河南、江苏的部分地区。

公元前 391 年，楚悼王重用吴起，实施变法，收到了富国强兵的效果。

然而，楚王的权力，渐渐落到了宗室、贵族的手中，长期由屈、景、昭三家把持。一个和尚挑水吃，两个和尚抬水吃，三个和尚没水吃。传说中三个和尚的故事就这样一年接一年地在楚国最高层上演。屈、景、昭三家相互内争，导致楚国政治走向败落。

就在此时，先前一直默默无闻的西部秦国，突然之间变得强大起来，连年对外发起军事进攻。

秦国为什么突然之间变得牛气冲天？

秦惠王时期，秦国国力略有起色，就着手制定对外兼并战争的战略规划，或称战略路线图。

秦国大臣们分为两派。一派简称为"出口派"，以张仪为首，极力主张讨伐韩国，打通向东的出口。另一派简称为"后院派"，以司马错为首，高举"建设后院"的大旗，主张首先攻取巴蜀。

在朝廷里，两派争得面红耳赤。各有根据，各有理由，互不相让。

而拍板的必须是大王。打弱小的韩国轻而易举，攻打巴蜀十分困难；巴蜀的地理环境、社会环境相当复杂。虽然"出口派"理由充足，秦惠王用他的慧眼看出了"后院派"主张的重大意义，最后做出决定：攻取巴蜀。

随后，秦国在蜀地建成都江堰水利工程，巴蜀逐渐成为秦国兼并天下的大粮仓。

公元前280年开始，秦军开始与楚国攻战。司马错率军从蜀地出发，攻取楚国黔中。秦将白起带兵，连年向楚国用兵，连战连胜，接连攻占楚国汉北、上庸、西陵等地。

公元前278年，白起率领的秦军攻下楚国都城鄢郢，楚国被迫迁都到陈。

楚王被秦军打得到处跑，然而从国土面积、军事力量以社会综合实力来看，楚国仍然是一个大国，一个能与秦军抗衡的大国。"横成则秦帝，纵成即楚王；凡天下强国，非秦而楚，非楚而秦"。

接到秦军占领魏都大梁的报告，嬴政发出指令：各路秦军向楚国边境集结，随时做好向楚国发起全面进攻的军事准备。

随即发出第二道命令：秦军主要将领齐集都城，商讨对楚国作战方案。

"谁来担当这场对楚战争的秦军最高统帅呢？"

对着前来参会的各位将官，嬴政说道："诸位爱卿，对楚作战已摆到了眼前，我们先做第一件事，算一算成本，这场战争大概需要动用多少人马？"

眼前的将领，都不是一般的人，个个是身经百战的虎将。这些战场专家，用不着会计，用不着秘书，用他们的直觉，就能算出个大概来，甚至是精确的数字。

会场陷入寂静中。看来大王这一次是要打一场低成本的战争，将领们个个在心中盘算这场战争的成本投入。

"最多20万人，可以平定楚国！"这时一位年轻将领的声音打破了会场的沉默。

说话的这位叫李信。就在前不久，他仅用数千铁骑在辽东成功捕获燕太子丹，立下奇功，成为秦国少壮派将领中的偶像级人物。对于血淋淋的战场，他已经非常熟悉；对于未来的战斗，气壮志满。

"20万"，这个数字进了每一个将领的耳朵。所有人脸色严肃，没有人对这个数字发出嗤笑或不屑。在朝堂之上，你可以说说大话，放放卫星，然而，到了战场，那里见的是真功夫，白刀子进去，红刀子出来，拿命来搏杀。

大家的眼光都盯着秦王。

从众人的眼神中，嬴政没有读出任何的信息。对于这个数字，心中没有任何的把握，毕竟这辈子没有上过战场，连群架都没有打过。嬴政的心中无法形成那杆无形秤。

作为职业政治玩家，对于别人说出来的数字，嬴政有一套能耐，能够称出这个数字真实的含金量。

"老将的心中，那些一辈子在战场上滚爬摸打的老将的眼中，一定有那个宝贝疙瘩——秤砣"。

秦王用欣赏的眼光看了看李信，高兴地点了点头。虽然对20万这个数字不作任何的言语上的评价，但他的信息已经发出，就像一阵风，迅速扫遍了会议厅里的每一个人。

对20万这个数字，会有人站出来力挺，会有人站出来狂批。眼神扫过之后，嬴政发现，大家居然没有任何的反应。

这些武将，平时战场上呼风唤雨，一要他们动脑子，劲头就像被鬼捉去了。居然没有一个人开口？那就捉一个群众意见领袖，打破僵局。这就叫四两拨千斤。

向着战场滚出来的王翦，嬴政轻轻说道："老将军，你的心中一准儿早就有数了，你看看，对楚作战需用多少人马合适？"

"非60万不可。"

语气不冷不热，却隐隐地透着分量。

秦军是得胜之军，没有任何的后顾之忧，还要动用60万？想到这一层，嬴政突然发现：哈哈，这就如两杆秤，一杆是新秤，一杆是老秤。老杆的刀口不锋利了，称东西当然就吃不准。

想到这个层面，嬴政心中有数了。他笑着说道："王将军战场上打滚的时间长了，仗打多了，越打越胆小了？李将军气壮勇武。20万，就是那个数。"

嬴政当即发下命令："由李信、蒙武带队，率20万大军南下，攻灭楚国。"

"是他李信初生牛犊不怕虎，还是我打仗真的越打越胆小了？"回家的路上，王翦想来想去：我还是相信自己的眼力，这一次毁灭的是楚国，是跟秦国一样大、一样棒、一样雄心勃勃的国家，绝不是20万秦军能解决得了的。"

得出这个结论，王翦越想越觉得不是滋味。如果我去跟秦王据理力争，肯定没有什么好结果。秦王那种人，不撞南墙不回头。第二天，王翦向秦王提出请求，告老还乡。秦王当即同意。

公元前225年，李信统率秦军，兵分两路，浩浩荡荡向楚国开拔。其中，李信自己率领一支军队，向楚国的平舆（今河南平舆北）进发；另一支由蒙武率领，向楚国的寝地（今河南沈丘东南）推进。

嬴政信心满满，两支秦军主力同时进击，必定打得楚军晕头转向。两头都要顾，两头都顾不上。

面对"哗啦啦"突然开过来的两支秦军，楚军不知所措，失去了主意。

两路秦军进军顺利，达到了预定的目标。接下来，两军继续向楚国腹地快速推进，在城父（今安徽亳县东南）会师。

随着秦军的脚步一步步逼近，从最初的震惊中，楚王慢慢冷静下来。要避免灭顶之灾，就必须丢掉所有的顾虑，把整个国家的所有军队交到某一位大将的手上。由该大将统一指挥，发挥出楚军协同作战的威力。否则分散各地的楚军一定必定被秦军各个击破，最后自己死无葬身之地。

沿着这个思路，一个人物进入了楚王的视线：项燕。楚王迅速做出决定，认命项燕统兵抵御秦军，项燕就是上天派来的拯救楚国的大救星。

项燕是楚国著名的将领，有勇有谋，熟知兵法。

接受楚王的重托，项燕迅速接下指挥棒，率领军队担当抗秦的重任。

仔细研究秦军的行动特征，项燕得出一个结论：不能与秦军正面交锋。李信、蒙武率领的军队已经接连攻下楚国十几座城池，这样的军队气势正盛，必须避其锋芒。

避锋并不是楚军躲在山沟沟里不出来，而是他打他的，我打我的。类似于围棋的战术，在与对手的某条长龙正面缠斗无法分出胜负的情况下，就不与对方死磕，转而选择另外一块地盘下手。

项燕指挥军队大举进攻秦国的南郡（鄂郢），以期吸引秦军的注意力，促使秦军长途驱驰。秦军长途救援中，必定有属于楚军的机会。

"他们一定看不起楚军任何的军事行动，以为就如大象踩死一只小蚱蜢，轻而易举。"项燕心道。

得到南郡求救的消息，秦军立即"呼啦啦"向南郡方向开拔。前行的路途，秦军居然连前哨分队都不设。

"你也太不把我们楚军放在眼里了吧？"在秦军前进的路上项燕设下埋伏。

在几处险地，楚军接连成功伏击秦军。三日三夜不顿舍，大破李信军。

反击秦军的好机会出现了。项燕指挥楚军乘胜追击，将败逃中的秦军追回他们先前驻守的壁垒。

楚军没有停下脚步，冲进秦军的营盘，斩杀大量的秦军，其中包括秦国的七名都尉。

随后，李信率军大败而逃。秦军逃出楚国边境，逃向秦国境内。

秦军连连胜利的消息，紧接着又连连失败的消息，源源不断地传到嬴政的案头。

"楚军正在向着秦国边境线源源不断地追过来。兵败如山倒，如何挡住乘胜追击的楚军？"嬴政紧锁眉头。

"现在不是处理某个责任人的时间，必须找到能解决这个突然而来的天大难题的人。"

嬴政睁大眼睛，在将领堆里反复寻找。

老将王翦的预估是正确的，年轻人的确还不能担当这样的重任。这个念头一出来，秦王眼前一亮，必须厚下脸皮，这事才能办成。

"我亲自去他的家乡跑一趟，给足他面子。"想到这一层，嬴政自己笑了。

嬴政当即安排车驾，以最快的速度，向王翦的老家频阳东乡急驰而来。

一路上，嬴政就在想一个问题，这事该如何开口？

车驾到了王翦家门口时，嬴政将办法想出来了。简洁到一个字，就是"捧"。当面捧他，像他这样有特殊才能的人，用上"捧"的手法，必定能请得出来。当然，还得出一个略高一些的价码。

打定主意，一见面，嬴政用着道歉的语气，面带愧色地说道："寡人没有采用将军的计谋，派李信出师，现在，秦军正蒙受耻辱。眼下形势非常危急，楚军正日夜不停，向着我们扑来。"

说完这些话，他朝王翦的脸上看了看。在那里，嬴政没有看到任何的反应。

没有反应那就是真正的反应！

嬴政突然看出来了：我所说的这一切，早已在王翦的预料当中。他的眼睛，正一刻不停地盯着这场战斗，绝不是漠不关心。否则在这样的消息面前，他必定会大惊失色。

"那就用不着绕弯子，开门见山，直话直说。"想到这里，嬴政说道："楚军扑在那里，秦军顶在那里，千军万马全都纠缠在那里，就等着你。千句话，万句话，汇成一句话，我相信，你不会弃寡人与秦国于不顾。"

得到秦王屈尊前来频阳东乡的消息，王翦心中明白大半。看着眼前秦王又是赔礼又是道歉又是送高帽子，王翦心中完全明白过来：这一次，即使想回绝也回绝不了了。

想到先前嬴政当着那么多大臣的面，栽自己的面子，王翦心中不是滋味。

"老臣年迈多病，时常脑力不济，口无遮拦，胡言乱语。请大王还是另择良将吧。"

嬴政一听，立即有了一个结论：这就叫正确的废话。如果你又病又老，啥都不行，我还这么急急地跑来找你干什么？从你的话里，我听出来了，你还是对过去的那件事丢不掉，哈，还在耿耿于怀。

那我就送你一句政治玩家的常用语吧。嬴政一边喝着王翦双手捧过来的东乡茶，一边说道："那件事就让它过去吧。"

"现在面对的，不仅是诸侯国中最大的、最坚强的对手，而且是一支得胜之军，对手的将领项燕是战场老手，勇谋双全的人物。这将必定是一场顶级高手的终极对决。"

想到这里，王翦说道："楚国这一次必定是倾全国之力，作拼死的抵抗。

这将是一场接一场的恶仗、硬仗。"

"承蒙大王不弃，一定要老臣出征。不过老臣有个要求，非60万人马不可。"

"一切按老将军的路线图行事。"

王翦掂量出来了：秦王这一路上必定都在盘算我的价码。

王翦当即与秦王一同回到咸阳。

一到咸阳，秦王立即动手，从全国各地调派60万部队交到王翦的手上。

部队出征这天，秦军旌旗蔽天。秦王亲自来送行。秦王一路亲送，一直把王翦送到咸阳城外的灞上。

两人辞别时，秦王问道："老将军要一路辛苦了，还有什么事需要我来办的嘛？"

"为国效力，是老臣的荣幸。的确也有一件事，需要大王您亲自出手。回师后，请大王多赐给我一些上好的田宅园池。"这是王翦早已准备好的一句话。

嬴政千想万想，独独没有想到王翦居然是提出这样一个要求。从来还没有碰到过将领在出征时提出过这样怪怪的要求。嬴政心里有些纳闷。

"老将军只管前行，何忧贫乎？"

"为大王将兵作战，最大的愿望是有功得到封赏。趁着大王认为老臣还有用的机会，抓住这个不可能再有的机会，我得赶紧请求大王赐给田宅园池。我已经年老了，如果到现在还不能为子孙留下点产业，将来就没机会了。"

听到王翦的这番解释，嬴政忍不住哈哈大笑。二人就此作别。

王翦率领大军向东开进。每隔几天，就派出一个使者去秦王那里做同一件事，请求秦王落实关于赐给田宅园池的承诺。

王翦的麾下看到领导如此这般把"小事"当大事来做，非常不理解。有人当面向老将军提出一个问题："将军，我都亲眼看到你派了五位使者去落实赐给田宅的事，你这样做，是不是有些过分了啊？秦王要是给你搞恼火了，会不会撤了你的职？"

"就是要他那种算小账的人为着我的这件'算小账的事'在那里不停地算小账"。看到几位下属还是有些不解，王翦继续解释道："秦王那人，算小账又多疑，现在，秦王将全国的军队都交到我的手上，如果我不让他每天不停地为着赐给我田宅的事算小账，他能对我放心？"

"我越是要跟他算小账，他那人，越是对我放心。如果我无私奉献，他肯定必定对我有无数个想法"。

公元前 224 年，秦国大军抵达前线。从李信手里，王翦接下秦军的指挥棒，随即发下命令：对后面狂追的楚军，秦军必须利用地形、地势，立即组织阻击战，不能一味地逃跑。接着又发出一条命令：寻找有利的地形，构筑工事、坚守壁垒、不得出战。

这是一条极为严格的军令，"有敢违犯军令者，一律斩首"。

秦军换了将领，增加了人马。像狂风一样从后面追上来的楚军，对这支得到增强的秦军队伍立即实施包围战术。

楚军发现，秦军以前是一路狂逃，现在的战法突然之间发生了变化，只要逃到有壁垒的地方，立即躲进去，就再也不出来。无论楚军如何阵前挑战，秦军都死死守在里面，紧闭大门不出。

楚、秦两军由追击战、逃亡战变成了阵地战。楚军天天在阵前叫骂，努力地挑战，可秦军却躲在壁垒里，摆出一副"死猪不怕开水烫"的架势，就是不应战。

王翦之所以指挥秦军坚壁不出，那一定是有原因的。无论是远道而来的秦军，还是逃跑的秦军，都处在行军疲倦、立足未稳的状态。秦军必定是利用坚壁以达到养精蓄锐的目的。

想到这里，项燕发出命令：利用目前楚军的优势，使劲挑战，力求开战，打秦军于立足未稳之际，同时在后方修筑堡垒，布置阵地。如果楚军由眼前的战略进攻转入与秦军的战略相持，到那时就有据可守。

这是一个非常正确的判断，然而项燕运气不好，碰到了一个同样高明的老手。

还在出兵之时，王翦就已想好了对付项燕的军事路线图。第一场大战，是一场心理战。将秦军从失败的情绪中解脱出来，让楚军从胜利者的心态上跌落下来。楚军必定想扩大胜利战果，必定天天在我军壁垒前挑战。秦军闭门不出。挫败敌军锐气、消磨楚军斗志。

在壁垒里，我方不是消极死守，而是积极练兵，用战前练兵的办法夺回丢失的信心；在练兵里，来增强战士们打败楚军的能耐。

楚军求战无望，消极情绪必定增加。

王翦发布军令，命令部队做好三项工作：在大热的天气里，士兵每日洗澡，防止染病；每天供应可口的饭菜，让大家吃得好，喝得好，睡得香；从将领到士兵，每天练习骑射击杀的本领。

60 天的时间过去了，楚军每天挑战叫骂，秦军都躲在壁垒里休养、练兵。

一天，在秦军的将领会议上，有军官报告已经完成投石、跳跃、射击、劈刀等练习科目。王翦有了一个感觉，士卒可以使用了。

现在要寻找一个出击对手的机会。

楚军阵前叫骂了两个月，秦军却坚守不出。项燕看出来了：王翦果然是老手，挑战招只能宣告失败。

那就抓紧利用后方已修筑的工程，赶紧布置防守，将 60 万秦军阻挡在国门之外。做出这个决断，项燕立即进行新的军事部署，缓缓地、秘密地调动军队，撤出主战场，进入防御阵地。

王翦早已派出人手，扮作当地的猎户，秘密侦察楚军的动向。楚军大部队的异动悄无声息，然而还是没有逃过专业侦察兵的眼睛。

王翦下令：60 万秦军，全军出击，用排山倒海之势压向正在缓缓向东撤走的楚军。

一部分楚军正在往回走的路上，另一部分楚军正在拔营，突然听到秦军倾巢出动，正在疯狂地扑过来，楚军当即加快向后方撤退的速度。

王翦发出命令：全线出击，穷追不舍，不得给楚军躲进壁垒的机会。

秦军前锋全部为骑兵，追击速度快，在蕲（今安徽宿县东南）地，追上了正在后撤的楚军主力部队。秦军从楚军背后追杀上去。

没有心理准备，楚军变得大乱，有序撤退变成了无序逃跑。

秦军就如冲出堤岸的洪水，势不可挡；楚军就如崩溃的堤坝，被洪水席卷而去。楚军被杀得大败。

“我没有完成楚王交付的使命。”绝望之中，项燕挥刀自杀。

得到项燕已死的消息，秦军斗志更勇，乘胜追击，不断扩大战果。

公元前 223 年，寿春城被王翦率领的秦军攻破，楚王负刍被俘，楚国宣告灭亡。

"齐国，现在是想不灭你都不行了。只有你还在那里孤独地存在着，我不灭你我灭谁？"嬴政暗道。

远交近攻

战国时期，秦国的外交路线始终不变：即远交近攻。秦国之所以能将这条路线图一走到底，与齐国的积极配合分不开。

齐国地处东边，是东部最强盛的国家。

齐桓公时以管仲为相。在国际关系上，管仲高举"尊王攘夷"的大旗，策划出齐国行动纲要："九合诸侯，一匡天下。""九"为多次；"合为结盟。齐桓公多次与诸侯国国王举行结盟大会，力图在大国、小国之间建立平衡制约的国际关系新格局，从而做大齐国。

在各诸侯国中，齐国的国际影响力越来越强，齐国成为春秋时期"五霸"之首。

公元前 348 年，齐威王继位，用邹忌为相，大量地引进出身低微的知识分子，即士阶层，如即墨大夫、诛阿大夫。

这批人一上台，对齐国政府机关中的奸官邪吏大搞强力督察，既打老虎又拍苍蝇。

官吏贪污有所收敛，国民负担减轻。

齐国军队活力展现出来，在桂陵、马陵两次战役中，齐军大败魏军。齐国国际声威直线上升。

天下有能耐的人向齐国汇聚。邹忌、田忌、孙膑来到齐王身边，齐国力量变得更加强盛。《史记·滑稽列传》记载，"诸侯震惊，皆还齐侵地，威行 36 年"。

齐威王死后，在东海之滨的齐国进入静默期，齐宣王、齐湣王、齐襄王穷兵黩武，越打越衰败。

公元前 265 年，齐襄王死，齐王建继位。

齐王建六年（公元前 259 年），秦王派五大夫王陵率领秦军进攻赵都邯郸。

此时，邯郸城中粮食储备不足，"请粟于齐"。

谋臣周子向齐王建说道："赶紧答应赵国的请求，用粟济赵，从而迫使秦王退兵。齐赵两国，犹齿之有唇，唇亡则齿寒。今日赵亡，明日则患及楚，后日患及齐。"

齐王建听了就像没有听到一个样。

公元前 249 年，秦王听到一个消息：齐国政权落入相国后胜手中，而后胜又是一个特别喜欢钱的人。

秦王做出决定：利用后胜的品行漏洞，重金收买。

后胜暗中收下秦王送来的重金，第二天就做出决定：派出大型国际友好使团出访秦国。

得到消息，秦王立即组织高手做足策反使团成员的准备工作。

齐国友好使团回国后，成员们异口同声地说："与秦国结成战略同盟关系就是一根牢不可破的国家安全保险带。"

齐王建做出决定：与秦国结盟。

齐王建二十八年（公元前 237 年），齐王建以不远万里的精神，带着友好团队到达秦都咸阳。

此时嬴政亲政，刚刚在一年前解除了吕不韦的相国职务，正在寻找机会表现自己，抬高在国内政治上的地位。

真是想什么来什么。

咸阳宫里，嬴政举行了盛大的欢迎酒会。嬴政此时 23 岁，齐王建已是47 岁。秦国百官奉陪下，两位大王频频举杯。宴会后，一老一少做出决定：将同盟关系，升级为战略合作伙伴关系。

齐王建是一个诚信的人，至少在接下来一系列重大的国际大事件中如此。两人会见之后的第七个年头，秦军进攻韩国，俘虏韩王安。接着，秦军发动一系列的军事战争，相继灭亡赵、燕、魏、楚等国。齐王建信守承诺，对于他的邻居，没有发出一兵一弹去救援，甚至没有发出任何的国际政治声援。

对于诚信的人，我们应该讲求诚信，而对于一个国际政治的大阴谋家，对于一个国际大流氓，对于一个一心称霸世界的人，身为独立国的国君，还能对他讲诚信吗？

第四章 东出六国

如果还没有答案，大家接着看。

秦军灭掉五国之后，公元前221年，秦王嬴政命令大将王贲率领从辽东归来的得胜之军南下进攻齐国。

秦王的流氓招（对盟友不打招呼，突然发起进攻）让齐国完全没有反应过来。秦军进入齐国境内，居然没有遇到任何的抵抗，就像打了胜仗的人回家一般。

秦军迅速推进到齐国的都城临淄。史载"五国已亡，秦兵卒入临淄，民莫敢格者，王建遂降。"之后，建被迁居于共（今河南辉县北）。先前居住辉煌的王宫，如今栖身于一间草房，不过，建总算是保住了一条小命。

至此，六国皆被灭。嬴政一统华夏。

王权霸业

六国都灭掉了，全国统一了。嬴政坐在皇帝的宝座上，用政治的眼光扫视全国，突然发现，在自己面前站着一群强大的敌人。

"六国诸侯残余势力，如果他们死灰复燃，麻烦就一定不会小。"

如何控制甚至消灭这个破坏力极强的"政治能量场"？

有一种治病的方法，操作性极强，民间说法"头痛医头，脚痛医脚"。这不是好的医术，然而却貌似管用。

"我秦王是如何统一六国的？不就是凭着手里的一样东西——兵器吗？如果我秦军将士的手里，没有那些兵器，还能毁灭六国吗？当然不能。"

"六国庞大的军队现在已不复存在，然而，他们手里曾经握的那些兵器却还在。"

沿着这条思路，嬴政发出一条命令：收缴六国军队所使用过的全部兵器，私藏者严惩不贷。

命令迅速得到执行，收缴上来的兵器，除一部分补充军需外，大部分陆续运到咸阳。不久，咸阳城变成了全国兵器的大坟场，各种兵器堆积如山。

一位大臣就住在兵器坟场的边上，每天看着周边兵器越堆越多，污染环境，影响城市形象，突然有一个想法。

用这些兵器里的金属，做出一样东西来，这件东西一定要有极强的象征性，对人们的思想产生某种震撼力。

这些兵器中，大量的是铜。铜极难锈蚀,颜色光鲜,金光灿烂。这大量的铜，制作什么呢？

这位大臣想到了"人"这个形象。为什么不是"胜利女神"之类的神呢？感觉这位大臣还是缺少了一点创意。

看了大臣的方案，嬴政十分高兴，做出决定：铸十二个铜人，放置在阿房宫前殿的宫门两旁。向世人宣示：兵戈永不再用。

东汉末年，董卓将其中的十个铜人投入经济建设，用来铸小钱。十六国时期，前秦皇帝苻坚将余下的两个铜人运到长安，投入熔炉销毁了。

"武器收上来了，手握武器的人呢？六国旧王室旧贵族，他们不会甘心失去的权势，只要有机会必定兴风作浪。"

"而这些人都是有知识、有文化的群体。可以剥夺他们的钱财，但他们脑袋里的知识和文化是把双刃剑啊。可以用来兴风作浪，也可以用来造福社会"。

看着摆在桌面上的两难命题，嬴政不停地想解决方案。

一天傍晚，夕阳西照，嬴政下朝回宫，来到皇宫花院散步。红花绿叶，绿草茵茵，垂柳拂风。走在一座小桥流水边上，正在欣赏人工溪水里的小金鱼，突然看到一位宫女牵着一只毛茸茸的宠物狗走了过来。狗脖子上的金项圈闪闪发光。

看着那个金项圈，嬴政感叹起来：正是那个金光闪耀的项圈，让你失去了在原野里奔跑的自由。让你在获得荣耀的同时失去了与狗群体、狗阶层正常交流的能力，失去交往的机会。

嬴政突然有了一个主意：让六国的旧贵族，在他人羡慕的眼光中丢失那些与原来的社会沟通交流的能耐、通路、机会，无非也就是需要一只耀眼的金项圈而已，哈哈，这只项圈必定能釜底抽薪，却又让他们哭笑不得。这个金项圈，不就是他们世代梦想的全家留京的名额吗？

嬴政发下命令：将六国旧贵族、旧王室、富商大贾举家迁往京城，让他们世代在京城里做官、做生意，发大财。

"哈哈，在我的眼皮底下，你们还能蹦出什么名堂来么？就好好地过你们的小日子吧。祝贺你们成为京城的新移民，在这里用你们世代积累的钱财多多买房，共同为发展京城、繁荣京都做出新的贡献。"

天下统一，政治稳定，嬴政决定做两件事。

第一件事，给自己起个帝号。这事不太复杂，身边的人才实在太多。"皇帝"以及与皇帝这个名号配套的一系列制度很快就被多才多艺的大臣们想出来了，比如，皇帝自己称朕，皇帝的命令称诏。嬴政自称始皇帝，即秦始皇。

第二件事，扔掉旧的诸侯分封体制，摒弃国家块状管理模式；创设新的国家构架，实施郡县制，实行中央到地方的层级管理模式。

为什么他有这么大的牛力？有着如此强大的改革家的精神、手段？

其实这实在是眼前的教训。周朝分封诸侯结果带来了人间战乱大灾难。只有脑子进水的人，才会继续沿用周王朝的那套旧体制。

然而还真有一群专家，他们就想着如何恢复旧的分封体制。当然他们也不是吃饱了撑得难受，而是国家块状管理模式给他们所代表的一群人（秦朝新贵族）带来了封地，可以建立梦想中的小王国，即藩国。

旧的六国贵族推翻了彻底打倒了，而新的秦王朝的宗室贵族，蠢蠢欲动，梦想建立他们的天堂。新的斗争面前，最高领导一旦误听某些专家、学者的意见，就可能迷失方向；而这些专家学者与秦王朝的宗室贵族联合造势，政治斗争就立即变得异常复杂，危险万分。

公元前 213 年，大秦帝国的第八个年头，秦始皇突然有个想法：搞个盛大的年终宴会，宴请百官群臣。

咸阳宫的宴会厅里，摆满了百桌大宴。酒席上，坐满了受邀的群臣百官，还有 70 位全国知名的专家学者，即博士。

从接到宴会邀请帖的那天起，知名学者淳于越就在精心准备宴会祝词。这是一个天下难逢的机会，皇帝在场，百官大臣在场，全国舆论的引导大神们都在场，在这样的场合，提出惊世骇俗的观点来，一定会一鸣惊人。

宴席上，群臣们兴致勃勃吃肉喝酒，有大臣站起来，端着酒杯高声祝贺："皇帝一统江山，功丰绩伟；皇帝施行郡县体制，万世英明。天下从此安乐。"

新的国家体制，得到了高层认同，高调点赞。看着满桌酒菜，望着群臣笑脸，听着大臣的颂辞，嬴政心里美滋滋。

"是时候了，该是我的观点出场了。这将是一个炸弹，在这样的场合扔出去，想不炸开花都难。"想到此，淳于越站了起来。

"众所周知，殷周称王八百年。他们为什么那么成功？一个事实摆在那里：分封子弟功臣为侯，用他们来辅助天子。一个英雄十个帮。一个成功人物背后往往有一批牛人组成的助推团队。当今陛下领有海内，却不将您的子弟功臣分封为侯，实在非常危险。道理摆在桌子面上：如果哪一天有某人来篡位，还有谁来及时地辅助陛下您呢？难道皇帝陛下自己拯救自己？古代人的做法当然不都是对的，但是古代人成功的做法，确实需要我们今天的人去思考，去拿来为我所用。否则，就要付出改革的代价，长治久安就只能是一个梦话。今天，我看到各位大臣只是一味地阿谀奉承。你们这些人是在做什么呢？不是在加重陛下的过失吗？"

淳于越的这一棍子，不是一般的重，从皇帝到大臣都给他扫了个遍。

淳于越的观点到底对还是不对？

这个博士的观点不只是错误。嬴政久在政坛，他用政治的眼光发现了更深层的问题：他代表了一群人，这群人分两类。一类是我朝功臣，秦家宗室贵族，一类是满脑子装满旧王朝典故的儒生。

这两股力量要是结合起来，必定形成强大的政治力量。

如此尖锐的政治难题，在这样的场合不能让大家讨论。想到这里，皇帝笑了，轻声说道："下其议。"意思很清楚，你的议题很有价值，不过今天是吃肉喝酒大伙儿高兴的时间，以后安排专门的时间、专门的场合讨论你提出来的这个重大议题。

李斯是郡县制的策划者、推行者，嬴政认为由他出面主持"郡县制与分封制"讨论会，是极佳的选择。

讨论会上，专家学者齐集一堂，李斯说道："周朝的确存在 800 年之久，然而有一句话却告诉我们，五帝不相复，三代不相因。摆在眼前的战国之乱，就证明了一个结论，分封体制就是引发战争灾祸的体制。"

这时，立即有学者提出："既然古代人的做法，我们不去模仿，那么，我们当代人应该学习谁，研究谁？"有大臣支持这个观点："如果完全无视前人留下的足印，那么我们当代社会如何前行，我们当代人行为的规范、准则将会是什么？"

这是一个必须回答的问题。

这是一个需要创新思想、创新精神才能解决的问题。

看了看那些探询的眼光，李斯长长地吸了一口烟，喝了一口茶，缓缓说道：

"以律为师，以吏为师。"

将法律作为每一个人行为做事的准绳。李斯要建立的，是一个法治的社会。

这场讨论，李斯全胜而归。然而心中却无论如何也轻松不起来。

新政策颁行时，总是有学者专家大加指责。这些不和谐声音的根源在哪里？在人们的思想里。而人们思想的根源又在哪里呢？"诸子百家的书籍是各种思想的物质载体"。想到这一层，李斯连夜动笔，写成奏章。摘要如下：

"现在社会上有一种现象，每每有新的法令公布执行，一些专家学者，就用古代人的做法为依据，对新法令妄加评论，以古非今。一些人跟风炒作，对新制度群起而攻之，甚至造谣诽谤。必须用法律的手段，对这些人的行为，严格地加以禁止。

为此，非常有必要收缴诸子百家著述，将各种思想的物质载体全部烧毁。全国思想统一，则能令行禁止。"

看了奏章，嬴政的脑子里立即算一笔账：维护社会安定与思想开放相比，哪个才是大秦帝国的第一需要？

嬴政是一个喜欢算小账的人。这笔账很快就算出来了：既然社会安定与思想开放不可兼得，那就烧书吧。

秦始皇三十四年（公元前213），秦政府在全国下达《焚书令》，将诸子百家书收缴焚毁。

《焚书令》是正确的，还是错误的呢？站在思想、文化与社会、历史不同的角度，各有不同的评说。

方术之士

战国时期，在齐、燕两国的滨海地区，有那么一群人天天只做两件事：求仙、炼丹。他们称：仙人，也是一种人，是一种长生不老的人。普通人，通过吞服仙丹，就有可能变成仙人，从此长生不老，长生不死。

为什么滨海地区的这些人有这样今天看来如此奇怪的想法？实在是他们亲眼所见的缘故，他们亲眼看到了海上的仙境，看到了那个仙境里出入的仙人。我们现在想，也许是很多人看到了海市蜃楼。

对于海上时不时出现仙境一般的奇景，那时的人无法用当代物理学"光的折射"做出解释。而亲眼看到过海市蜃楼的人又太多太多。

这些事实，经过民间人士演绎，慢慢形成了大量的神话故事。依着这些故事，一批靠故事吃饭的人产生了。

靠水吃水，靠山吃山，靠故事也能吃故事，而且吃这碗饭的人越来越多。西方称这类人为牧师，古代东方称这类人为方士，当代称这类人为巫师。名称可以不同，但他们都有一个相同的特点，自称能够通神，有途径跟神仙对话，或者有路径找到神仙。

这批人越来越多，在民间渐渐地成为当地越来越有影响力的名士。比如某一家娶媳妇、做房子、葬坟甚至出趟远门，都要请地仙来看看日子，算算吉凶，定下方位。这些人绝不只是在这些方面扩展市场，他们个个都有着更大的雄心，想在地方事务的决策权、话语权中占据一席之地，要跟读书的儒生们一争高低，谋求进入官府的途径，甚至谋求在皇帝的身边盘踞要津。儒士与方士之间的竞争从地方事务的话语权到国家政策的决策权，从官府的职务到皇帝身边的大红人，就这样一步步地展开了。

就在方士们寻找上升的通道时，秦始皇二十八年（公元前 219 年）一个巨大的机会扑面而来。秦始皇率着东巡团队，浩浩荡荡向着齐国的故地开来。差不多所有的方士都得到一个相同的消息：秦始皇有一个非常强烈的愿望，祈求长生不老，梦想长生不死。

齐地的方士徐福是一个故事高手，得到皇帝到了齐地的消息立即跑去求见。见面时，徐福说了一句准备好久的话："在东边的海上，有三座仙山。他们叫蓬莱、方丈、瀛洲。在那些仙山上，有仙人居住。"

秦始皇说："既然你说东海里有仙人，那朕就派你去，为朕找几位仙人来跟我聊天。"

既然敢来跟皇帝说此事，皇帝的这一招早在徐福的算计之中。

徐福说："陛下，访求仙人并不是完全不可能、完全不靠谱，无非就是投入多少钱而已。如果能挑选数千名童男、童女，打造几十只大船，在船上备齐相当丰厚的礼物，排练好乐队，就可以入海求见。"

"花小钱，办大事"，嬴政是一个算小账的人。

成堆的金银财宝进了徐福早就设置好的袋子。

不久，选择了吉日，徐福带着新近打造的几十条海船，带着数千童男、童女，带着成堆的礼品出海了。

之后，皇帝进入了漫长的等待期。

久久等待，结果都是一样，杳无音讯。"徐福骗了我大量的钱财，敲锣打鼓在我眼前玩人间蒸发。"嬴政越想越生气。

这里不能不佩服徐福，将聪明无比的皇帝骗得团团转。

"一定要制造机会，出出这口闷气。"

这些年来，嬴政一直在寻找擅长驾船出海的方士。"徐福啊徐福，搜遍大海，我也要把你给找出来。"

秦始皇三十二年（公元前215年），皇帝再一次东巡，来到燕国的碣石（河北乐亭西南）。

嬴政派两批人驾船出海，一批由卢生带队，另一批由韩终、侯公、石生带队。

两班人马在茫茫大海上寻找，反复搜寻，结果都一样，无论徐福还是仙人都毫无音讯。

方士们不停地说的仙人是不是真实地存在？嬴政忍不住想这个问题，我的身边只有饱学诗书的儒士，没有这方面的研究专家。

嬴政接到报告，卢生出海寻访工作结束，按期回程。

"很好，把卢生喊来谈一次话，听听他对仙人的看法"。

"皇帝要召见我"，得到消息卢生大喜，"发大财的机会来了"。

"仙人住在天上，平时极少下到凡间来办事或旅游，所以即使到大海上去寻找也难以找到。"

"真人不住在人间，一般人很难遇到他们，但是他们的工作是在天上与人间往返，向天上传递人间的信息。"

"真人神通广大，他们也跟平常人一样穿了衣服，但是他们的衣服入水不湿、入火不燃。他们有时像平常人一样行走，但他们更多的时候腾云驾雾。他们的生命与天地共长久。"

说完这些话，卢生抬眼细看，发现皇帝正认真地听着。

"任何人都可以见到真人，不一定非要方士。真人什么都不怕，但怕恶鬼。只要把恶鬼除掉，真人就会出现"。

"皇帝身边有大臣、武将，他们之中，有人杀人如麻，有人心毒手辣，这样的人就是恶鬼。"

"人臣之中，到底谁是恶鬼？一时之间也分辨不清。但是，有一个去除恶鬼的办法，那就是皇帝您像方士一样隐匿起来，过着隐士一般的生活，不让人臣来见。"

嬴政听了，心中高兴，"很好，很好，见到真人之时，必定给你另加重赏。"

嬴政发下命令，以咸阳为中心，以200里为半径，建造270座宫观。把这些宫观用甬道连接起来。每座宫观中，设置帷帐、钟鼓，安排美女来这里生活。

现在皇帝每天住在不同的宫观中。270座，想住哪座住哪座，9个月里，每天绝不重复（秦律十个月为一年）。"哈哈，人臣还能找到我的行踪么？"

嬴政随后发布一道命令："泄露皇帝去处住所的，处以死刑。"

然而有人却必须知道皇帝的住处。丞相李斯时常有国家大事要向皇帝报告，必须得到皇帝的指示。李斯以及李斯的办公团队，就不得不跑到咸阳周边200里的某个地方，围着这些宫观转悠寻找皇帝。

一天，嬴政临幸梁山宫。这天皇帝的兴致来了，站在山顶上的宫观边上往山脚下眺望，观赏山中的美景。

山风吹过，树枝随风招摇，近处的树叶哗哗作响，远处的小鸟在风中上下翻飞，美景让人赏心悦目。

突然，嬴政发现，山脚下有一队车骑停在那里。

"那些个车骑是谁的？人数如此众多？"

"是丞相李斯的。"身边的侍卫答道。

嬴政听了，没有说话。

有个侍从发现皇帝的表情中含有不高兴的成分。

这个信息很快就被人暗中传到了李斯的耳朵里。

李斯当即做出决定："皇帝的行踪不能不跟，毕竟有国家重要事务要汇报请示，那么，车骑的数量可以减少。缩小目标，以避免被皇帝发现。"

几天过后，在另一处宫观，嬴政又来观赏美景。突然，他有了一个新发现——先前那么多的车骑，现在只有几辆了。

"为什么会有这样的变化？必定是某个侍从向丞相泄露了我这方面的信息"。

"我的一举一动，必定有人在暗中观察，而且还传了出去"，想到这里，嬴政吓了一大跳。

嬴政立即下令："对那天在场的所有侍从人员，一个个严加审问。"

审问的结果很快就出来了："这些侍从人员，没有一位承认向外泄露了皇帝曾经问过的话。"

"没有人承认？那就全部杀死，一个不留。"

突然发生的这场无厘头的大屠杀，让卢生和侯生两个人看得心惊肉跳。

"皇帝动辄杀人啊，这人本身就是一个恶鬼。即使世间真有真人，也绝不敢接近他。说不定某一天他的屠刀就举到我们俩的头上。"想到这一点，卢生、侯生二人悄悄离开咸阳消失得无影无踪。

"卢生、侯生突然逃走。"听到消息，嬴政醒悟过来："这一次结结实实被这两人给骗了。"

秦始皇正在心中气恼。突然听到一个消息：都城里一群儒生正对着皇帝的这件事大肆议论。

嬴政当即派出御史，逮捕在这件事上大肆议论的每一位儒生，立案审查严加审问。

审讯过后，嬴政发布一篇文告，以声讨方士的方式洗白自己，以嫁祸的方式将黑锅扣在狂喷口水的儒生的头上。文告宣告如下：

"为着大兴太平盛世，我做了两件事。第一件事，收缴天下不中用的书，尽行除去；第二件事，召集大批文学、方术之士，尊崇他们的学术思想，赏赐丰厚。然而，这些方术之士，如徐福、卢生等人，只为谋求奸利，耗费了我大量的钱财。而这些儒生呢，没有兴什么学术，反而极力对我进行诽谤。这些，都是由于我轻信他们而产生的。现在，卢生、侯生逃走了，儒生被我及时地抓起来了。这些被抓起来的儒生，经过审问，发现他们确实借此狂放妖言惑乱百姓、蛊惑人心，因此，不埋了他们不足以对他们实行严惩。现在，

第
五
章

焚
书
坑
儒

我发出文告，就是令天下皆知，以此惩戒后世。"

史载，这一次被坑杀的儒生接近七百人。

儒士们努力抓住这一次大好机会，对方士和皇帝狂喷口水，谁也没有料想到，会是这样一个死亡的结局。

真是螳螂捕蝉，皇帝在后。

计定起义

秦王朝存续时间之短让人惊叹，才十五年；而它在中国历史上意义之大却又让人惊叹不已。两千多年来，人们从不同的角度仍然能看到"皇帝体制"的影子。一个历史意义如此之大的王朝为什么存续时间如此之短？这其中到底有什么原因，存在着什么秘密？就让我们翻开这段诡异的历史，探究其中的秘密。

我们的镜头从它崩落的那一天开始。

秦二世元年（公元前 209 年）七月，大秦帝国的东南部处于火炉一般的酷热天气笼罩之下，长江中下游进入雨季，狂风暴雨横行肆虐。此时正处于秦始皇死去一周年之际，一天，朝廷发下一道命令，征调一批平民去渔阳（今北京市密云县西南）守卫边境。

于是，一支由九百位青年人组成的队伍正在赶往目的地的路上。阳城人陈胜和阳夏人吴广被指派为"屯长"，即小队长。

一切进行得非常顺利。

与其他被征调的队伍相比，这支队伍仅仅有一点不同——是一个人。长长的队伍中，那位叫陈胜的屯长，虽然同样是半辈子务农的农民，虽然同样是生活在社会底层，然而却不是一般的人——他心怀大志。用他自己的话讲："燕雀安知鸿鹄之志哉？"

如果这支九百人的队伍的长途旅行能够继续顺利进行下去的话，陈胜有没有远大的志向与大秦稳定的天下局势便一点关系都没有，然而本来是顺利的长途旅行却突然之间发生了恐怖至极的变化。

当这群人走到大泽乡（今安徽省宿县东南刘村集）时，正赶上七月里的暴雨季节。长达个把月的时间里，瓢泼大雨总是下个不停，前行的道路被突然之间猛涨的河水完全隔断。

天天下大雨，河水暴涨，使得道路不通，队伍就不得不走走停停。春、秋季节里，那些涉水就能趟过的浅河，现在变成了汪洋一片的宽阔大河，没有渡船根本无法前行。然而这些地方以前从来就没有大的渡船，所有人除了望河兴叹，毫无办法。

现在陈胜每天都在做同一件事——计算时间。不算不行啊，因为一道严格的法律规定摆在眼前：如果不能在规定的日期内赶到目的地，不论什么原因，所有人都会被处以死刑！

你要问秦朝的法律怎么会如此的不通人性，不讲情理？你要问秦朝的皇帝为什么会这样的残暴？请接着看后文。在后面的章节来，将细述高层政治中存在的问题。现在有大事要发生，秦朝平静的天下这就要发生强烈的"大地震"，我们得赶紧把镜头对准陈胜、吴广，对准这两个引爆"秦末社会政治大地震"的人。

狂风夜夜在刮，暴雨天天在下，在这种阴沉郁闷伤心的天气里，宝贵的时间就这样在等待中一天天地逝去。最后在狂风暴雨中，陈胜计算出来了："现在即使是每天跑步前进也不可能按规定的日期赶到渔阳。"

一句话，这九百人变成了一群极度恐怖然而却又无药可救的"癌症病人"，眼睁睁地看着自己死亡日期的一天天临近却又无可奈何。

异常天气这样的客观原因会不会引爆一场农民大起义？

在历史上，由于天气的原因引发的农民起义，不在少数。比如明朝末年的李自成、张献忠领导的农民起义，就是由于我国北部数省长年、多年的干旱引发。而这一次，连月的大雨使得道路不通，一场可能的农民起义的烈火走到了临界点。

农民大起义，除了天气的客观原因，还有一个非常重大的原因——人为的因素。明末农民起义，是明朝政府没有能够有效地组织赈济灾荒，最后使得不想饿死的农民铤而走险。这个原因可以界定为政府的不作为。

而这一次，秦律过于严苛，即戍卒不能按期到达指定地点就会被杀死——这种人为的原因，可以界定为秦政府的过度作为、不当作为、胡乱作为。

为什么政府在某一方面的过度作为也能引发农民起义？这类似病人治病。有的病人是无钱看病最后病死的，而另一类病人却是因为医生的过度治疗给治死的。

面对一天天临近的死亡威胁，有志向的人跟没有志向的人，从思想到行动，完全不一样。

心中埋藏了远大志向的陈胜找到吴广，说出了自己最近一次的计算结果。"按照现在的时间、路程计算，到达渔阳一定会超过规定的期限，按照法律的规定我们这些人一定全部是死罪。到达是死罪，逃亡是死罪，起义也是死罪，同样是死，反正都是死，做为人有幸到这个人世间来走一遭，干一番大事业如何？"

可吴广却没有反应。

这人的脑子里极有可能正在痛苦地掂量得与失，陈胜暗想。

在别人犹豫不决时，对自己来说，就是一个机会，一个邀人上"贼船"的机会。

陈胜做出决定，在这位同事面前说出自己心里这些天来憋得非常厉害的一个想法。

陈胜说道："天下人苦于秦的暴政已经不是一个月两个月、一年两年了，天下人已经十分痛恨大秦帝国的暴政了。这样的时势正是你我死中求生的机会。"

看到吴广暗淡的眼光突然之间发出了一丝奇怪的亮光，看到吴广认真在听，陈胜决定抬出那个重大方案，抬出这些天来酝酿了很久的策划方案，一个能搅得大秦王朝天地倒转的方案。

方案的发力点是两个人。首先请出第一个人。

这位是应当立为皇帝却没有做成皇帝的人，公子扶苏。根据秦始皇制定的皇位继承法，身为秦始皇的长子，扶苏为法定的皇位接班人。此时秦始皇嬴政病逝，小儿子胡亥继位，称秦二世。他本来没有坐上皇帝大位的资格，他手里的那个传位诏书是伪造的。

陈胜之所以要打扶苏的主意，是因为扶苏是法定的皇位继承人，且天下人知道扶苏既贤德又有才，却不知道他已被秦二世胡亥偷偷地杀害了。"打扶苏的旗帜必定会得到天下人积极而且热烈的响应。有才有德的皇长子扶苏才应该是当朝真皇帝，冒牌皇帝胡亥应该下台。这契合天下人的想法。"

这的确是个不错的主意。可以看出，陈胜这人绝不是一般般的种田人。一般般的种田人不可能知道这些内幕消息，更不可能想出这个令秦二世在政治上一剑致命的招数。陈胜确实是一位有着高深的想法同时还有着不一般手段的人，这样的人今天称策划大师。

第二位是项燕。

这位是楚国名将，多次立下战功，因为爱惜士卒早已名满天下，当年就是楚国人心目中的偶像级人物。

如此的牛人、神人，然而在秦国灭掉楚国后，他到底去了哪里却无人知晓。有传说他死了，也有传说他逃亡了。

"假冒公子扶苏、楚将项燕的名义，高高地打出这两个人的旗帜，即使今天零资本，也可以达到一个政治目标——借势起事。借用公子扶苏、大将项燕的名头，必能迅捷之间啸聚天下豪杰。"

这样看来，陈胜还真是那个时代的策划大师。要成大事，离开细密、有创意的策划还真不行。陈胜策划案的创意真是想不佩服都难，借死去的名人、逃亡的名人起事，这下连高额的明星出场费也免了。

陈胜策划出来的这个看上去似乎能搞定天下方案到底有没有价值？

这个时候，对于吴广，陈胜的这番分析发力了。吴广答道："非常有理，极其正确。"两人随即做出决定："就按照这个想法，把这件必定能搅动天下的大事做起来。"

该如何行动呢？总不能两人各自举着一面自制的花布旗子站在大街上高喊，"我们俩就是公子扶苏、大将项燕"，人们一准会认为这样的两个人是发了神经病，说不定还会直接被人抓了送官法办。

陈胜决定走出试探性的一步。

这一步只要趟出去，人生的一切从这一步开始就将彻底改变。成者王，败者寇，要么成为皇帝，要么成为贼寇。这是一条单行道，绝不会有回头路。任何人走出这一步，下定这个决心都是不容易的。

手中没有钱的人，做任何事都有一个迈不过去的坎——心中发虚，信心不足。陈胜只有一套主意和一位志同道合者吴广，手中资本金为零。

沿着资本思路，陈胜的眼睛盯上了这九百位戍卒。"如何把这九百人弄到自己的手上来？"

这九百位青年人，从不同的地方征聚而来。大家一路走来，接触了一段时间，在内心深处个个都是陌生人。不同的人心里想法完全不一样，有的人一生求平安，有的人一生求富贵。人上一百,五颜六色；人心隔肚皮, 鸟心隔毛皮。"这些人中，谁能跟着我们俩一起起义呢？真是一点谱都没有啊。"

"既然能想出一套搅动天下人的方案，难道就不能策划出搞定这九百人的方案？如果连这九百人都搞不定的话，谈何谋定天下？"

一番激烈的思考过后，一个方案被陈胜想出来了。用民间说法，这套方案叫装神弄鬼。

装神弄鬼——这种今天看来完全不靠谱的做法，能做成大事么？

历史上，不乏用装神弄鬼的怪招做成超级大事的人，如零资本起家的教书先生洪秀全就请来了上帝耶稣，用上了"鬼魂附体"这种中国民间土得掉渣的办法，表演上帝附体的拿手好戏，结果在广西桂平的金田村，聚集了两万名信众，开始了他的太平天国运动。

陈胜走出了装神弄鬼的第一步——算卦。

在当时，做任何大事，如造房子、埋坟、结婚、出远门，都会请算卦先生来看日子，占卜吉凶。陈胜决定就这件大事请算卦的先生算上一卦。

不论古代还是当代，会算卦的人，虽然不是神人，但他们这类人还真的有几把刷子，甚至可以说，他们这类人是脑子极其给力的人——并不是他们真的能通神，而是他们见多识广，各种各样的人都见过，奇奇怪怪的事都碰到过，对一些一般方法解决不了的难题怪题，他们这类人还就真的能想出别人想不到的解决方案。用他们自己的话讲："没有金钢钻，岂敢揽瓷器活？"

能抓住请求者的心理需求,能想出"通天"的法子，往往是这类人的特长。陈胜请到的算命先生正是这样一位有手段"通达天神"的人。

这位算命先生算了一卦之后，向陈胜说了两句话。第一句是"你们的事能成事"，这可以看作向陈胜讨要喜钱；第二句是"你们应当向鬼神问卜"。

这后面的一句话有点儿深奥。先解读第一层意思，即：你做的事太大了，超出了我这小小的占卜先生的算卦功力，我这小小的算卦的人，还够不上算这事的级别。

陈胜接着解读出来第二层，算命先生是教我们先在众人中取得威望。具体做法那位通神的人已经指出来了——借鬼神的力量。

真是太神了，想不佩服这位算命先生都难。他用上了一种类似于当代科学上的"模糊概念"的奇妙语言——隐语，一下子就切中了陈胜、吴广的特殊需要。想必陈胜、吴广给了他很满意的赏钱。

鬼神的力量如何借？策划大师陈胜一番脑细胞剧烈碰撞之后，方案出台。

第一步：攻心战，攻下这九百人的人心。第二步：攻人战，割下两个关键人物的头。第三步，宣布起事。

揭竿而起

"借鱼肚子玩点儿名堂来，借鱼肚子来预热这九百人的人心"。

下定决心后，陈胜提前用朱砂在帛上写上"陈胜王"三个字，然后悄悄来到卖鱼的集镇上，一大清早就偷偷地把这玩意塞到戍卒们天天去买鱼的那个鱼贩子的鱼肚子里。

戍卒们早上到街上去买鱼，回来就剖鱼做菜，突然有人在鱼肚子里发现一块写有"陈胜王"三字的帛书，大为奇怪。

能不奇怪吗？是我，我也奇怪啊。

一传十，十传百，这则奇闻就在一天内在这九百人中迅速传播开来。

别小看鱼肚子里藏字。在当时这有神一样的作用力。之所以这样说，其坚实的理由是后人照葫芦画瓢一般用了类似的做法。

1351年，元政府征调民夫修治黄河决口。民工挖河时在河道里挖出一个独眼石人。这件奇闻迅速在河工们中间传播开来。这事的谜底是韩山童、刘福通事先将刻了一只眼睛的石头人埋于河滩。连同那出土的石人一同流传于民间的，还有独眼石人背上刻的一句民谣"莫道石人一只眼，挑动黄河天下反"。有时觉得韩山童、刘福通是不是学了陈胜的招。

相隔一千多年，这两拨人的做法是多么的相似。正是用了独眼石人加民谣的做法，韩山童、刘福通达到了自己的目的——为发动推翻元朝的农民大起义准备舆论，撼动人心。

白天弄了鱼腹书，弄得大家疑神疑鬼。天黑后到了深夜时分，陈胜摸到附近的一个神祠里燃起篝火，同时用半狐狸半人的特殊语言，一声长一声短地鸣叫："大——楚——兴，陈——胜——王"。

深更半夜里，神祠中鬼火闪烁，狐鸣声凄凄惨惨，"大楚兴，陈胜王"的叫声让士卒们听得真真切切。"这一切不是上天的意思，还能是什么呢？"

第二天清晨，戍卒们纷纷议论起昨天晚上的事来。昨天早晨的鱼腹帛书已经让大家惊奇不已，昨天夜间的鬼火狐鸣更是让大家想不相信"上天的指示"都难。这九百人暗中谈论，无论认识陈胜的还是不认识陈胜的都对着陈胜指指点点。

能不指指点点吗？"咱们身边的这位，别看他今天跟你我一样，某一天他会做王啊。"

眼见机会来了，陈胜、吴广决定立即行动。

随后，吴广出面，邀请带队的两位将尉共进午餐，四人一起吃肉喝酒。

满桌大鱼大肉、好酒好菜，吴广、陈胜频频相劝，两位将尉酒兴大增，喝得醉意朦胧。

贴着将尉的耳朵，吴广轻声地说："两位将尉大哥，我打算夜晚逃亡，到时候请您一定要高抬贵手，网开一面。"

"你要是跑了，我们怎么办？再说，你屯长带头逃跑，其他人岂不有样学样？"

"现在就是跑步去渔阳，也赶不上规定的日期了，到时必是死罪。你说，我不逃跑，哪里还有活路？"

"我说你们俩人，真是不识抬举，还带头搞破坏。"将尉大声骂了起来，抽出身上的佩剑握在手里。

吴广一跃而起，猛然出手，把将尉手中的剑夺了过来，随即挥剑过去，将醉酒将尉当心刺死。

陈胜同时迅速出手，夺下另一名将尉腰中的剑，将那个将尉也杀死了。

果真计划周密出手迅速。

两具血淋淋的尸体摆在了酒桌边上。

看着眼前突然发生的一切，戍卒全都惊呆了。

戍卒们开始骚动。大家什么样的想法都有了。

"我就直说了吧。其实我相信我们每个人都在算一笔账，这笔账到今天已经非常清楚地摆在眼前，现在就是每天跑步前进也不可能按期到达渔阳。误期，按秦律论处，大家必死无疑。"

陈胜停顿了一下。

没有一个人说话，现场鸦雀无声。

"假设不杀头，留给你我一条命，我们守边的戍卒最后十之七八也必定死在那里。"陈胜抬高了声调："我们这些人哪个不是血性男儿？！只要是壮士，要么不死，要死的话也要做一件大事，为死后留下一个大名声，是不？我再问大家一句，那些做帝王将相的难道都是天生的贵种吗？我们这些底层人为什么就不可以当一把？今天我们冒死起事，为的不就是明日富贵相见吗？"

一阵短时间的静默后，陈胜、吴广听到了众人的回话："恭听命令！"

戍卒也是现实的人，误期已是死罪，杀死将尉更是死罪难逃。或许跟着这两个人造反或许还能闯出一条生路来。

好了，手上有资本了，虽然只有这区区九百人。如果摆在强大的大秦军队面前那就是巨石面前的一个鸡蛋。

陈胜树起了一面大旗"大楚"，戍卒们裸露右臂，共同发誓"替天行道，铲除暴秦，生死与共"。

当着大家的面，陈胜宣布："我为将军，吴广为都尉，我们共同效忠于公子扶苏、大将项燕。"接着陈胜发出命令："立即攻打大泽乡。"

就这样，九百个壮小伙子，赤手空拳，打个乡村不是问题。于是，大泽乡轻易之间就被拿下了。大楚政权取得了第一个军事胜利。

打下大泽乡，有吃有喝了，所有人都信心满满。

站在乡政府大门前，看着吃饱喝足精神倍增的士兵，陈胜发出命令："攻打蕲县（今安徽宿州市东南）县城。"

县城里有一百多人的官军。大楚这九百人的队伍没有费多大的力气，便拿下了蕲县县城。

"既然县城这么不经打，那我就专找县城打。"陈胜发出命令："葛婴为前锋，率领军队向蕲县东边进军，进攻目标，附近各县的县城。"

在葛婴指挥下，大楚军遇县城必打，一口气就顺利地攻下附近五座县城。

从一无所有到弄到人生的第一桶金，陈胜仅用了很短的时间。

陈胜越来越忙，在打下的每一座县城里忙着招兵买马扩大队伍。

大楚军推进到陈县（今河南淮阳）城墙下时，队伍已经发展到步兵上万人，骑兵上千人，兵车七百乘。

得到起义军队伍即将攻城的消息，陈县的郡守、县令立即逃走，留下郡丞带着一批人抵抗。

起义军打死郡丞，攻占陈县。

如果大家还记得的话，陈县就是楚王被白起率领的秦军追得四处躲藏时，做过临时都城的地方。

"这里既然做过都城，在天下人的心中，必定是有王气的。"来陈县的路上，陈胜一路都在这么想。

到达陈县，陈胜发出邀请函："请地方上有声望的豪杰、三老，来陈县县城开会。"秦朝每乡设置掌管教化的三老一人。

会上，大家联合提议："将军身披坚执锐，伐无道，诛暴秦，复立楚国之社稷，功宜为王。"

当初穷得叮当响、身无分文且不名一文，现如今陈胜坐上了"王"的高位。

接下来，陈胜决定，以陈县为中心，在三个方向上同时扩展力量。

向西，封吴广为"假王"，率领一支队伍进攻荥阳。

向北，由陈县人武臣，以及张耳、陈余带队，进攻原赵国的地区。

向东，由大将邓宗带队进攻九江郡。郡守驻地在今天安徽寿县。

张耳，是魏国都城大梁人，年轻时是魏公子无忌的门客。秦军灭魏时，他逃亡到黄县，当上了县令。

陈余是大梁人，曾多次到赵国游学，与张耳结为莫逆之交。

秦国灭掉魏国，秦国悬赏千金，捉拿魏国名士张耳、陈余。

两人隐姓埋名，一起逃到了陈县。

起义军攻下陈县时，张耳、陈余恢复原来的身份，请求陈胜接见。

陈胜早就听说过两位名士的鼎鼎大名，将两位明星人物留在军中担任重要官职。

当初，陈县的豪杰、三老劝陈胜称王。陈胜就这事专门咨询张耳、陈余。

两人的回答出奇地一致："缓称王"。

"耗尽天下财力，为一人享用，是为秦无道。今将军义愤扬威，为苍生除害，不顾个人生死，是为伟业。现在，才到达小小陈县，将军便要称王，向天下人显示的是什么呢？天下人必定认为，是将军有私心。"

"望将军暂时不要称王，而要亲自领兵急速西进。"

"将军该如何行事，才能成就帝王伟业呢？"

"有一条光辉大道摆在眼前，复立六国的后代。"

"这样做，既能为自己树立党羽，党羽众则势力强；又能给秦朝皇帝多树敌人。一旦秦王朝的敌人被你树起来了，那么秦军被迫四处用兵，兵力必定分散。到了那时将军即可浑水摸鱼，进一步做大做强。"

"乱世之下，将军抢先进兵咸阳，据京都而号令诸侯。"

"六国诸侯本来已被秦国灭掉，他们因为你而得以复立为王，一定对你感恩戴德。将军到时继续施以恩德，让他们心服，如此则霸业可成，江山一定是你的。"

"相反，如果将军在小小的陈县称王，树大招风，必定引来庞大的秦军，犹如鸡蛋碰到大石头。而且天下原有的诸侯，也不会同意你这样的做法。到了那时，天下与你离心离德，必定陷入孤军作战且无有友军的可怕境地。"

历史上有两个人。一位是朱元璋，一位是洪秀全。朱元璋采用了朱升、刘伯温等谋士的策略，广积粮，缓称王，结果做大做强，成就了一代帝业——大明王朝。而洪秀全在刚刚拥有了仅两万人的队伍时，就在广西桂平的金田村急急称王，名头也很吓人，叫天王，同时还封了东、南、西、北、翼五大王，树起了太平天国的大旗，结果是立即引来庞大的清军剿杀。洪秀全花了半辈子光阴，死了百万人性命，最终起义失败。

陈胜听了张耳、陈余两人的论说，就像没有听见一个样，急急地在称王的道路上一路狂奔。

四处征伐

一天下午，艳阳高照，陈余找到陈胜，缓缓说道："大王已经决定举兵向西，目标是进入关中。这样的做法，我认为完全正确。但是我提醒大王注意一点，大王是不是忽略了黄河以北原属于赵国的地区？臣曾在赵国游学，了解那里的英雄豪杰，熟悉那里的地理形势。如果你拨点人马给我，我可以用出奇兵的做法，北上攻取赵地。"

"好主意，我也正想着出兵北伐。"陈胜亲手为陈余送上一杯香茶，"这几天我就来确定具体的进军方案。"

望着陈余离去的身影，一个想法在陈胜的心中升起来："张耳、陈余能提出缓称王的主张，能想出复立六国的霸业路线图，决非等闲之辈。这两人，是把双面刃，用得好则好，用得不好就会伤及自身。这两人，心比天高，手段似海深，绝不可让他俩独立地带领一支军队。"

第三天，陈胜发出命令："武臣为将军，邵骚为护军，张耳、陈余为左右校尉，率领大军北伐。同时，拨给军队三千人，北上攻取赵地。"

"哈哈，把两颗可怕的种子压在大石头底下，这就行了。"望着北上的队伍远去的身影，陈胜心中暗笑。

武臣率军从白马渡渡过黄河，一路向北进发。

"陈胜九百人，短时间内能发展到数万人，我这三千人的本钱，怎么才能做大呢？"一路走来，武臣不停地寻找方案。

"我可不去攻打城市，沿途派出军队专门做宣传。招兵买马，扩大队伍。"

宣传队伍寻找地方上的豪杰，声讨秦的暴政，说明现在正是成就封侯伟业的大好时机。寻找普通的百姓，广而告之陈胜、吴广率领大军西向击秦的消息。

听过宣传的豪杰，有的开始动起手来，率领手下人马投奔队伍。

这支队伍一边前行，一边宣传，一边招收人马，三个月的时间就发展到了上万人。

看来可以开打了。武臣指挥这支急速扩大的队伍向附近的县城连续发起进攻，连续攻下十座城池。

接下来的进攻变得越来越艰难，所有城池的守将全都加强了戒备，增强了防守力量。

此时，有一个人在旁边盯着这支队伍的一举一动。得到武臣准备攻打范阳的消息，他认定："我的机会来了。"

蒯通求见范阳令，向他说："起义军来势汹汹，数万人马，势不可挡。如果由你亲自出面，以范阳令的名义，派我去面见武信君，我就有办法帮你转祸为福。"

"可以一试。"范阳令说道。

见到武臣，蒯通说："我手头有一个方案，可达到不攻而降城，不战而略地，传檄而定千里。"

武臣将信将疑，一边喝茶一边说："想听听您的高论。"

喝着武臣送过来的香茶，蒯通缓缓地说："你们这支北伐军，眼下遇到的难题是不是驻守在各县城的县令坚守城池？那我问一句，你们知道这到底是什么原因吗？"

看到武臣放下茶杯认真在听，蒯通继续说："原因其实非常简单，一直摆在你们的面前，可惜你们身在山中不见山。原因就是你们前面攻破的十个县城，那十个县城的十个县令是不是全都被你们杀掉了？"

"你们前面杀了所有投降的县令，后面的县令还敢向你们投降吗？除非他们是傻瓜。我的方案的立足点就在这里——县令是聪明人，县令更是现实的人。"

"我的方案简单不复杂。具体来说就是你们赐给范阳令一样东西——一颗侯印，然后你们再送他一样东西，一架装饰富丽堂皇的马车。"

"你们封赐给他的侯印，他往那里一摆。你们送给他的豪华马车，他往那里一放。他带着这两样极为吸引眼球的宝贝到燕、赵故地各县城驱驰一番，那么会产生什么的结果呢？"

"各地郡守、县令早就盯着他，眼睛一直看着你们的动作，他们也早就开动脑子在想后路。现在，当他们看到投降的范阳令受封为侯时能不怦然心动吗？何况在这样枪声响起鸟儿们各自乱飞的特殊时期。我可以预见在他范阳令的身后，来献城来投降的县令一定会在你的门前排起长队。"

"好主意，立即实施。"武臣十分高兴。

依着蒯通设计出来的套路，范阳令与武臣紧锣密鼓地沟通，一番运作之后，赵国故地三十多座城池不战而下。

仅仅靠了上级调拨的三千人马，凭着宣传攻势、政治手腕，发展到数万人马。在完全陌生的地面上，短期内拿下四十多座城池，武臣、张耳、陈余、蒯通，真是一群简约而不简单的人。

现在把镜头移向东征军，那边已经闹翻了天。

在邓宗、葛婴率领下，东征军攻城略地，高歌猛进。

打到东城县时，这里城高墙厚，县令带领守军缩在城内，拒不出城作战，拖延时间等待援军。

时间拖得越长对东征军越不利。如果援军赶到必定对东征军形成内外夹击之势。

葛婴想出了一个办法。在当地找到了一位楚国王室后人，名叫襄强。葛婴立其为楚王，接着派出人手将这个重大消息送到东城县内。

葛婴预料东城县内部新旧两大势力之间，拥秦的官府与拥楚的旧贵族之间必定发生争斗，打开城门的机会也就会来了。

葛婴刚刚立完楚王就突然听到了一个消息，"陈胜自立为王，国号张楚"。

"一山窜出二虎"，葛婴突然醒悟过来，当即派人杀死襄强。

葛婴赶紧跑回陈县，向陈胜如实报告临时立楚王的特殊原因，及杀死襄强的详细经过。

报告完毕，葛婴心安理得踏上返回东城县的道路。

可陈胜仍派出杀手，随后追出半路把葛婴杀死。

传说中的双输的结局就是这样输出来的。考虑不周不了解最高领导的为人，葛婴输掉了宝贵的性命。心胸狭窄，缺少器量，陈胜输掉了一员大将。

现在终于有时间把镜头摇到西路军。吴广率领大军正在努力围攻荥阳城。

吴广的运气似乎不太好，荥阳城里住着一位不一般的对手，一个狠人。

荥阳城是秦帝国三川郡治所在地，丞相李斯的长子李由任三川郡郡守。

双方多次较量，经多次攻城战，结果出来了，吴广不敌李由，荥阳依然屹立在那里一动不动。

得到消息，陈胜做出决定："吴广率军，继续围困荥阳城；周文带领大军，绕开荥阳，直接向西，向关中方向挺进。"

周文是陈县有名的贤人，曾经在楚国名将项燕手下做过视日官，在楚国

第六章 遍地狼烟

春申君黄歇那里做过门客。到陈胜这里来找工作时，在履历表的自我荐定栏里，他写下四个字：熟习军事。

陈胜授给周文将军大印，命令他率领大军向西攻秦。这颗印的分量很重，这支队伍出击的正是秦朝的心脏地带。

周文的确有能耐。当他率领的军队一路开到函谷关时，沿途招收的人马已超过十万，战车已有了一千多辆。

看着队伍吸引人的能力如此强劲，看着手下十万兵马，周文笑得合不拢嘴了。

对于秦帝国的强大军队，周文也不放在眼里。他做出决定："朝准秦帝国的心脏发动最猛烈的进攻。"

这时有一个眼光厉害的人，孔子的八世孙，投奔陈胜的秦博士孔鲋，看出这其中大有问题。

一天晚上，吃饱喝足后，孔鲋找到陈胜。两人一见面，刚刚坐定，孔鲋就说道："臣看兵法书上讲，战争的胜利，不能依赖于敌军不向我军发起进攻，而是要看我军有没有能耐把敌军攻破。现在周文的军队一路前行，没有遇到什么大的阻力，这是好事，同时又是风险。这就犹如春天雨后迅速成长的竹笋，很容易就被大风吹断。如果现在不想办法，到时后悔就来不及了。"

孔鲋提醒陈胜："让周文的大军先找弱敌练练手，再去考虑攻打秦帝国的都城。绝不能倒过来做，不能把中间环节全部省略掉。周文的大军需要磨炼，才能攻坚。"

陈胜看了一眼孔鲋，喝了一口茶，缓缓说："寡人军事方面的事，就不必劳先生操心了。"

最高领导把话说到这个份上了，下属还能有什么办法呢？

一条正确的建议就这样被有眼无珠的最高领导重重地关在了门外。

周文率领十万大军来到了戏。起义大军准备向秦都咸阳发起进攻，正在做大战前的准备动作。

秦帝国的都城哪是那么容易让你发起进攻的？

起义军进展神速，秦帝国的大军远在边疆。秦二世来不及调回大军，紧急采取临时措施。

秦二世发出命令："赦免骊山修墓的刑徒，赦免奴婢之子；少府章邯把这两部分人现场组织起来，组成大军，阻击周文率领的军队。"

章邯占有以逸待劳的优势。

只要是军队，无论是人还是马，都需要休息。人要吃饭，马要啃草，大战之前，都需要睡好觉，做到睡眠充足。

章邯发出命令："周文率领的这支军队，长途行军，疲惫至极，我们必须迅速发起猛烈的进攻"。

几个月来，周文的军队一直向西行军，走了千里，有的人已经累得腿都拖不动脚，哪里还有力气打仗。一仗下来，周文就被打得大败。函谷关立不住脚了，大军只得向东撤退。

章邯发出命令："绝不给周文喘息的时机，要穷追不舍。"

部队越大撤退时问题就越多，互相践踏，各顾各逃命，没有组织，不听从命令，这些问题就层出不穷地发生。

训练有素的军队，撤退时，后面有人打掩护，也叫殿后，主力大军有序后撤，退到某一个地形有利的地方，再展开下一波阻击。眼前的起义军没有训练，所有的人都在做一件事：比谁的脚力快。撤退变成了无序逃跑。

起义大军一直往回跑终于跑到了渑池，正准备歇歇脚全军休息一下。

章邯率领的大军迅速追了上来，以除恶务尽的精神再一次大破起义军。

起义军再一次向东逃跑。"我这是十万大军啊，才几天的时间，就人间蒸发一般,跑得没留下几个人。"周文承看着身边的几个人马心里抑郁得想哭。在一个漆黑的深夜，周文摸到一堵墙边，朝着墙面直冲过去，脑浆迸裂而亡。

起义军在逃跑中溃散。此景就像一棵大树上从天而落的一群鸟，树底下的猎人突然之间打了一枪，枪声响起，一树的鸟眨眼间便飞得一个不剩。

此时，武臣率领的北伐军正在作进攻邯郸城的准备工作。

"十万大军，在戏水被秦军打得大败。渑池再次大败，全军溃散，周文撞墙而死。"听着这些个消息，张耳、陈余心中一个感觉越来越强烈：陈胜那人，一定做不大。

接着又得到消息，"那些四处攻城占地的将领，每每回到陈县，都被陈王诛杀，像葛婴走到半路，还是被陈王派来的人杀掉。"张耳、陈余的感觉越来越强烈：陈胜是一个百分之百做不成大事的人。我们给你献出了那么好的方案，你却反而任命我们在北伐军中当个小小校尉，陈胜这种小气量的人，能成大事吗？

既然陈胜做不成大事，我们为什么还要跟着他干呢？打定主意后，一天晚上，两人端着茶杯悄悄来到武臣的营帐中。

张耳说："陈王在蕲县起兵，才打到陈县，就那么急急地称王。这样看来他一定不会立六国的后代，也就无法拆分大秦的军事实力。不拆分大秦就很难搞定大秦，周文被章邯打败就是一个摆在桌面上的证明。"

武臣静静地听着，没有说话。

陈余说："凭着当初三千人马的本钱，将军一手壮大队伍，攻下赵地几十座城池，然而眼下我们完全被隔在黄河以北，南边的力量照应不到我们，这就叫势单力孤。这样下去如果我们不称王的话，就无法镇守这里豪杰如林的燕赵大地。"

武臣低下的头开始抬起来，打起精神等着下文。

张耳说："想一想南边的情况，陈王身边塞满了进谗言的小人，而偏偏陈王又听信他们，这就是麻烦啊。现在无论是战场失败或胜利的武将，只要是回到陈王那里请示汇报工作就有一个非常可怕的危险在候着——小人的谗言，最后都像葛婴一样被诛杀。"

武臣停止了喝茶，伸长了脖子细细听起来。

陈余说："如何避免这些可怕的祸害？那就只有一条路可走——立自己的兄弟为王，或者立赵国的后代为王。"

武臣站了起来，望着窗外黑乎乎的天空，一字一句说道："我自立为赵王。省了那些花招。"说罢，他转过头来，看着陈余，"我任命你为大将军。"接着，他又看着张耳说："我任命你为右丞相，邵骚为左丞相。我们一起，把反秦的这面大旗扛起来，建立一个我们自己的天下——赵国。"

"武臣自立为赵王。"听到这个消息陈胜狂怒，当即下令："把武臣留在陈县的家属全部杀光，用他们家的人头祭旗，发兵攻打北伐军。"

听到消息的相国房君吓了一跳，陈王这岂不是要自毁长城？

房君赶紧跑来，找到陈胜急急地说："秦未灭而诛武臣家属，这样做只是增加了一个敌人，其他的作用力是零。我们可以就此向他祝贺，在贺词中加进一道命令，令他率军急速向西击秦。"

"是啊，送他一项金帽子，然后坐山观虎斗，不论他们谁死谁伤，赢的都是我。"陈胜当即做出决定："封张耳的儿子张敖为成都君，软禁武臣的家属，派使臣到邯郸祝贺，命令武臣率大军西入函谷关击秦。"

得到消息，张耳、陈余来到武臣的面前。张耳说道："陈王贺喜赵王，绝非陈王本意。若西向击秦，秦灭后，则陈王必加害于你赵王。大王可北上攻占燕、代，南下攻占黄河以北地区。如此一来，即使陈王灭秦，亦不敢制服赵国。"

武臣当即下令："韩广北上攻占燕地，张黡出击上党，李良进攻常山。"

看出来了吧，赵王武臣采纳了张耳的建议，向北、向南扩展地盘，唯独不去西边与强大的秦军作战。

项梁起兵

此时，秦帝国的大地上，烽烟四起，很多英雄好汉早已排队等着上场。

很多读者都知道楚国名将项燕，现在要说的这位正是他的儿子项梁。虎父无犬子，看来很多人已经在感叹了。

一同出场的还有另一个人项籍，即项梁的侄子，字羽。讲到这里，很多读者都知道了，这位就是大名鼎鼎的项羽。

是的，正是他，正是那位让许多女士爱得肠断的高富帅。

项氏是一个大家族，世代为楚国将领。官二代、高富帅，就是项氏家族的天然产品。

这个家族受封于项，所以称项氏。此时的英俊少年项籍，即少年项羽，长得一表人才，正在学习。

这位高富帅学习成绩实在不咋的。家里人想来想去想出了一个切合他四肢发达的办法，让他学习剑术。类似于文化课成绩不好的学生，体育成绩蛮好，就改学体育成为体育类考生。

家长的想法是好的，可是项羽似乎也不是学剑术的材料，因为学了不久，

第六章 遍地狼烟

他的教练就发现项羽对剑术居然没有兴趣。

侄子学习成绩差劲，叔父项梁知道了非常生气。有一天，看到项羽在偷偷玩，就走去责备他："该是读书用功的时间，为什么不好好学习？"

项羽轻声地说道："要那么苦苦地读书干什么？能写个姓名不就行了。还有那个剑术，即使学会了无非也就是能搞定一个对手。我想学的，是那些能搞定万人的高超本领。"

"你这话听上去像一个很有志向的少年。"项梁做出决定："我做你的家庭教师，亲手传授你项家兵法。"

项梁一个劲地教，项羽兴致高昂地学。慢慢地，也就是项羽在略知大意时，项梁发现项羽居然失去了继续学习下去的兴趣。

"为什么会是这样的呢？怎么就学什么都学不成呢？"项梁没有找到答案。

就在这时，就在项家人为项羽学习的事发愁的时候，一件更麻烦的事情突然缠上了项梁。由于一起案子的牵连，项梁被栎阳（今陕西临潼东北）官吏通缉追捕。

面对这样的难题，项家多少还是有些手段。项家请到了一个人，蕲县主管监狱的小吏曹咎。曹咎跟栎阳主管监狱的小吏司马欣有过硬的关系。通过曹咎、司马欣织成的人际关系网，这事总算是被摆平了。

官府那边是摆平了，仇人这边却摆不平。

为着躲避仇人，项梁逃到了吴中（今江苏苏州）。项羽这一次也跟着一起来了。两人在吴中找到了一份工作，替大户人家主办丧事，类似于今天的婚礼司仪。

吴中是秦帝国富庶的地方，有钱人家多，大户人家多，办起丧事来那是非常讲究、非常热闹。来的人多，场面又大，而且一办就是十来天，对于丧事主事人来说不是一件容易的事，比今天的婚礼主持复杂许多倍。这套做法有点类似于农村老人过世了，请来一批道士做法事，十多天里连日带夜地闹腾，同时每天还要接待远近不同的亲戚朋友来吊丧。

如此复杂的事到了项梁手里就变得有条不紊。比起别的丧事主持人，他的手里多了一样东西，项家兵法。这些时间长、场面大、参与人员多的活动，一旦用上战前组织、人员物资合理调配、正面进攻与侧面响应相配合这些兵家手法，复杂的事就变成了一种程序性的流程操作。

借了主持丧事，项梁不但练了兵法还结识了人。真正做到了赚钱、练功两不误。

这时，恰巧秦始皇东游会稽郡，路过浙江。

皇帝出游的车驾、仪仗盛况空前，远近的人都跑来观看。项梁与项羽也一起跑去围观。望着皇帝的车驾、仪仗，一句话从项羽的嘴里蹦了出来："彼可取而代之也。"

项梁就站在旁边，听了这话吓了一大跳，赶紧用手捂住他的嘴："你这样乱说，是想灭族么？"

回来的路上，项梁的心中突然有一个感觉："莫非这侄子天生是个奇才？心比天高，志向远大，不能用一般的标准来度量？"

看着眼前的项羽，项梁的这个感觉越来越强烈。项羽已长大成人，身高八尺，力能扛鼎，臂力过人。在吴中这一带，看到过他的人，都畏惧三分。

就在那个酷热的七月里，陈胜在大泽乡起义了。他燃起的那把烈火使得天下有想法的人都坐不住了。到了九月，秦帝国东南边的天空越来越不太平。

会稽郡郡守殷通的一个感觉越来越强烈：如果再不想想办法，莫说官职，怕是连性命也保不住了。在这样风云突变的特殊年头，该想个什么法子呢？

想来想去，他想到了一个人。做这种高风险的事，还是要找地方上的名人比较靠谱。殷通立即派人前去邀请项梁到郡府大堂来议事。

"你是郡守啊！在这样天下都造反的特别时期，你叫我这样一个陌生人到你郡府大堂去议事，到底是什么意思呢？"

"会不会是黄鼠狼给鸡拜年，没安好心？"项梁想来想去，想不出郡守葫芦里卖的是什么药。

"这可能是个大好的机会，岂能放过？"项梁决定赴约议事，同时为了保险，带上大力士侄子项羽。

走在前往郡府的路上，两人的脑子没有停着，嘴巴更没有歇着，不停地讨论各种可能的情况，反复修正预案。

"你在门外候着，我先进府门，到大堂探听一下情况。"

接到通报，郡守殷通立即请项梁到大堂就座。两人坐定后，郡守一边喊人递茶，一边说道："江北都反了，我们这江南迟早要跟着动荡起来。我最近想了又想，觉得先发制人，先人一步，才能抢得先机，拔得乱世取胜的头筹。我这就来兴兵反秦。我觉得，整个郡里还就你和桓楚能担当大任。我现在就做出决定，单单请你和桓楚当大将。"

这位被郡守牵着手走上前台的新人桓楚，也是吴中本地一位出了名的怪人，因为犯下案子已经逃亡在外。他的藏身之处在哪，谁也不知道。

项梁一边呷着茶，脑子里一边静静地想着，心中突然有了一个主意。对着郡守殷通，项梁说道："现在的关键是要找到桓楚。桓楚到底藏身在哪里呢？没有人知道。不过，今天也还真是赶巧，我的侄儿跟我一起来，还就他知道桓楚躲藏的地方。这样吧，他已经候在郡府门外，我去叫他进来。"

项梁来到府门的外面，对着项羽的耳朵，小声地交代了那个诡异的想法。之后项羽袖藏利剑继续在门外等候，项梁再次登堂入座。

"项羽站在郡府门外，不过他说要听到你的特别命令，才愿意进门讲清桓楚的住处。"

殷通点头答应。

项羽随即被门人召入府中。

项羽进来后，项梁向他使了个眼色，说道："可以向殷郡守汇报桓楚的住处了。"

项羽应声上前做出一副有悄悄话要小声地说给殷通听的样子，走近了殷通的身边。殷通立即把头伸了过来，以为项羽真的是要讲桓楚秘密的住处。哪知项羽心中默默地做好了砍人的准备动作。顷刻间，项羽手起剑落，殷通一颗血淋淋的人头落到了大力士兼准职业剑客项羽的手里。

这一次干净利索的漂亮活儿，多少也算是项羽少年学剑时没有白学，关键时刻发挥出色。如果是考试，这一次应该给他满分。

项梁一手接过项羽扔过来的人头，一手抢过郡守的印绶，坐在郡守原来的座位上。他的旁边，项羽虎视眈眈看着府厅里每一个大惊失色的人。

卫士们发现情况立即冲过来。一番搏杀之后，结果出来了，这些人当中没有一个是项羽的对手。

看着地上东一个西一个摆着的人头，看着躺在地上身受重伤哭爹喊娘的卫士，郡府里的人才知道今天碰到谁了。"郡守请来的这两位陌生人，特别是这位叫项羽的人，大力士的名声绝不是浪得虚名。"

郡守府里上上下下的人全都吓得跪倒在地上，谁也不敢抬起头来。

平日里结识的豪绅、官吏，不就是为着成就今日的大事吗？平日里结交的人，今日不用更待何时？项梁决定把这些人召集起来，向他们庄重宣布，自己正在做一件大事："起义，反秦。"

得到了豪绅、官吏的支持，项梁用郡守的名义，着手调集吴中的兵马。就这样，项梁白手起家，得到了八千名精兵。

手中有本钱了，项梁立即着手做两大工作，请出郡中豪杰人物，任命他们担任校尉、侯、司马官职；自任会稽郡郡守，任命项羽为副将。

随后，项梁带着兵马巡行郡内各县。"听话的县令，咱就再用用你；不听话的不知趣的，县城直接攻下，县令直接拿下。"

有一天，从长江的北岸开来了一支起义的部队。带队者叫召平，广陵（今江苏扬州）人。这位领导这次是私自带着队伍跑到江南来寻找发展机会的。

在江北时，召平接受陈胜的指示，率领队伍攻打广陵城。

多次进攻广陵城，无奈城高墙厚，全部失败。"广陵城城墙太过于坚固，太过于高大，即便神仙带军队，也撼动不了它。"

召平心灰意冷，突然听到消息："西征军已经败退，强大的秦军正在向着东边开来。"

"周文率领的十万西征军都抵敌不住秦军，我手下这点儿人马如何是他们的对手？"召平举目四望，突然有了一个发现："江南，那里是个空档，必定有我的机会。"

召平带着这支起义队伍渡过长江，不久与项梁的军队会师。

"该送给项梁一个什么样的见面礼？"想来想去，召平想出了一个主意。

"我这一次带队南来完全是陈王的命令。"陈王的命令是什么样子，项梁一定没有看见过。"哈哈，这就行了。"

召平说道："江南既已平定，应急速带兵西向击秦。"

召平的提议切合了项梁的想法。"既然秦军由西向东而来，既然起义的目的是要推翻秦王朝，那是一定要与秦军见过高低。"项梁做出决定："率领大军渡过长江，打到江北去，与江北起义军共同抵抗秦军。"

镜头移到山东，那里有一个人叫田儋，正急急地要登台亮相。

田氏家族是山东的豪强大族，是当年齐国国王的宗族。田氏在当地很有威望很得人心，尤其田氏三兄弟在当地名气响亮，哥哥田儋，弟弟田荣、田横。

陈胜起兵称王后，对着山东方向派出一支人马，命周市带队，攻占原魏国的故地。周市到达狄县时，县令发下了死命令："固城坚守，绝不投降。"

盯着周市的一举一动，不久田儋得出一个结论："局势越来越不稳定，正是下手的大好机会。"

一天上午，艳阳高照，风和日丽，田儋命人将一名奴仆五花大绑，然后安排一伙青年人跟着，一起来到了县衙门口。

对着县衙的门卫，田儋高声说："这个奴仆犯了死罪，这一次，我一定要亲手杀了他。现在要拜见县令，请县令定夺，依法斩杀。"

一个多么强大的理由，一个多么遵纪守法的主人。看来，县令大人这一次想不出面都不行，毕竟一条人命系在这里。

县令传下话来："接见田儋，我要亲自审理这桩案件。"

田儋将奴仆推到了县令的面前。

围观的年轻人紧紧跟随，一定要凑趣看热闹，一定要听县令当场判案。就在县令刚坐定时，这伙年轻人一拥而上，还没有等其他人反应过来，有人袖中露出尖刀，手起刀落，把县令的头砍了下来。

接下来，田儋做出来的举动跟项梁的做法十分类似，不同的是田儋自立为齐王。

田儋率领军队，打败周市，随即向东拓展，攻占齐国故地，恢复当年齐国的江山，将田氏家族的齐王梦，在齐鲁大地上做实做强。

如果说项梁是凭机会起家，田儋是富二代起底，下面的这位，真正是负资产起手。

这位是六县（今安徽六安东北）人，人称黥布，本姓英，原本是平民百姓。壮年时犯法，被判处黥刑。脸上刺字涂墨，类似于当代人在身上某一部位刺青。

听到受到的刑罚是黥刑时，英青年没有哭鼻子反而高兴地笑了。受刑时快乐无比地说道："有人给我看过相，说是当受刑而称王。今天受刑大概是快要称王了吧！”旁边看热闹的人都给他弄笑了，有人就说道："你这脸上已经被行刑官弄得乱七八糟，还想称王？下辈子吧！"

从此，英布混得诨名黥布，定罪后被押送骊山，开始全新的工作，为秦始皇帝修造陵墓。

不久，他与一起受罚的刑徒混得熟了，周边的一群青年成了他的铁哥们。后来，他带着伙伴们一起逃出骊山墓地，逃到长江边上，干起了汪洋大盗的勾当。

"陈胜在大泽乡起兵。"听到消息，黥布立即有了一个感觉："属于我的机会来了。"在鄱阳县县衙，黥布暗中结识了一批朋友。

这天，晴空万里，黥布带上同伙，直接去见鄱阳县县令番君。

看着天下势局动荡，县令番君寻思着："这里的天，早晚要变。"

听下边的人一而再再而三地提起黥布，番君有一个想法："这样的时势，那人应该是个举大事的人物。"

看到黥布带着人手来到县衙，番君说道："我这里为你准备了数千精兵，我的女儿，漂亮美丽，跟你年龄般配，送给你为妻。"

项梁起兵后，渡过长江，抗击秦军。黥布率领这支军队投奔项梁。从此，黥布进入秦末农民大起义队伍的行列。

说了一大堆人，独独没有说刘邦，刘邦都快要急疯了。不要急啊，压轴戏才是真正的大戏、好戏。

刘邦娶妻

历史上有一类神奇人物，本是穷人后代，奋斗半辈子，血流成河，尺骨成堆，终于在皇宫大院里落户安家。眼前正在台上走秀的这位，泥腿子出身，历尽艰亲，穷尽智慧，后半生终于在金銮殿里当最高领导。

时光轴移到秦昭王 51 年（公元前 256 年），沛县（今江苏）丰邑，一天夜晚，突然风雨交加，电闪雷鸣，大树在狂风中乱舞。一个男婴缓缓离了娘胎，高声大哭着来到人世间。

婴儿刚刚落地，不一会儿，窗外雨歇云散风退，月亮钻出云层，清幽幽的月光照进窗户，星星在远方的天空闪烁。

全家人觉得这天气变化好生奇怪，连母亲也觉得有些离奇。

喜得贵子，爸爸乐滋滋，给新生儿起名刘季。后来改名刘邦，为了方便，本书用名刘邦。

上帝非常喜欢捉弄人，少年刘邦、青年刘邦乃至中年刘邦，上帝给他安排的职业居然是混子，乡下人称小痞子。啥事不做，整天在朋友圈里混吃混喝混世界。

这小子不像家里人那样种田种地，不像邻居那样学门手艺，不打工，不做生意，也不赌博，更不读书。整天游手好闲四处游荡。

到了 36 岁，混成了无业大龄青年，也没有讨到老婆，是个名副其实的剩男外加啃老族。

儿子是这样的烂泥坨，老爸除了叹息、摇头，还能有什么办法。

为什么一些人愿意在社会上当混混？他们是不愿意工作还是找不到工作，还是没有找到他们合适的工作？他们的内心深处是憋屈、扭曲还是畅快？没有人给出答案。从接下来刘邦身上发生的一系列事中，或许读者会有所发现。

长期在社会上混，刘邦结识了各路朋友。社会混功也练得超级强劲。

"懒人有懒人的福，懒人田里出糯谷。"人到中年，有一天，刘邦的荒田里长出糯谷来了。

公元前 221 年，秦王嬴政吞并诸侯各国，建立秦帝国，称始皇帝。秦始皇像扔垃圾一样扔掉六国原有的诸侯体系，建立全新的国家体制——郡县制。全国建立新的行政机构，大量招募公务员。

通过朋友圈，刘邦从中谋找到了一个让人有点儿小羡慕的职业，在泗水郡沛县当上了泗水亭长。

亭长是多大的官？类似于当代的村长，负责乡村事务的组织管理工作，为政府上下传递文书，向上层输送地方上应缴纳的税费、劳役。

亭长不是光杆子司令，类似于今天村部不只有村长一样，他的同事还有"亭父"，类似于今天的村支部书记；有掌管追捕盗贼的"求盗"，类似于村保安联防队队长。

看出来了吧，亭长虽然也带长，可实在是个微不足道的乡村小吏。

无论如何现在总算有了正当职业。"哈哈，听不到父亲唠叨，看不到乡邻冷眼。"刘邦感觉人生的大晴天来了："我刘邦田里的糯谷必定会越长越多，越长越旺。"

一天，县衙里工作的好友萧何带来口信，"县令为招待远道而来的好朋友吕公，正在筹办宴席"。

"好机会，必须去。县令家请客，一定是好酒好肉好招待。平时想吃的都摆在酒桌上，可以大饱口福。那里一定是贵客临门，平时想结交的人，不都在场么？"

酒宴这天，县府属吏富翁名流，一个个梳妆打扮，手中拎着大包小包，到县令家恭贺助兴。宴会时间还没有到，院子里早已车水马龙。

人多事杂，收纳财礼的大事，县令特意任命主吏萧何担任。萧何是一个能办事、会办事的人，只要是他办的事，从来不会出差错。

刘邦一路走来，一个问题压不住往上冒：口袋里没有钱送礼，这一顿吃喝如何混到嘴？

刘邦的口袋里真的没有钱。虽然没有娶媳妇，可他在外面养了一个曹氏，而且生了儿子，取名刘肥。后来刘邦当皇帝，这个儿子被立为齐王。

养儿子，不能不花钱吧？再说，在朋友圈里混吃混喝，总不能天天吃别人喝别人的吧。不过，对于这顿混吃混喝，刘邦信心满满，还有哪一顿吃喝不是混来的呢？

来到县令家门口，刘邦立即打探情况：客人早已来了大半，县令与吕公已经在堂上分宾主落座。要进门，现在就得进了，再晚了可能连个坐的地方都没有。

"贺礼不满千钱的，坐于堂下。"

"财礼由萧何主持收纳。"听到这最后一个消息，刘邦笑了。

在院门外面的桌子上，刘邦在自己的名帖上写道："泗水亭长刘季贺万钱。"当然了，他手中连一百钱也没有带，就别说送万钱了。

负责招待的家丁第一眼就看到了刘邦帖子上"贺万钱"三个字，大为吃惊，立即向着门内高声喊道："泗水亭长刘季贺万钱！"负责接待的人员听到这话三步并作两步跑了过来，连连打躬作揖把刘邦引导到堂上入座。

堂屋主宾席位端坐的吕公，听到门人喊"贺万钱"三字，心中也大为吃惊。不吃惊不行啊，送三千钱就不得了了，还有送万钱的，能不吃惊么？

吕公连忙起身，亲自迎接刘邦到堂上就座。吕公是一个多么懂饭局潜规则的人，听到门人喊送三千钱的，他最多也就含笑致意，唯独听到"贺万钱"的，他就知道这绝不是一般般的人。果真是"人情练达即文章"。

听到"贺万钱"吃惊的，不只是吕老头，有一个人比他更加吃惊。听到站在门口负责接待的家丁高喊"刘季贺万钱"，萧何不由得一怔。"别人送万钱，倒还有可能，刘邦口袋里有几个钱，虽然精确的数字我没有，但是大差不差的数字我还是有的。他哪里会有什么万钱啊？肯定又在玩鬼把戏。"

萧何暗中叫苦，"你小子今天这样要，岂不是要给我出难题么？"萧何十分清楚刘亭长这人的为人，两人又是莫逆之交，现在能做的就是现场赶紧为他遮掩一下。

此时的刘邦，在门客的引导下已经大摇大摆地且彬彬有礼地步入名人、名士相聚的正堂。

萧何虽然人在前院忙着收钱记账，眼睛却一刻没有闲着，暗中注意着坐在堂上的刘邦。看到他坐到受人敬重的吕公的旁边，开始侃大山，连忙走上堂来，对着吕公轻轻地说道："刘季好说大话，很少能说到做到。"

别人或许听不懂萧何那句话的真实用意，刘邦一听就懂了："哈哈，萧何在向我发出警告的信号。"

虽然早就读懂了萧何的用意，却故意装作没有听见的样子。在县府的这班官吏们面前，大大方方地落座；酒宴进行中，坐在吕老头的旁边，谈笑风生，神态自若。两人谈得非常投缘。

酒宴结束时，客人们离席告辞，吕公起身一一作揖答谢。就在刘邦也要起身离席时，吕公向他使了一个眼色。刘邦心道："吕老头要我暂时等一下，好像有什么话要跟我讲。"

客人全部送走了，吕公转过身来面对着刘邦，请他坐下，然后自己也坐定。这时吕公用一种严肃且语重心长的声调向刘邦说："你相貌非凡，我家中有个亲生的女儿，我愿意将他许给你为妻"。吕老头真是看相神人啊，莫非看出刘邦后来要当皇帝？从结果上看，必须佩服吕老头的眼力。

此时的刘邦已经是年过 36 了，的确还没有娶妻，只是在外面偷偷地有个相好的，正想着如何才能光明正大娶个妻子，结束自己的剩男生涯。"眼前吕老伯居然为我送妻上门，天下竟有这样的好事？这岂不是传说中的天上掉馅饼，不但掉了，而且还就掉落在我的竹篮里！"刘邦只差说一句"懒人田里又长出新糯谷"了。

　　刘邦细看吕老伯，是一位让人尊敬的吕伯伯，还是县令的老朋友、好朋友，心里就想着立即答应这门亲事。略一思考，当即故意转了个弯，说道："蒙大人赏识。后生实属三生有幸。只是婚姻大事，容后生禀告父母后再作答复。"

　　刘邦拐的这个弯，应该不应该？读者可以自己掂量。

　　"是的，是的。"刘亭长眼前的吕伯伯作了正面的回应，连连点头允诺。

　　看了刘亭长喜上眉梢的眼神，吕公的慧眼已经读出来了："这刘亭长其实已经答应了。"虽然没有见过刘邦的父母，他有一个感觉，刘邦的父母那里也一定不会有什么异议。"想想看，县令朋友的女儿，这可不是一般人家打着灯笼就能找得着的。"

　　果然不出吕老头的预料，听到消息，刘邦父母真是高兴还来不及。"儿子再过几年就 40 岁了，还没有成家，只能偷偷地在外面寻野食吃，那叫什么事呢？这下好了，作为父母，多年来的那个心事这下终于可以落舵了。"

　　父亲母亲都非常高兴，但并没有立即高兴得晕了头。在这样的时刻，刘爸爸反而变得冷静下来，这一次要狠狠地骂骂儿子，促使他速成亲事。

　　"你这个不成器的东西，你自己都快 40 岁的人了，还像个 20 岁的毛头小伙子，一点也不着急。我们做父母的还能陪你几天？想想这件事，我就糟心。现在也别让我们为你再操这份心。这件事只要你自己愿意就成，我和你妈没有什么说的了。"

　　刘邦一下子就读出二老心里对这门婚事的看法，"非常满意，速速办成"。

　　刘邦这边做着结婚的准备，喜滋滋准备做新郎，吕老头那边却因此在家中引起轩然大波。

　　掀起波澜的是吕老头的老伴。听说丈夫将自己最心爱的女儿许配给了一位快 40 岁的穷光蛋真是气都不打一处来。"我能不气吗？快 40 岁了还成不了家的人，能是个好人吗？肯定是穷得债都淹到脖子的人了。"

"你真是越老越糊涂了啊？我早就跟你说了，我们的这个女儿，放在家里不嫁，就是因为她与众不同，那就必定要把她嫁个富贵人家。我们家从外县搬到人家沛县，当然是嫁给县令做儿媳妇最好了，何况县令也有这个意思。多么好的一门亲事，门当户对，年龄般配。我早就想答应下来，就是你，坚决不肯，说是什么不合适。我也就依了你了。现在倒好了，事先不向我说一声，搞突然袭击，什么叫稀里糊涂？你这就叫稀里糊涂。40岁的人了，还没有产业，不会种地，不会做生意，啥都没有的人家，啥也不会的人。"

看到母狮子唠叨个没完，吕老虎决定发一下虎威。"我这个做法，你们妇道人家又如何能懂得了？一个最简单的理摆在桌子面上，你都视而不见：难道我能让我自己的亲生女儿将来遭苦受罪么？"吕老虎用一句话就搞定了家中正在咆哮的母狮子。

就这样，这门亲事被定了下来。

刘邦与吕雉结婚的事接下来就是走程序，萧何、曹参等人是宴席上的贵宾，连县令也派人送来一份贺礼，这倒是值得一提。毕竟今天村长结婚、非亲非故的县令送礼的事还算是当地的新闻。

婚后，小两口过得非常甜蜜。今天叫老牛吃嫩草，能不甜蜜吗？

唯一感觉不爽的只有那位曹氏。她的家里，无论晴朗朗的白天，或是漆黑黑的夜晚，再也看不到心爱的刘亭长来了。"没办法，他新娶的妻子，虽然算不上大美人，但也是豆蔻年华、妙龄少女，加上她良好的家教、举止有礼，还五官端正、为人又十分的要强，自己除了望天兴叹，还能怎么办呢？总不能上门追打正妻吧。"

过门后的吕雉倒还是值得称道一下。毕竟是富二代嫁给了穷二代，毕竟是文化人嫁给了大佬粗，这位比刘邦小十五岁的富二代女士不但把家里家外操持得井井有条，还主动地干起了田间的农活，让丈夫全身心投入到亭长职务的工作之中。这样的女人，今天有个称号，叫女强人。佩服她一下。再次羡慕他刘亭长，娶了个好老婆！

不久，吕雉生了一个女儿，即后来的鲁元公主，一年后，又生了一个儿子，即后来的孝惠皇帝。刘邦四十得子，也叫老来得子，想不高兴都难。然而，就在他高兴得鼻涕冒泡泡时，一件麻烦事却找上门来。

常徭咸阳

有了娇妻，生下女儿、儿子，刘邦感觉非常奇怪，心中时不时无来由地烦闷，是个典型的焦虑症患者。

为什么婚后突然犯下焦虑症？

或许是浪荡生活过惯了，突然要过小家庭生活，受不了这份约束；或许是有了子女，心中有了家庭负担，有经济压力；或许是外面有女人，现在不能光明正大地享受那份"婚外恋"的欢乐。

没有人能做出解释。连他自己也解释不了，只知道心中会突然之间无来由地犯闷。郁闷就如一块天空掉落的石头，说砸就砸到我身上来了，有时，那份郁闷又突然之间，消失得无影无踪。

一天，刘邦正在屋里坐着无聊，一种烦闷的情绪又悄悄地爬了上来。因为公事，县衙曹参路过这里，顺便到他的地方来喝茶，两人聊了起来。

看到好朋友来了，刘邦突然神清气爽，烦恼的情绪顿时一扫而光。

"曹参兄，来的真是巧了，武大娘酒店最近进了一批上等的好酒。早就想请你一起喝两杯。真是来得早不如来得巧。"

"刘亭长，手头有一件紧要的事要办，改天陪你喝个痛快。"

从曹参的表情里，刘邦读出来了，这一次曹参的确是有重要的事。"这次就依了你，回去喊萧何兄来，我们一起喝个痛快。"

"最近恐怕不成，他也忙得很。"

"做官哪有不办公务的？也不至于连喝酒的时间也没有吧。"

"郡里发来了朝廷的公文，这几天就要调一批民夫到咸阳去服徭役。"

"徭役年年有，按正常程序走就是了，哪有什么忙不忙的。"

"服徭役的人定了，就是找带队的人难啊。谁愿意抛家舍业，长途跋涉受那份苦，冒那个险。"

曹参说完话走了，屋里留下刘邦一个人坐在那里。

带领民夫去咸阳服役，难道真的是很难很苦吗？为什么我一生一世必须待在沛县呢？为何不可以趁机出趟远门去见见世面？到都城去走上一遭，当个领队，岂不是一趟美差？想到这里，刘邦笑了，说不定长途旅行，一路风光无限，还能借此治好我的焦虑症呢。

刘邦打定主意。第二天一大早，他来到县府萧何的办公地。

"刘亭长一大清早来县府？"萧何有些奇怪，"莫非出了什么事？"

刘邦面带笑容："哈哈，萧何兄，只是闲着。我这人不能闲下来，闲下来就想看望朋友。"

听了刘邦的这个解释，萧何更觉得坠入云里雾中。"你一大清早来县衙，不是有事？怎么可能！你越描我感觉这里面越黑。"

刘邦走近办公桌，看到上面放着与征调徭役有关的文件。然后，他故意两眼紧盯着办公桌上的公文，然后用拖长的声调一字一字说道："我么，还就真没有公事，当然也不是完全没有事，只是朋友间的私事。昨天碰到了曹参，是为着你萧大人解开难题特意来的。"

看着刘邦的眼神，听着刘邦的语调，再想想昨天晚上曹参告诉他刘邦想邀请他一起喝酒的事，萧何明白过来了。"亭长莫非是有意？"

两人会意，一同放声地笑了起来。

派刘邦带队去咸阳，当然是再合适不过的人选，也没有什么不放心的，再说还可能帮他治治焦虑症。但是，责任重大啊，秦法又严啊，万一有闪失那就麻烦了。如果不是刘邦主动提出来，打死我也不会派好朋友去完成这趟难事。现在是刘邦主动要去。想到这里，萧何做出决定，让他去一趟。

萧何没有说什么风险不风险的话，只是问了一句："这重大的事，你同嫂夫人说了吗？"

"能没有说么。我还不是妻管严？哈哈，她管不了我的事。"

实际上，刘邦还就真的没有跟妻子说。"现在，事情定下来了，不说是不行了。怎么说是个问题。毕竟她比我小 15 岁，将要带着两个年幼的孩子在家顶门过日子，这对她将必定是一个不小的考验。况且从结婚后，我从来就没有出过远门，从来没有长时间离开过家，而这一次，是要经年累月地离开了。"刘邦心道。

晚上，儿女们睡下后，刘邦带着一种沉重的心情向妻子讲了打算带队去咸阳的想法。黑暗的夜里，刘邦没有看到床榻上妻子的表情，也同样没有听到妻子流泪哭泣，妻子劝他用不着惦记家里，一路上要自己保重，节制饮酒，平平安安，早去早回。

《史记·吕太后本纪》记载，吕雉是一个温柔、多情同时遇事又极刚强的女子，原话"吕后为人刚毅"。妻子的这种态度让准备上路的刘邦十分高兴。"哈哈，家里有了能干又贤惠的妻子，这下可以轻松上路了。"其实这样的女人正是天下有事业心的男人梦寐以求的。

中秋节一过，刘邦辞别妻子儿女踏上西行的旅程。昔日的好友们个个前来饯行，按惯例，每位为他饯行的官员都送给他三百钱。当时一天的工钱是八钱，这相当于一个人一月的工资。让刘邦非常感动的是萧何，萧何居然送了五百钱。直到后来做了皇帝，刘邦还念念不忘"何独以五"这件往事。

从沛县到咸阳，一路向西大约一个月的行程。一路上，秋色越来越浓。田野里夏季的庄稼都已经收割完毕，冬小麦才刚刚发芽，旷野里没有了庄稼人劳作的身影，原野空旷，越走越荒凉。

刘邦带领的这些农夫，也告别了家里的亲人踏上服役的征程。境遇相同，大家的心情一时之间无论如何爽不起来，一路走来默默无语。不像我们今天出远门，可以耳上挂着耳机，一路听着自己喜欢的流行音乐，坐着长途汽车、乘着高铁前行。

一路上，刘邦没有兴致欣赏美丽的风光，肩上的责任使得沿途乡村美景变得索然无味。

旅行途中，刘邦戒除了一个习惯，不再独自饮酒。"几百名农夫，如果有人逃跑了或病死了，就不单是给我自己招来祸事，必定会给萧何、给家中的父母妻子惹来麻烦。"妻子那句"途中节制饮酒"的话，时时在耳边响起。

对一个人来说，做一件好事不难，难的是戒除半辈子养成的习惯。从这件事上，可以看出刘邦这人有着坚强的意志。

虽然没有干过农活，然而对于农夫，却一点儿不陌生。刘邦关心他们。谁有个头痛脑热，赶紧问候。临行时好友同事们送的那些钱，也够花销，又不独自喝酒，就时不时买些酒肉来跟大家共享。他很是喜欢跟大伙儿一起喝上几杯，又会开玩笑，一路上没有一个人给他惹出什么麻烦来。这些人都是20来岁的青年男子，大家都很敬重他这位40岁的伯伯，没有拘束的感觉。

走过函谷关，走进关中的秦国地面，大家的心情立即变了，路旁的景观

第六章 遍地狼烟

让人想不振奋都难。大家个顶个似乎一下子把自己从另外一个世界找了回来，恢复了本来的样子。

一路走来不是平原就是丘陵，或是低矮的房屋。这里秦岭高耸入云，黄河、渭水景象万千。此时秦刚刚灭楚国，刘邦想，这个大秦帝国的发源地，居然有如此这般的崇山峻岭、巨川大河，形势如此险要，怪不得山东六国的联军总是不能越函谷关而西行半步。以前怎么想也想不通，今天看到这山形地势，终于搞明白了。越往西行，刘邦越是觉得自己的这个判断是正确的，正是凭借从西往东居高临下的地势，猛如虎狼的秦军才一举灭掉东部的诸侯六国。

走着走着，人类创造的奇景扑面而来，大秦帝国皇帝的离宫别殿一座接一座，高大、巍峨，流光溢彩，目不暇接。

自有秦以来，秦王朝就在西起雍都（今陕西凤翔）、东至潼关的大片地方大搞宫殿建设，"东西八百里，离宫别馆相望属""关中计宫三百"。通过多年建设，秦帝国已经在渭水两岸先后建造了庞大的宫殿群，数不胜数，风格各异，矗立在青山绿水之间。即使当代人，看到如此精妙的古典建筑群也会心花怒放。

还在儿童的时候，刘邦就时常听老人们讲天宫的故事，现在亲眼所见，天宫不在天上，而在人间。不只是刘邦，所有的民夫们全都被路途上的人造奇景震撼，一个个指指点点欢声笑语不断。一路上的疲惫消散得无影无踪。

刘邦将民夫送到咸阳城东南的阿房宫工地。这里距离咸阳只有几十里的路程。到了工地后，民夫们上工劳作去了，刘邦闲下来，便跑到咸阳城去看那些雄伟的城墙、城楼，跑到城市中繁华的街市看热闹。哎呀呀，跟我们今天第一次从山村到城市是一样一样的，周末里我们这些山乡来城里打工的人，个个都喜欢跑到街上到处乱逛，四处看新奇。是不？

有一次正在大街市上闲逛，刘邦有幸碰上了秦始皇出行的车队。

秦始皇出行的车队，一般情况下禁止老百姓观看，四周戒备森严，老百姓想看也看不到。例外的情况偶尔也是有的。皇帝有时候想在百姓面前显显神威，就允许百姓观看、瞻仰。史书称皇帝这样的做法为"纵观"，即任人观看。

这一次刘邦就赶上了这盛大的场面。路两边人山人海，刘邦还是挤到了最前沿，叉住双腿站稳脚跟，观看了皇帝车队经过大街时那格外拉风的情景。

车队前面的车是"高车"，即兵车，类似于我们今天警车开道。每驾车由四匹高头大马拉着，车上站着高大魁梧的卫士，身子站得笔挺笔挺，手里握着兵器，身上穿着盔甲，兵士们目光直视，威风凛凛。

兵车后面是副车，即安车。车盖成椭圆形，外表华丽精美。车厢分前后两室，类似今天高层官员出巡时随行车队中的中巴车，乘坐的人员是为皇帝服务的官员。每一辆车也是四匹高头大马牵引。

接下来才是秦始皇乘坐的金根车，外表豪华壮丽，类似官员乘坐的小轿车，由六匹高头大马牵引。金根车过后，又是提供生活服务的副车和执行保卫任务的兵车随行。

整个车队浩浩荡荡。刘邦感到眼花缭乱。眼前到底有多少车开过去了，他都没有数清楚。

天子车驾出行，分为三大类，分别叫大驾、法驾、小驾。三种驾法都会有皇帝乘坐的金根车，随行的五时副车。不同之处在于，大驾有属车八十一乘（辆），法驾有属车三十六乘，小驾有属车九乘。这些数字都包括了兵车。

这一次秦始皇出行，既然不是出函谷关巡行帝国的某个部分，当然不会是大驾；既然是恩准百姓"纵观"，那就不会是小驾，因为小驾才九乘，不怎么拉风，所以据推测，可能是法驾，配备三十六乘属车。

秦始皇的车驾开过去了，警戒随之撤除，人群顿时鼎沸起来。刘邦也如同从梦中醒来一般，失声喊道："哈哈！大丈夫当如是也！"这句话一出口，旁边的人吓了一大跳，有人赶紧提醒他："京城大街上千万别说这话，要是被官员听到，那是要捉去杀头的。"幸好人声沸腾，周围没几个人听到，但他切切实实听到自己说了，听得清清楚楚的。这样看来，刘邦是非常羡慕秦始皇的，不过换了我们大家，估计都很羡慕。

直到第二年的秋天，沛县另一批民夫来咸阳换工，刘邦这才带着自己的这批人员返回家乡。

回到家乡，刘邦时不时神往关中、咸阳，神往离宫别馆、皇帝的车驾。刘邦的神往导致了他今后只要找到机会就再一次去咸阳。事实也的确如此，刘邦之后又多次带领服徭役的民夫去咸阳。

这样的经历让他既生活在现实的世界中，同时又有一个梦想的世界在触

第六章 遍地狼烟

动他。在他的人生梦里，有高大的宫殿，金光灿灿的车驾，威严的仪仗，有呼之即来的文武百官，有数不清的后宫嫔妃美人。

每一次去咸阳，思想就要接受一次洗礼，追求梦想的力度又加进了一重。后来秦末农民大起义的洪流中，英雄豪杰云聚，论指挥作战的本领、论各自拥有的实力，超过刘邦的大有人在。然而与这些人相比，有一点是其他人无可企及的，史家称之为"大丈夫当如此矣"的胸怀大志

在别人看来，"徭咸阳"是件苦差事，"常徭咸阳"更是苦不堪言。一个多月的时间里，每天都要一刻不停地走路，而且是走一条前途未卜的凶险路。几百人要关照，要负责，可不是闹着玩的。在我们今天人看来"常徭咸阳"除了锻炼身体，实在没有什么好处。而刘邦却极其热衷，乐此不疲。为什么他一定要这样做？

他的好友萧何不止一次劝他停止这项冒险游戏，万一有什么闪失就麻烦了。可每次劝的结果，都变成了一种变相支持，劝到最后，总是支持他带队前往咸阳——他太了解刘邦这人了。

吕雉寻夫

秦始皇病死沙丘前夕，秦朝天下已不太平。服役的人经常半路结伙流亡，逃往深山老林，群盗满山；国运飘摇，已成山雨欲来风满楼之势。

沛县县令接到指令："全县刑徒，开往骊山（今陕西临潼东南），修造秦始皇帝陵墓。"

可派谁去带队呢？这些刑徒中，杀人犯、盗窃犯，什么样的人都有，脱离了关押他们的高墙大院，说不定就会有人中途逃亡。谁才有能耐完成这个重大、危险而且艰巨异常的任务呢？县令心中很是为难。

除了刘邦，还真的找不出第二个人来，他常徭咸阳，带队有方，经验丰富。那就能者多劳吧。

县令指名道姓，这一次刘邦想推都推不掉。

那就上路吧，或许上天能给个好运气。

队伍离开沛县县城，还没走多远就有人开溜。要命的是，接下来还不只是一个人，而是多个人，时不时就在深更半夜，溜之大吉。

平时在监狱里，有高墙大院护着，有成群的监狱看守看着，想逃也逃不掉。可现在只有刘邦一个人看管，众人能不偷偷地逃跑吗？除非这些囚犯是傻瓜。白天不好逃跑，那就半夜里逃跑。现如今，亡逃山林的大有人在，众人都想效仿。

刘邦感觉压力很大。如果大家都这样逃下去，到了骊山时，跑得就只剩我一个人了，那岂不是去找死？眼下，这还只是开始，后面的路还很长很长。天啊，该如何办？小猫看鸟，越看越少，这日子还是人过的吗？

越往前走，越往后想，刘邦心中越害怕。跑了刑徒，到了骊山，必定交不上足数的人。带队的领导，依秦律规定那时就一定是死罪。

这一天，队伍走到丰邑西面的泽中亭（今江苏丰县），坐在凉亭里，刘邦心情沉落，除了像刑徒一样逃亡之外，还有生存的希望吗？按照秦法，所带刑徒到达目的地时，如果逃亡人数超过半数，那是一定要依法问斩，监斩官绝不会手下留情。与其到骊山去伏法斩首，不如逃亡山林，或许能寻条活路。

刘邦下令就地休息。他拿出路费，派人到附近买来大鱼大肉，好酒好菜。

"兄弟们，大吃大喝，开怀痛饮吧。"

刘邦大声招呼每一位，"大家大口喝酒，大块吃肉。"刘邦的行为是痛快的，可刘邦的心里痛快吗？

"家有娇妻爱子，上有老下有小，我曾多次带队去咸阳风光，甚至做过皇帝的美梦，现如今除了逃亡山林无路可走。"茫茫夜色中，刘邦对着披枷带锁的刑徒们大声说道："诸位父老乡亲，你们各找生路去吧！我也要就此远走他乡了。"

"这话什么意思？当场释放啊。"趁着酒兴，刑徒们立即动手，相互帮忙，各找石块，砸坏刑具，黑压压的一大群人霎时之间就跑得一个不见了。这些人就像树上的一群鸟，听到枪响各自展翅高飞。

这时还留下十几名青壮。大家你看看我，我看看你，接着说道："我们哪里都不去。单单就要跟定你刘邦。无论逃到哪里，如果被捉到都是死，你走的路比我们过的桥多，你吃的盐比我们吃的饭多。你走到哪，我们跟到哪。"

而此时的泽中亭距沛县县城仅200里，消息很快传到了县令耳中。

"刘邦释放了一百多名刑徒，并随即逃亡。"听到消息，县令、萧何大为吃惊。

"按秦律，刘邦一定是死罪，我也要负领导责任。"想到这里，县令沉默了。

"县令遮掩不提，我们更不能作声。"县府属员们没有一个人就这件事发声。所有人都明白，这事最好的结果就是上级不追查，下面没人说，大事化小，小事化了，最后不了了之。

县府上下，所有人就当这事没有发生一样。

听到确切的消息，有一家人无论如何坐不住了。刘邦的父母都老了，除了担忧，就啥办法也没有。

"我这么年轻，总不能老公一去永不回，就这样一辈子守活寡吧？"吕雉坐立不安，昼思夜想。在把年幼的女儿、儿子安顿在自己娘家后，脱了后顾之忧，第三天，吕雉拔腿就向刘邦逃脱的地方进发。"既然在泽中亭那里逃了，那么他会躲到哪里去呢？"

"哪里才是我的藏身之地？"此时在外逃亡的刘邦突然想起几年前秦始皇东巡时说过的一句话来，"东南有天子气"。

举目望去，只见位于东南方的芒山、砀山云雾缭绕，"哎呀呀，莫非那儿就是我要去的地方？"带着身边的十几个青年人，刘邦几人向芒山、砀山的方向走去。

芒山、砀山，位于苏北丘陵的东缘，海拔不高，古树密林，杂草丛生，山与山相连，蜿蜒起伏。山泽岩石之间，很容易找到栖身落脚的地方。既可以在山洞里找个好地方睡个安稳觉，还可以在树杈上做个窝。走进深山，刘邦立刻有了绝处逢生的安全感。

当然了，在我们今天看来，山岩间的日子一定没什么好过的，风霜雨露如何让人受得了？不过，刘邦和跟随他的十几名青壮年似乎没有什么不爽的感觉，出身农家，这样的日子，并不算什么太大的难题。可他们眼下有两个大难题亟待解决。

一是经常变换住处，东躲西藏。逃亡的人，不能在一个地方停留的时间太长，否则就有可能暴露行踪，正所谓狡兔三窟。虽然有经常找住处的难题，这十来个年轻人还是乐此不疲，因为大家在一起共患难，彼此之间又无拘无束，日子过得还算快活，并不像今天城里一些经常找出租房的青年，因为经济拮据，为换房子的事常常弄得灰头土脸，愁眉苦脸。

第二个难题与刘邦的一个做法有关系。身为领队，约束年轻人，不让他们侵害附近的百姓，不让他们打家劫舍、杀人越货，这样一来这十几个人填饱肚皮就成了大问题。

他们在山里如何度日？总不能天天吃我们城里人羡慕的蘑菇、野菜和竹笋吧，总不会天天吃我们城里人向往的野猪、野鸡和野鸭吧，总不会天天吃砀山上的野梨吧。这其中真实的情况我们只能猜想，资料没有记载，我也就懒得去虚构。

吕雉从来没有一个人独自出过远门。与一般人寻夫不同，她除了知道泽中亭，其他全都一无所知。

类似这样的搜寻关键是要有恒心和毅力，对于其中的辛苦、艰险、磨难要有思想准备，否则，就别出门。而这个难题对于吕女士来说，不是问题，"为人刚毅"正是她的天性。

吕雉完全知道她的前面的艰难险阻，她更加清楚天底下已经没有什么能阻拦她前进的脚步。陌生的路途，荒山野岭，她毫无畏惧。

吕雉逢人便问路，终于来到了泽中亭。接下来经四处打听，她还就真的来到了芒山、砀山的脚下。吕雉眼见这芒山与砀山蜿蜒开来，方圆百十里的地面，杂草丛生，山高林密，很多地方乱石遍地，一天到晚看不到人的影子，这要到哪里才能找到丈夫呢？不过，她心中非常高兴："夫君的运气真好，居然找到了这样一个鬼都不敢来的地方。这样的地方，对于像鬼一样生活的人来说，那就是安全的。虽然眼下没有看到丈夫，可她心中的一块石头算是落地了。

吕雉就在这些山林之间转来转去，也不知道到底转了多少天，终于真的找到了她的丈夫。

山岩之间，一位满面胡须、颧骨高突、脸庞消瘦的高个子男人从山岩上走了下来，他的吃惊的眼神，他比往日更加有神的大眼睛，配合着那褴褛的衣衫，那摇摇晃晃走下山路的模样，一下子让吕雉心如刀绞又高兴万分。

吕雉已经两目直视、神态呆傻。两人面面相觑，相对无语。男人首先开腔：

"娥姁，你是怎么到这里来的？"

作为女人，吃尽了千辛万苦的妻子，听到这样一句毫无修饰词的问话已经忍受不住，她的坚毅让她没有倒在丈夫的怀中失声痛哭。接下来就是走程序，丈夫问妻子家中父母和儿女的情况，妻子一一回答。丈夫问妻子一路上的情形，妻子三言两语支吾过去。再接下来，妻子问丈夫在这里生活的情形，刘邦同样用三言两语支吾过去。一番沟通交流之后，妻子激动的情绪这才慢慢稳定下来。

吕雉在刘邦藏身的地方只住了一夜，她担心家里人牵挂便赶紧离开。后来吕雉又多次来到山岩，送穿的送吃的。为安全起见，刘邦不停地变换藏身的地方。让后人疑惑不解的是，两人之间没有有效联络方式，却不知用了什么暗号，吕雉每次都能准确地找到刘邦的住处。

吕雉经常往芒山、砀山跑，随着时间延长，这事便瞒不住乡邻了。左右邻居都知道，刘邦没有远走高飞，大约就在芒山、砀山的某个山洞里藏着。萧何、曹参也一直在盯着刘邦的下落，从吕雉这里，两人慢慢地看出这其中的名堂来了。

无论谁来打听刘邦的下落，吕雉都一口咬定不知道。唯独对这两位来吕家探听消息的刘邦的好友，吕雉说了实话。

就在刘邦藏身于芒山、砀山时，在秦帝国，一件政治上的大事发生了，秦始皇在沙丘病死。秦二世继位，倒行逆施，不到一年的时间弄得全天下民怨沸腾。

在离沛县大约四百里的地方，秦末农民大起义的惊雷在天空响起，起义的烈焰在大地上翻腾。起义的烈火这就烧到沛县这边来了。

沛公据城

刘邦在山中躲藏时，陈胜、吴广在大泽乡起义。俩人的这套动作，在秦朝社会就像平静的热油里倒进了一瓢冷水，顿时炸开了锅。

地方政府的领导个个睁大眼睛，看着这场突如其来的"台风"。最吸引眼球的新闻是郡守、县令们的命运，一个接一个被起义军杀死。似乎起义军够不着住在西边的皇帝，就杀秦帝国东边的县令过过手瘾。

其中一些人已经看得心惊肉跳。大风暴四周的郡守、县令，每天醒来的第一件事就必须思考如何躲过这场突如其来的死亡灾难。

沛县县令一直都在看，一直都在想。

到了九月份，形势看上去越来越不妙，沛县县令非常恐惧，努力地想，终于想出了一个办法：咱也在沛县举兵，响应起义。

主意打定，县令找来主吏萧何、曹参商量。萧何说："你是地方政府的主管官员。搞起义的事，就是背叛朝廷。你是政府的代表，你来出面做这事，怕是不能服众。不能又当太阳，又当影子。那么，该如何玩转局面呢？路子还是有一条。你来出面，召集逃亡在外的人。这样一来，弄个几百人应该不成问题。然后呢，利用这些人来控制民众、控制局面。这里的天不还是你的天？"

县令点了点头："是个办法，是条路子。"

曹参说："县城里有一个人，杀狗为业，这人叫樊哙。请他到山中去找人，先行召回刘邦，再作进一步的商议。"

"好，就这么办。"县令说道。

樊哙跑到砀山，找到刘邦，告诉了县令的想法，捎来了萧何曹参的口信。

此时刘邦周围已经聚集了一百多人。虽然躲在深山老林，没办法了解时事新闻，然而陈胜起义的消息早已传到了刘邦的耳边，正想着如何出山，如何找到合适的机会。此时机会居然主动找上门来，真是想不高兴都难。

"太好了，择日不如撞日，今天就是出山做大事的好日子"，刘邦一声令下，所有人这就跟着他和樊哙一同向沛县县城进发。

坐在家里，一个问题不停地往县令头脑里跑：这些罪犯，如果他们回来了，如果他们掌握了县府大权，我这头颅还能不能保住？

县令突然感到全身发紧。

时间紧迫，不容多想，迟一分钟风险就增加一万倍。县令立即下令："紧闭所有城门，不得放刘邦入城。"

县令又突然想到另一个问题："刘邦的铁哥们儿萧何、曹参，他们会怎么办？到了这一步，除了杀死他们，还能有什么办法？"

萧何、曹参早就在盯着县令的一举一动，得到"城门马上就要关闭"的

第六章 遍地狼烟

消息，立即提前逃出县城。

刘邦一行人赶到县城城边，猛然发现城门已经关闭，正在寻思，又突然发现萧何、曹参急急地奔跑而来。

萧何说："县令那边突然变卦了。"

看了看刘邦身边的百十号人，曹参说道："人手有了，现在的关键是打开城门"。

"是的，到了我们发挥笔墨功夫的时候了。"萧何、曹参当即在绸绢上动笔写信，刘邦和大家动手，把写好的信一封封地捆绑在箭杆上，然后一支支地射过城墙，射入城中。

信的内容大体如下：天下苦秦久矣。今日父老虽然为县令守城，而天下诸侯皆反秦，沛城即将遭到屠杀。现在如果大家全都起来，共同诛杀县令，响应诸侯起义，那么你们的家室就可以得到保全。两条路摆在你们的脚下，请你们赶紧做出明智的选择吧！

我一直怀疑报纸、杂志那些广告软文对信息接受者的影响力，直到看到萧何、曹参写的这些信。这批广告软文的杀伤力神奇一般地发生了。史料记载，城中的父老阅读了箭载广告软文之后，立即行动起来，率领他们的子弟杀死沛县县令，打开城门，迎接刘邦入城。

佩服啊，这两人的笔能发出如此的神力，能打开城门，能杀死县令，真是想不佩服都难。

刘邦等人入城后，城中父老来到县衙大堂，讨论一件大事："谁来当新的县令？"

大家的意见，出奇地一致，推举刘邦担当大任。

刘邦坚决辞谢。

"进城前，你那么使劲地射信，叫我们杀县令，现在县令的尸体摆在你眼前了，请你当县令，你却说不干？你这不是拿我们全县人民开涮吗？"立即有人站出来质询。

刘邦说："现在天下大乱，群雄并起，需要牛人来当领导，才能保全沛县父老兄弟，我担心自己能力不够啊。"

有长老站出来说话："我并不认识你，但是关于你的种种奇闻，我早已听说过。依我看，日后你定当显贵。我们事先占卜过了，你日后贵不可言，只有贵为人上人的人，这乱世之中，才是我们的保护神。"

于是，刘邦双手接下县令的大印，称沛公。

在沛县县府大院，刘邦带领父老子弟，隆重祭祀黄帝、蚩尤。

黄帝是传说中上古的五帝之首，中原各族的共同祖先；而蚩尤则是南方部族的首领，英勇善战。

当着众人的面，刘邦亲手将祭祀用的牲畜的血涂在战旗和战鼓上，接着下令："军旗一律为红色。"

刘邦随即指令萧何、曹参、樊哙在沛县四处招收弟子。这一次，组成了三千人的队伍。队伍不大，然而比起陈胜当初的九百人来说，刘邦可以算是个富户了。三千人不去打什么郡守所在的大城市，打打四周那些个小县城应该绰绰有余。

随即刘邦带领这支军队进攻胡陵、方与、丰邑，在江苏、山东、河南交界的边界搞活动。

先前"坚决辞谢"，后来"大搞仪式"，可以看出刘邦这人很不简单，与其他起义军的领导人相比，他的资本不大，但是却更擅长收服人心。

众多起义军已纷纷亮相，你们的前途是光明的，道路却是曲折的，各位努力吧！皇帝的位子金光闪闪充满着诱惑力，然而却不是容易抢到手。这场大比拼的终点有且只能有一人，其他的人都必须死光，这就是这场特殊竞赛的残酷性。

秦亡病灶

为什么大秦王朝还在幼儿期就百病缠身？

现在终于有时间来看看这个王朝的"病灶"。

病灶一。

时间还得往前移。在秦国的东南，在秦还没有统一前，那里是楚国的故土。

在战国"七雄"中，谁最强盛？是楚国。"凡天下强国，非秦而楚，非楚而秦，横成则秦帝，纵成即楚王。"

秦帝国建立之后，秦始皇对帝国东南方的原楚国遗民最不放心。

秦灭楚国之后，在楚地民间广泛流传着一句谶语，"楚虽三户，亡秦必楚"。这就说明楚地的人民有强烈的反秦情绪，有极强大的反秦实力。像这样的谶语绝不会是空穴来风，一定是有人偷偷地传出来的。

秦灭六国，秦始皇没有忘记楚国的强大，这件烦心事渐渐地演变成了他的一个心病。

这个演变过程与一群人的工作有重大关系。这群人就是秦国的方士。

按照当时方士的普遍说法，皇帝所在地的那片天空有时会出现一种特殊的云气，这种云气"具五色而不雨"，这样的云气就是"天子气"。秦始皇认可了由方士们创造而天下流行的这个"天子气"观点。他经常说一句话，"东南有天子气"，也表现出他的担心。

如何镇住东南方的天子气呢？方士们想出了一个类似于"镇妖降魔"的办法，就是秦始皇自己以真天子的身份巡行东南，用一物降一物的做法，用真天子降住潜伏的天子。《史记·高祖本纪》里有这样的记载，秦始皇帝常曰："东南有天子气"，于是"东游以压之"。

秦始皇把"东南有天子气"挂在嘴上说，放在大臣中讨论，还用巡游东南的做法来企图镇住东南方位的天子气，结果就是把"东南有天子气"弄得天下皆知。他的好心就这样友情地帮了另一群人的大忙，替住在秦帝国东南方的刘邦等人做了最好的最有力的政治宣传，真是好心办成了大坏事。

病灶二。

秦始皇颁行新的法令，"使黔首自实田"，建立了新的土地制度，土地私有制让劳动者释放出巨大的积极性。

秦始皇实行"一法度衡石丈尺，车同轨，书同文字"，统一了货币，修筑了长城、驰道、直道，促进了社会的大发展。

人的思维都是有漏洞的，政策如果过了头，麻烦事就来了。秦朝徭役繁重，数字如下：

修筑阿房宫和骊山陵墓：70 万人／年；

南戍五岭：50 万人／年；

修筑长城：40 万人／年。

为军事行动修筑长城等而转输粮草的徭役人员，每年役使 300 万。可当时秦帝国总人口才 2000 万。

秦帝国的法苛刑严。

犯罪的人动不动就被罚作"刑徒"，秦帝国"赭衣半道"。

注意一下暴政与暴君的区别，在秦始皇的身上，史家一直用暴政这两个字，从来没有用暴君这样邪恶的字眼。而他的儿子秦二世皇帝胡亥，史家的定性为暴君。

病灶三。

通过与宦官赵高、丞相李斯合谋，通过篡改秦始皇遗诏，胡亥成功地登上了秦帝国二世的皇帝宝座。

胡亥提拔赵高为郎中令，即部长们的部长。阴谋家赵高拿到了国家最为重要的权力。

阴谋家的美好时代来了，朝廷阴谋家成群结队，正派人士纷纷受打击。

胡亥上台，立即杀害宗室和大臣。"公子明死咸阳市，十公主礜死于杜，财物入于县官，相连坐者不可胜数"。公子间、公子高等人被逼自杀，蒙恬、蒙毅、冯去疾、冯劫等大臣被赐死。宗室惊恐，群臣人人自危，社会一片哗然，权力最高中心百孔千疮不堪一击。

秦始皇死了，下葬之时，胡亥指示："先帝后宫非有子者，皆令从死。"同时修墓道的工匠也都被封闭在墓道中而死。

秦始皇死了，帝陵工程继续修造。阿房宫、直道、驰道继续修造。仅仅屯卫咸阳就有五万人。

"法令诛罚日益刻深。"

湖北云梦出土的秦律《徭律》中，有这样的一条规定，朝廷征发徭役，如果服役的人迟到三天到五天，主管官吏便给予"谇"（训诫）的惩处。

而到了秦二世时，规定是这样的，戍卒不能按期到达指定地点的，无论有怎样客观的原因，比如遇到大雨造成道路不通，都一律被处死。

秦始皇时，法律多少还有点儿人性化，而到了秦二世时，犯法就变成了恐怖或死亡的代名词。

"欲为乱者，十室而五""人与之为怨，家与之为仇""群盗满山"。秦二世这么弄，天下人除了造反，还能有其他的生路吗？什么路也没有了啊。

第七章
二世而亡

鏖战江北

此时，天下形势比较复杂，大家有必要来理一理。大秦帝国的蓝天白云下除了咸阳的秦二世当皇帝外，已经有五个王。

北边，武臣自立为赵王。

北边的燕地，武臣派的韩广自立为燕王。

东边，田儋在齐地自立为齐王。

在中原，魏咎（宁陵君魏公子）被陈胜立为魏王。

陈胜自立为陈王。

除王外，还有称公的，刘邦称沛公。

在长江的南边，项梁及项羽在吴起兵，还有活跃在长江边上鄱阳湖边的黥布。这两支力量也过江作战，加入了反秦行列。

上面讲到的这几支部队都拥有一定的实力。此外，还有一些小打小闹的势力，数目太多，史书称群盗满山。

刘邦力量虽不算大，但必须是我们重点关注的对象，毕竟他笑到了最后。不过目前来看，他的日子很不好过。

刘邦在打下丰邑时（今江苏丰县），章邯率领的秦军已经东下。

其中一支秦军在泗水郡郡监的带领下向丰邑发起进攻。

刘邦的运气不错，一举击破前来进攻的这支秦军。

打了胜仗，刘邦很高兴，把守卫丰邑的重任交给老乡雍齿。"别人我放心不下，老乡那应该没有问题。"随后，带着得胜之军的刘邦开赴外地打地盘去了。

刘邦将眼光扫到了薛（今山东滕州南），"泗水郡郡守壮住在这里，打下来一准提高声威；这里守兵不多，兵力弱，是只软柿子"。

战斗很顺利，刘邦的军队攻破薛城，壮跑得快，逃到戚县（今山东滕州）

县城里躲了起来。

刘邦派左司马曹无伤去捉壮。曹无伤带领军队把戚县县城团团围住，随后发起猛烈的进攻。攻下戚县后曹无伤派人挨家挨户搜寻，终于搜出了壮。曹无伤一刀将壮剁了。

刘邦继续寻找目标。这段时间在亢父（今山东济宁市南）转悠，没有找到合适的攻击对象，决定战后休整，练练兵马。

镜头转向陈胜。

陈胜指示大将周市向东扩展地盘。周市将眼光盯上了丰邑。周市就是上文曾被齐王田儋打得大败的那位。

周市喊来周巿，"丰邑如此重要，如今被刘邦抢得先手，应打下丰邑。"周巿领命。

一天，周巿请好朋友雍齿喝酒。

酒酣耳热之际，在雍齿的耳边，周巿悄悄说："你手下的丰邑是什么地方，你心中有数吧？这是战略重地、兵家必争之地啊！"

看看雍齿没有说话，竖起两只耳朵在听，周巿继续说道："当年魏国的大梁被秦军攻破后，这里就成了魏王迁都的地方。过去是都城重地，今天不也同样是军事要地吗？前段时间泗水郡郡监带着大批的秦军来抢这个地盘，不就是摆在眼前的明证吗？战略要地，在现今兵荒马乱的年代，就是火山口的代名词，随时就可能引大军来争夺。"

"现如今，魏王，你知道吧，已经平定了几十座城池！刘邦手上才打下几座城池？刘邦的力量如何能跟魏王的大军较量？眼下，魏王，正看中了丰邑这个重要的地方，看中了这个曾经做过魏国都城的城池。"

"你如果用这个丰邑投奔魏王，魏王必定高兴，必定封你为侯。相反，如果等魏王自己来攻取，丰邑被打下之时，你一定一无所得，而丰邑全城也极有可能遭到屠城的厄运。"

雍齿的头脑坠入云雾之中。

雍齿突然有一个感觉：我呢，无非也就是天际的一颗流星，遇到了一个强大无比的恒星，真是想不被吸引过去都难。

雍齿做出决定：以丰邑为筹码，通过好朋友周巿，转投魏王的怀抱。

第七章 二世而亡

— 183 —

周苛凭三寸舌头拿来一座城池，魏王的笑声在空中回荡。

听到雍齿投魏的消息，刘邦肺都快被气炸了，病倒在床，一双脚无论如何也抬不起来。

穷光蛋弄来点本钱，你以为容易吗？居然被别人不花一分钱就直接从账户上划走了，只要是个人都要气愤的。

第三天，刘邦感觉身上恢复了一些劲力，立即做出决定："亲自指挥军队攻打丰邑，亲手剁下老乡雍齿的头。"

自从决定转投魏王的那一天起，雍齿心中就清楚："那位刘邦同乡一定会来攻打丰邑。"对于刘邦的那一套打法，雍齿很清楚，守城的准备工作不但做得充分，而且有极强的针对性。

"真是奇怪了。"刘邦指挥军队反复攻打，可丰邑依然一动不动地待在那里，进攻丝毫没有进展。

刘邦带着队伍依依不舍地撤走。

"我一定还会回来的。"刘邦向着蔚蓝的天空高声痛苦地喊道。

眼下人手不够，回去弄更多的资本，再来算这笔账。返回沛县的路上，痛苦的刘邦在心里滴血之际，完成了人生的一次历练，割掉了老乡情结，决定以后在用人上不再任人唯亲。刘邦后来打到西部，以关中为根据地就地发展实力，不像项羽那样轻易之中而弃关中而回楚地，导致失败的命运。

而此时的章邯正率秦军东下，一路上没有碰到任何对手，秦军气势越来越盛。

革命形势处于低潮，陈胜领导下的这支起义军灰心丧气，对前途失去信心。陈胜的车夫庄贾，顶不住外界的诱惑暗中叛变了起义军。利用车夫工作的便利条件，庄贾杀死了陈胜。

起义军突然出现群龙无首的可怕局面。

陈胜的部下秦嘉想出一个办法："以最快的速度，立楚国的王族后裔景驹为楚王，镇住那些对起义军最高领导权有想法的人。"

而景驹就住在留地（今江苏沛县东南），此地离刘邦驻守的地方不远。

得到秦嘉立景驹为楚王的消息，刘邦当即有了一个想法："打丰邑不是兵力不够吗？为何不去向景驹借呢？"

刘邦立即动身："这就到留地去，归附楚王景驹。"

刚刚归附景驹，还没有来得及提借兵的事，秦将章邯、偏将司马尼便带领秦军打了过来。秦军打下相县（曾是泗水郡治所）后，屠城，之后秦军向砀（今河南夏邑县东南）进发，气焰嚣张。

刘邦接到命令，率军与东阳宁君配合，正面阻击秦军。

起义军与司马尼率领的秦军在萧（今安徽萧县西北）西发生遭遇战。

两者实力相差悬殊，刘邦与东阳宁君都不是司马尼的对手。战败之后，刘邦、东阳宁君只得率领残军败将，退守留县。

大败仗让所有人都很消沉，刘邦也不例外，整日里默默地做一件事——收编那些从战场失散而陆续逃回的人员。

秦军占领砀县县城后，章邯、司马尼率领秦军大队人马，寻找新的对手项梁去了。

刘邦暗道：砀县县城没有留下多少人马来守城，这岂不是大好机会？现在我正需要一个机会来增加将士的信心。刘邦立即率领人马，把砀县县城结结实实包围起来。

第一天，没有攻下。第二天，没有攻下。第三天，刘邦跟所有的将领发了狠话，重新调配人马，再一次发起强攻。

这一次终于得手。拿下砀县县城，收编俘虏，刘邦得到六千人马。

看着手上涨大的本钱，刘邦抬眼扫视四周，立即有了一个新的发现：下邑城。

趁着胜利的劲头，刘邦率军向下邑城发起了进攻。这一仗打得十分漂亮，下邑城一举被攻下。

"项梁刚刚攻下附近薛县，正在欢庆胜利。"听到这个消息，刘邦振奋起来，归附项梁，向项梁借兵，然后去打丰邑，有何不可？

于是刘邦立即带上一百多名骑兵护卫，动身去薛县拜见项梁。

项梁高兴地接纳了刘邦这支力量。作为回赠，项梁决定拨送五千名步兵，外加五大夫将十人，归刘邦指挥调用。

这一下真是发财了。刘邦的队伍达到了万人。

而此时的项羽正带领军队，一举攻克了襄城。

看着军事上的重大胜利，看到刘邦率领军队前来归服，项梁的一个感觉越来越强烈：立楚国王族后裔景驹为楚王是个错误。楚王的孙子熊心，是楚王的直系后代，立之为王，更能服众。项梁做出决定，立熊心楚怀王，我自称武信君。

现在，必须正面跟秦军较量，进一步取得军事上的胜利，则更能服众。沿着这个思路，一个军事目标迅速进入了项梁的视线——阳城（今山东鄄城县东南）。攻下阳城，必能吸引秦军离开驻地，到那时，设下埋伏圈，把秦军引到埋伏圈里来收拾。

于是，项梁派出两大主力阵容，刘邦、项羽带领军队，向阳城发起进攻。

项梁的这个动作，果然引来了大队秦军。

得到秦军向阳城赶来的消息，在濮阳（今河南濮阳县西南）的东边，在秦军前进的路上，项梁埋伏了大队人马，布下口袋，等着急匆匆赶路的秦军来钻。

章邯率领秦军正四处寻找起义军主力作战，得到起义军大举进攻阳城的消息后立即赶了过来。

秦军只顾了前进，没有注意到路上已经被人提前设置了口袋。

进入口袋的秦军，与埋伏已久的起义军，就这样面对面地碰上了。秦军是遭遇战，从思想到行动，毫无准备。起义军则是埋伏战，准备充分，信心十足。

双方尽死力较量，结果不久就出来了，秦军失败。

秦军没有像周文那样狂逃。失败面前，章邯没有惊慌失措，立即启动失败预案，一部分军队殿后挡住起义军的追击，而主力大军则迅速寻找可以藏身的地方。

秦军找到了附近的濮阳城，安全地退入城中，利用高墙的防护藏了起来。

项梁指挥人马一路追杀，追到濮阳城边，这才发现秦军果然狡猾。濮阳城四周大水环绕，没有船根本过不去。

起义军围绕着护城河转了几天，均找不到靠近城墙的办法。

秦军缩在濮阳城里不也露头，岂不是我抢占其他城池的大好机会？项梁立即做出决定：兵分东西两路，东路军由我自己带队，继续在东边寻找目标；西路军由刘邦、项羽带队，向西进发，去西边抢占土地，扩展空间。

从中，我们可以看出项梁的思路，那就是不与对手缠绵不休地硬拼死磕，利用空当，寻找新的资源，做强做大起义军。

西征军果然钻了秦军主力缺失的空当。

西征军一直打到雍丘（今河南杞县），才与秦军展开了最大的一次较量，并最终大破秦军。

这支秦军守军中有个狠人——三川郡郡守、秦丞相长子李由。大家应该还记得他，曾在荥阳数次打败吴广的进攻。

正是荥阳大胜李由得出了一个结论：“起义军不过如此，一群乌合之众，岂是大秦帝国正规军的对手。”

雍丘大战中，骄傲的李由被起义军活捉而后被斩首。

得到西路军雍丘大捷的消息，项梁产生了一个感觉：“秦军尚且不是项羽、刘邦的对手，岂能是我军事专家项梁的对手。”

于是，项梁亲自带队，指挥军队进攻定陶（今山东定陶西北）。城池争夺战中，项梁的军队被守城的秦军打得大败，乱军之中项梁丢掉了性命。

李由、项梁二人用自己的性命，证明了同一条真理：“骄傲让人丧命”。

“项梁被打死了。”听到消息，章邯十分高兴，“东边的这块天地里，楚地已不足为忧。”留下一些人马后，章邯率领秦军主力渡过黄河，北上寻找河北那边的起义军。

而得到项梁战死的消息，刘邦、项羽、吕臣（陈胜的部将）则率领大军一起回撤，守住老巢，以防秦军进攻。

吕臣驻军彭城（今江苏徐州）东面，项羽驻军彭城西面，刘邦驻军砀山一带。惊惧中，三人静观时局变化。

而楚怀王则坐在家里无比焦心。以前有项梁罩着，坐在最高领导的位置上，啥都不怕，秦军打到脚下，也从不惊惧。现在不同了，安全感没有了，这该如何是好？

楚怀王终于想出了一个办法：迁都，把都城也迁到彭城。“吕臣、项羽不是全都驻军彭城吗？那我也过去，跟军队住在一起，岂不安全些？”

住进彭城，楚怀王脑袋迅速转动起来：“我还有一件大事可做，给他们三人升官。"

楚怀王随即发布新的人事任命："任命刘邦为砀郡长，封为武安侯，统率砀郡兵马；封项羽为长安侯，赐号鲁公；任命吕臣为司徒，任命吕臣的父亲吕青为令尹。"

"吕臣和项羽带领的军队合并，我亲自统领。"

项军北上

镜头对准北方地面。

当初武臣只想割据一方，只想占据北方一片天，派了韩广北上攻占燕地，派了李良攻常山郡。李良到达常山郡时，感到兵力不足，跑回来请求增加援兵。

可李良却受到武臣姐姐的一顿侮辱。李良没有耐住性子，便拿刀杀死了武臣的姐姐。

杀死了领导的姐姐，可人家的弟弟还是最高领导，李良在袖子里藏起带血的刀子，直接就奔武臣去了。趁着别人不在场，趁着领导毫无准备，李良一刀砍下了武臣的头。

武臣死了。张耳只好重新想办法。一番考虑之后，张耳做出决定：立旧赵国王族赵歇为赵王，定都邯郸。

目前，秦军正渡过黄河，浩浩荡荡开进了赵国的地面。

面对来势凶猛的秦军，张耳、陈余头脑冷静，迅速派出军队，凭借地势，设置阵地，奋起抗击。

赵军在多处设置阻击阵地，努力抵挡秦军。然而，双方力量并不在一个级别上，所有的阻击战都被章邯指挥的秦军打得大败。

秦军一路挺进，不久就打到邯郸城下。

邯郸城的守军仍然不是秦军的对手。

拿下邯郸，章邯发出命令：官员、富商、百姓全城迁移，整体迁到河内地区，毁坏城墙、建筑物，将这座城池夷为平地。

在章邯的屠刀下，繁华的城市变成一片废墟。

邯郸城破之前，赵王赵歇、丞相张耳带着大部分人马先行逃了出去。这些逃出来的人马随即又躲进巨鹿城中（今河北平乡县西南）。这座城池虽然没有邯郸那样有名气，但地势险要，易守难攻，而且城池四周有又高又厚的城墙作保护。

得到消息后，章邯随即派出部将王离、涉间，率领人马追了过去。

如何攻下巨鹿城？章邯对此信心十足，一个方案迅速制定出来：梯队攻城。

攻城队负责攻打城池；保障梯队负责做好物资保障工作。在巨鹿城外围，设立物资保障基地；在基地与攻城部队之间建立一条大甬道；在甬道两旁设置防御工事；通过这条甬道为攻城的秦军运送粮食。

"攻城部队专心攻城，吃好喝好住好。哈哈，你赵王躲在城中死守吧，总有吃尽喝光的那一天。"

章邯率部分秦军驻扎在巨鹿南面的棘原（今河北平乡县南），既是战场形势研判中心，又是战场整体指挥中心，同时又是前方物资保障基地，为攻城部队随时提供人力、物力保障和智力支持。

梯队攻城法，无论进攻还是撤退都能从容自如，零风险，还能随时在外围机动，打击外地来的援军。

陈余非常清楚眼前的军事形势，他带着一批人提前跑到赵国北部，动用一切可能的资源，收集人手，招兵买马。经过努力，陈余临时收拢了三万人马。

陈余将人马开拔到巨鹿的北面，驻扎起来。"现在我们就跟秦军打对抗战，不求胜利只求拖延秦军攻破城池的时间。只要赢得时间就有等待其他起义军来救援的可能。"这三万人马称河北军。

陈余一而再、再而三地派出使者，向楚怀王、齐王求援，"咱们都是起义的部队，在这大敌当前之际，我们应该抛弃内部的各种矛盾，抛弃前嫌，一齐向最大的也是真正的敌人，向大秦帝国的大军干仗。什么叫一损俱损、一荣俱荣？现在就是这样一个紧急危难的关头了。如果我们赵国被秦帝国的大军灭了，接下来你们会有好日子过吗？"

接到求救信，各地起义军的领导在大敌当前的形势下纷纷派出援军，来到巨鹿战场。在秦二世三年（公元前207年）的前前后后，在这里最终形成了一个巨大的战场。这也是自陈胜起义以来，以秦军主力为一方，以赵国以及其他各路起义军力量为另一方，形成最为庞大、最为复杂的对峙局面。

第七章 二世而亡

— 189 —

秦军咄咄逼人，章邯势在必得。无论白天还是黑夜，章邯部署军队，不停地向巨鹿城发起进攻。

攻占城池的时间拖得越长风险就越大。起义军的援军将会越聚越多。章邯力求速战速决，张耳、陈余拼尽老本也要拖延再拖延。时间已经变成了比黄金还贵重的筹码。

章邯一天比一天加重进攻的频率和强度，赵军面临的形势一天比一天严峻。

两军对比，秦军优势明显，兵多粮足，攻城凶猛；得胜之军，信心满满。巨鹿城中，赵军劣势明显，粮尽兵少、危在旦夕。

"该如何办？"住在城中，丞相张耳想来想去，想出来的办法都是一样，再次派出使者。这些使者传达的诉求只有一个："陈余大将，请赶紧率军出击城下的秦军。"就如溺水之中快要淹死的人，看到了一根似乎能救命的水草，也要拼命去抓住。

我手上这点军队绝不是强大秦军的对手。昨天不是今天也不是。我方军队，在秦军面前每战必败。对手是得胜之军，咄咄逼人，我手中这点人马岂能出击？

这个难题，除了拖，完全无解。陈余念起了拖字诀。

拖呀拖，战局被整整拖了两个月。

熬啊熬，张耳在城中，在死神面前，整整煎熬了两个月。

时间就这样一天天在风口浪尖上推移，张耳一个感觉越来越强：这样熬下去，城中这帮人一定会落入强大秦军的虎口。张耳不由得大怒，派出手下最厉害的说客张黡、陈泽，"你们俩一同前去，前去责问陈余，就问他一句话，当初，我与你结为生死之交，现如今，赵王和我迟早得死了，你呢，拥兵数万，却不肯出手相救，这难道还谈得上生死与共么？如果你是一个言必信、信必果的人，那么现在你就率军冲过去，冲向秦军。只有这样或许我们会有十分之二的人活着出来。"

"你现在就给我冲向秦军，冲也得冲，不冲也得冲。冲是死，但是我们城里的人多少能少死一点；不冲，我们这些住在城里的人，就一定必定是全部死光。"

陈余认真地听了，向着张耳的说客张黡、陈泽，大声说道："我现在就是出击，冲向秦军，最终的结果也不能解城池之围，最终的结果必定是把人肉投向饿虎，除了全军覆没，没有别的结果。我现在不冲向秦军，保留这点实力，目的就是为赵王、为张耳死后向秦军报仇泄恨。"

两方的话都说到这个程度上了，还有什么可说的呢？张黡说："我还有一句话要说，现在的事情的确是紧急得不能再紧急了，既然你已答应跟张耳同死，那就要信守誓言，哪里管得了以后报仇泄恨的事情呢？"

张黡是什么人？天下一等的说客。陈余知道自己在嘴皮上一定不是他的对手，于是做出一个决定，我这就交给你五千人，由你张黡、陈泽去指挥调配，我说不过你们，那你们俩带着这五千人亲自去秦军面前试一试吧，希望你们好运，能活着回来。

五千人出发了，结果当即就出来了，只有张黡、陈泽两人活着回来，所有的人都死光了。这两位之所以捡了一条命回来，是因为他们事先为自己准备了快马，在逃跑的路上快人一步。这下子，连一流的说客张黡也闭嘴了。

就在这时，张敖带着一万多人从北边赶了过来。在陈余驻军的壁垒旁边，张敖的兵马筑起了工事。

楚怀王接到了赵王的求救信。

"救还是不救？"楚怀王召集部将讨论。有大将站出来说道："如果不去援救赵国，那么章邯攻下巨鹿之后，接下来一定率领大军南渡围攻楚军，到那时其他诸侯也不会救楚国，楚军将来势必孤军与秦军作战。反正迟早要跟秦军决战，现在出战还能联合其他各路诸侯。"

楚怀王说道："这一次不但要救赵国，而且要出动主力；不能只是给老虎搔痒痒，要打，就要把秦军彻底地给打趴下去，把秦军彻底给灭掉。"楚怀王做出决定："宋义为上将军，项羽为次将，范增为末将。调派各路人马，全部隶属宋义指挥。楚军人马立即北上，消灭秦军。"

楚军行军到达安阳（今山东曹县东南）时，宋义突然下令军队停止前进。停下来，不是因为下雨之类的天气原因，他不是河道涨水之类的地理原因，那到底是什么原因呢？宋义没有说，所有人都不知道。

整整四十六天过去了，大军没有挪动一步。

项羽心中急啊。

"秦军仇敌就在眼前，叔父项梁就死在他们的手上。当年，我跟着叔父起兵，跟着叔父一步一个脚印走过来，此仇此恨，岂能不报？"

只要望见秦军的旗帜，项羽的心就在流血。想到秦军章邯的嚣张气焰，项羽极为蔑视，"秦军可恨"。仇恨能毁灭一个人，仇恨也能成就一个人。

"四十多天了，为什么按兵不动，为什么一等再等？"项羽跑来，找宋义理论，"秦兵将赵军围在巨鹿。我方如果急行军，在对方还没有反应过来时就快速渡过漳河，从外围向秦军发起进攻，而城里的赵军同时在城内响应，里应外合下，必定打败秦军。"

宋义听了，缓缓说道："叮牛的牛虻岂可吃掉虮子，我们是牛虻，如何能直接搞定又蹦又跳的虮子？秦军必会攻打那些驻扎在四周的赵军，秦赵两军之间，无论谁胜谁负秦军都会疲惫。到了那时我们趁秦军疲惫之机，狠狠地给他一下子。哈哈，先让秦、赵相互争夺，我们坐等就是了。披坚执锐，我不如你；运筹帷幄，怕是你不如我。"

说完，宋义向全军下达命令："倔强而不听从命令者，一律斩首。"这就是侧面告诉项羽："好好回去坐着，听我的命令就是了，别还在想着你的什么渡漳河攻秦的方案。"

宋义轻轻掸了掸身上的灰尘，外出办事去了。眼下有一件紧要的家事等着他去办理，送儿子宋襄去齐国上班，去辅佐齐王。虽然路途遥远，作为父亲，虽然身在战场一线，担任最高指挥官，宋义还是坚持亲自送儿子去工作单位。一直送到无盐城（今山东东平东南），宋义在城里大摆酒席，宴请八方来宾。

这个时候已是天寒地冻。天不作美，连续下雨。从江南来的士卒到了北方，感觉非常不适应。军中存粮不多，士卒们只好以芋头、豆子为主食。南方人吃惯了大米，适应不了这种又冷又饿的生活。

这些问题一一来到了项羽的案头。

项羽越想越气。你大鱼大肉地开宴会，我手下的士兵却啃芋头、嚼豆子？年岁饥荒，百姓贫困，军中没有存粮，岂能坐等自困？面对眼前的秦军，你不发起进攻，却坐在安阳死等对方疲劳？对方会疲劳吗？你这不是自欺欺人么？凭着他们强大的秦军，进攻刚刚立国不久的赵国，这不就是大人打小孩子，哪里会有什么疲惫供你宋义利用？赵国一旦没了，得胜的秦军只会变得更加强大，更加盛气凌人，哪有疲劳的影子？

项羽越想心里越是憋不住。天刚黑下不久，项羽又跑去跟宋义理论。

两人一见面，项羽就说："我们楚国的军队也是新近被秦军战败，我们楚国的国王已经在那里坐不安席，这才把全国军队集中起来交到将军你的手上。你倒好，不体恤士兵不说，在这样重要时刻反倒去给自己的儿子谋一己私利，你这做法还算得上国家的栋梁之臣吗？"

说完这些话，也没有听宋领导批评他，项羽转身便回去睡觉了。然而，这一夜，项羽无论如何也睡不安稳。第二天一大清早，项羽又踏进了上将军宋义的军帐，不过这一次他偷偷地在怀里藏了一样东西———一把砍刀。项羽走进军账，二话不说，手起刀落，直接砍下熟睡中宋义的人头，然后拎着宋义的头大踏步走出军帐。

二把手拎着一把手的人头，所有看到的人全都惊呆了。众人被这毫无征兆突然而来的大变故弄得不知所措，是赶紧跑开还是围观，还是拿起武器来应对这突然发生的怪事？

对着围拢过来的满脸惊讶的将士，项羽说道："宋义与齐王密谋反叛楚国，楚王密令我将他诛杀。"项羽捕风捉影、无中生有这一招，一下子把围拢过来的众人给唬住了。

这样看来昨夜一夜未睡，项羽的确是开动了自己的脑筋想出了一个绝好的对策。

看到一把手被二把手斩首，木已成舟，生米已煮成了熟饭，将领们个个都是聪明人，再多说那就是自己跟自己过不去。现在留给将领们的，只有两件事可做，一畏惧，二服从。

这时有人站出来大声说话，"最早拥立楚王的是将军一家。现在诛杀乱臣贼子的，又是将军你。唯有你才是我们真正要拥立的上将军"。

项羽立即将这里发生的情况写成奏章，派桓楚向楚王汇报。

同时项羽也没有因为大事成功而晕了头脑，他派出人手追赶宋义的儿子宋襄。这支人马一直追到齐国，直到将宋襄杀死，这才完成了重大任务。斩草除根，防止祸生。

接到报告后，楚怀王顺应时势，正式任命项羽为上将军，同时发出军队调令："调派当阳君黥布、蒲将军两人，统率他们手下的军队，一同开往抗击秦军的前线，全部军队归项羽指挥。"

破釜沉舟

项羽迅速发招，命黥布、蒲将军率先行动，率两万士卒渡过漳河，救援巨鹿赵军。

两万军队与秦军交战，略有小胜。

得到消息，项羽随即发出第二招，全军渡过漳河。

全军渡河成功，项羽发出第三招，沉掉全部船只，砸毁锅甑，焚烧营垒，只携带三日的干粮。这做法成就了后来的成语：破釜沉舟。

现在全军只有向前，没有后退。

有人会问，不这样做不行嘛？

答案是不行，这支秦军打起义军几乎没有失败过，在楚军眼中是一支战无不胜的神军；就连章邯本人也成了楚军战士心中的战神。秦军二十多万人，队伍庞大。与如此强大的军队打仗，楚军心里阴影十分巨大。

项羽用破釜沉舟之策，达到置之死地而后生的心理境界，激发了楚军将士的斗志，克服了对秦军恐惧的心理。

大军到达巨鹿后，立即把王离的攻城部队包围起来。

项羽组织人手对守卫甬道的秦军首先发起进攻，断绝攻城秦军的粮道。

守卫甬道的秦军兵士不多也不强劲，项羽迅速得手。胜利的消息鼓舞了楚军的士气，灭了秦军的锐气。

项羽随即发起第二波攻势作战，对秦军的攻城部队发起猛烈的进攻。

进攻中，楚军大破秦军，杀死秦将苏角，俘虏秦将王离。秦将涉间无论如何也不愿意投降，最后放了一把大火，活活地把自己烧死。这样，被长期围困的巨鹿城因为楚军的大获全胜而宣告成功解除困境，围城的秦军全军溃败。

也许有人会问那些来援救赵军的其他各支起义军军队，这个时候怎么没了踪影？

巨鹿城下各路援军扎下了十几处营寨。楚军同秦军激战正酣时，他们全都没有出寨与秦兵交战。

楚军向秦军发起攻击的整个过程他们全部作壁上观，躲在壁垒里，就像我们今天的人看电视剧一样，静静地观看着楚秦两军之间空前激烈的厮杀。

那感觉就如古意大利罗马的角斗场，坐在观众席上的观众趣味盎然地观看眼前角斗士们血淋淋的厮杀场面。不同的是，角斗场上的观众观看时狂呼连天，各路起义军将士看到楚军战士"无不以一当十，楚兵呼声动天"时，他们却屏住呼吸。

或许是被惊心动魄、血肉横飞的场面所震慑。他们没有当现场啦啦队，却全部当了评委。最终给出了评定结果："无不人人惴恐。"

散场时，角斗场上的观众满意而归，有人要吃肉喝酒以欢庆今天大饱眼福，而这里的观众却大不一样。项羽击溃了巨鹿城下的秦军后召见各路诸侯的将领。这些被召见的将领一进入项羽军营的辕门，无不膝行而前，莫敢仰视。弱者匍匐在强者的面前，彻底地被强者的牛力折服。

在项羽面前，各路起义军的领军人，做出了同一个决定："你是这个时代的牛人，我们谁也不跟，就跟在你的后面混饭吃。"结果，项羽成了各路起义军的领导，从此他们归属项羽旗下，听从项羽领导的指挥。项羽一举而两得，既打败了对手，还赢得了联合阵线的完全支持。

而当楚军与王离所率领的秦军在巨鹿城下激战时，驻扎在巨鹿南面棘原的这部分秦军并没有出垒交战。

他们认为那些远途赶来的楚军都是秦军的手下败将，不可能击败巨鹿城下强大的秦军。就像我们做不等式算术题一样，章邯忽视了楚军某些变化了的条件，得出了"无须出兵"的错误结论。

现在苏角、王离、涉间都被杀或被俘了，那么章邯该出兵来打了吧。然而秦军的领导团队高层这时却发生了巨大的变化。这个变化主要是由秦帝国宫廷变故引起的。

秦帝国宫廷里，正在上演相互倾轧的权力争夺剧。丞相李斯斗不过阴谋家赵高，被赵高陷害致死。赵高拿取了帝国大权，秦二世成了赵高手中的一个傀儡。

　　秦军在巨鹿城下失利的消息迅速就传到了皇帝的案头，秦二世当即飞马送信，责问章邯："这到底是什么原因，是谁的责任？"

　　真是好事不出门，坏事传千里，章邯心中害怕，这搞不好就是杀头的重罪，于是他赶紧派长史司马欣回咸阳详细汇报情况，想用一切可能的办法，在皇帝那里推卸责任。司马欣以最快的速度跑回咸阳，路上就想到一个主意，找赵高开个后门，只要赵高这扇门打开了，事情就好办。

　　重礼托人送过去了，可在皇宫门外，司马欣一连等了三天，都没有听到赵高准备接见的任何信息。这是什么意思呢？长年在官场的司马欣突然有了一个感觉：麻烦来了，这其实就是一种表示，表示赵高对章邯和我已不信任。

　　解读出这层意思，司马欣立即做出了第一反应，赶紧逃命。往哪里逃呢？逃回军中，毕竟那里有同路人。是不是从原路逃回？

　　依着赵高那人的个性，一经发现对手逃跑必定派人追杀。司马欣决定：隐藏行踪，从另一条路以最快的速度往东跑。

　　果然不出司马欣所料，赵高派出杀手从后面追来。可最终杀手没有追到他，空手而回。

　　回到巨鹿，司马欣详细讲了朝廷那边发生的可怕情况。末了，司马欣说了几句话："朝中赵高当权，他的手下为所欲为，其他的大臣不可能有什么作为。这样看来，如果我们作战获胜，赵高团队必定嫉妒我们的功劳；如果我们失败，必定是死罪难逃。"

　　听了司马欣的汇报，章邯吓得心惊肉跳，心中有一个感觉：我这是一只钻进了风箱的老鼠，两头都跑不掉。就在这时，有人给他送来一封信。

　　平时要是接到这封信，他早就将其扔垃圾里去了。现在，想不看都不行，因为信是陈余的。

　　信中写道：

　　秦将白起的伟大事迹那都是历历在目，当初他南征鄢郢，北坑赵国四十万降卒，对于大秦帝国来说这是何等的功绩！他攻城略地的数量有多少，有个词叫不可胜数，用这个词来表述不为过吧。而最后的结局是怎样的呢？——被赐死！

　　再来看蒙恬，他北逐匈奴，在榆中为大秦帝国拓展国土面积数千里，而他的结局又是怎样的呢？——被斩于阳周（今陕西子长县北）！

相信大将军一定深深地思考过这其中的原因。说白了，功劳太多了！大秦对他们已经封无可封，赏无可赏，那就只有一条路可走——找借口依法诛杀。

如今将军你率秦军作战已经有三年了。这三年来你手中损失的士卒不会低于十万人。相信你也注意到了一个现象，秦帝国大地上各地诸侯比着起义。这都是为什么呢？相信你有了自己的答案。

现在你要面临一个最为现实的难题。那个出难题的人叫赵高，他手法简单，在皇帝面前阿谀奉承。现在，出了这么大的麻烦（巨鹿之战失败）。那位只会阿谀奉承的人一定只做一件事——在皇帝那里推卸自己的责任。事情紧急啊，他一定会害怕二世诛杀他，就必定要找个垫背的，这个人必定是将军你啊。他一定会依法诛杀将军你，从而来避免他自己的灾祸。

为什么赵高别人不找，单单要跟你过不去呢？原因也简单，你长期领兵在外，朝廷内部朝廷内部就你的根基不深。柿子选软的捏，不选你又选谁呢？一句话，将军的未来只有一条路，有功是死，无功也是死。

将军对内不能直谏于上，在外是亡国之将。将军孤身一人又岂能长存于世？所以最后我想轻轻地劝将军一句话：诸侯既已倒戈，何不联合他们一起伐秦？那时，将军分秦地而王，与伏身刀斧妻儿被杀相比，前者岂不快哉？

刚才听司马欣汇报时，章邯的心中在不停地打鼓，不知如何是好。看了陈余的这封信，他迅速从犹豫中惊醒过来，从刚才徘徊不定中下定决心："这就派使者赶过去，与项羽秘密接洽。"

凭着军事直觉，项羽有一个感觉，"像章邯这种手中有兵的实力人物不给他狠狠的打击，不打得他肉痛，仅仅凭一封信，凭他这样一个虚招，我就能中计？"

"打章邯现在就是机会，趁着胜利的劲头，给败军之将狠狠痛击。不能中了章邯的缓兵之计。一旦章邯收拾起残兵败卒势力重新涨起来，他就一定会反扑。"

于是，不给章邯写什么回信或派什么特使，项羽派蒲将军带领军队不分昼夜前行，渡过三户津（河北临漳县漳河上的一个渡口），在漳河南面驻扎下来。之后，项羽不向秦军打招呼，一阵猛打，向秦军的据点扑了过去，并迅速击溃了秦军。

被打败的秦军撤退到汙水（在临漳县西的一条河流）集结。项羽没有给章邯喘气的机会，以痛打落水狗的精神，亲自率领大军赶到汙水，向秦军再一次发起攻击，把刚刚聚结的秦军再一次打得大败。

在项羽的接连军事打击下，秦军溃不成军，章邯已经支持不住，赶紧派出正式的使者求见项羽，希望能订立和约。

大仇已报，这一次章邯是真心求和，项羽决定在洹水南边的殷墟（今河南安阳西北小屯村）举行会谈。

会谈顺利，秦军接受投降条约。

接下来就是走程序。章邯涕流满面拜见项羽，痛批赵高的种种犯罪行为；项羽立章邯为雍王，安置在楚军之中。项羽命令司马欣任降军的上将军，派这支投降的秦军作为先锋部队，向西进发。项羽亲自统率各路诸侯的军队，作为主力大军紧随其后。

这支大部队浩浩荡荡向着秦王朝的核心地区关中挺进。

入关灭秦

就在我们集中笔墨描摹项羽时，另一个重要人物并没有闲着，他正忙着往西边打。

镜头得往后挪一挪，挪到秦二世二年（公元前208年）闰九月，楚怀王准备派上将军宋义、次将项羽、末将范增率大军北上救赵的那个时间段上。

当时，章邯率秦军北上攻击赵国，楚怀王分析时局，得出结论："西边的地面是个空当"，做出决定："派部分兵马向西攻城抢地。"

"派谁去合适呢？"楚怀王想出一招，向各位将领发出一份邀约，"先入关者为王"。关，即关中，指渭水流域的八百里秦川。

这种立约的手法，军中并不少见。就如订立合同一样具有法律效力。一旦条件达成，无论哪一方都得遵守。

项羽提出："我愿意率军西进，击灭秦军，为叔父项梁报仇雪恨。"

老将们立即发出同一个声音，"别人都可以去，唯独你不能。"为什么呢？

有四大原因。首先,项羽为人勇猛但也凶残。攻克襄城后,他下令屠城,居然把城中的人全都活埋。这样的人去西边只会遭到西边人的怨恨、恐惧。其次,只要是他走过的地面、他的部队经过的地方,没有不遭到屠杀毁灭的,将人为地制造焦土地带。再次,先前起义军也曾多次主动出击西部,轻率进军,比如周文、项梁,他们这些狠人都失败了,这一次一定要慎重选择人手,不能再败,起义军已经败不起了。至于是谁来担当这个重任,不能轻率,一定要仔细研究,慎重挑选,稳妥之后才能成行。最后,我们这一次西征,不能只是军事上征服秦军。而要以正义为号召,向秦地父老讲明伐秦的道理。西征是播种机,要播下反秦的种子。西征中,宣传任务、政治任务跟军事任务同等重要。这一次一定要选派一位有政治头脑的军事人才,不能派只会杀人打仗的人来担当。

将领们一番议论后,楚怀王终于做出决定,派刘邦率领一支部队向西,沿途收纳原来陈胜、项梁被击溃散落的部下,收纳那些失散的兵卒。

秦二世二年闰九月,刘邦率军从砀县出发。部队到达成阳(今山东鄄城东南)南面的杠里时,与秦将王离的部队发生遭遇战。激战中,刘邦运气不错,打败了王离,继续向西前进。

秦二世三年二月,刘邦的队伍到达昌邑,在这里遇到了一个贵人。

此人叫彭越,这人后来帮了刘邦的大忙,在反秦战场上是一位战功卓著的人物。

彭越,昌邑人,巨野泽中跟一伙人当强盗。陈胜、吴广起义的消息传到这里时,有人向彭越出一个主意。"我们赶上了一个豪杰群起的时代,凭你的牛力,你也可以树起旗号,把大事做起来。"

"两龙相斗,好戏才刚刚开头,我们先当旁观者,看清形势再说。"

一年过去了,巨野泽中聚集的人又增加了几百人。一天,这些人来到彭越面前说道:"你来做我们的首领吧,带我们搞饭吃,我们听你的。"

"我还是自己搞饭吃,落得清爽。"彭越答道。

又有人出面再一次提出请求。

彭越:"我答应大家的请求,我也有个要求,明日早晨日出时分到我指定的地点集合,不按约定到达者,斩首!"

第二天清早，绝大部分人来了，有十几个人迟到。也不能怪这些人，平时就懒散惯了，从来就没有这么早起的习惯。当最后一名到达时已是中午时分。

当着大家的面，彭越说："我年纪大了。诸位这样信任我，请我做了大家的首领。可是今天第一次集会，迟到的人却有这么多，我不可能把迟到的都杀了，现在我郑重地做出决定，只诛杀最后到达的一位。"说完这话，就命令身边的人将那人拉出去砍头。

这些人多是少年，又是做惯了强盗，松散已经成为他们的个性，从来就没有看到过这种场面，个个不以为然，笑着向彭越求情："莫搞得这么吓人啊，这一次就算了，下不为例就是了。"

看着这些少年求情，彭越理都没理，一把抓住那个人，从人群里拉出来，举刀就将那人的头砍了下来。

所有的人惊呆了，一下子被彭越镇住了。彭越拎着血淋淋的人头宣布："现在设立土坛，用这颗人头祭祀天地。"祭祀完毕，彭越向部众宣读了自己早就准备好的一系列军令。这一次，平时那些嘻嘻哈哈的人不敢抬头看他，所有人对他生出一种畏惧的心理。

接下来，彭越开始了真正的动作，带着这帮子人攻占县城、集镇，收留以前的起义军中那些被击溃而失散的士卒。当刘邦率领的军队到达昌邑地面遇到彭越时，他手下已经积集了一千多人的队伍。

刘邦做出决定，攻打昌邑城。虽然有彭越帮助，这一次，昌邑城守卫严密准备充分，刘邦、彭越没有得手。

刘邦决定放弃攻打昌邑，转而向西，进攻其他城池。

彭越没有跟随刘邦西进，他决定留下来就地发展实力，拓展空间。

彭越这颗重要的种子被刘邦种下了。后来在楚汉战争中彭越归属刘邦。从这颗种子里刘邦获取了巨大的收益，后文有述。

刘邦的军队到达高阳时又遇到了一个牛人——郦食其。人的成功在于有贵人相助。

郦食其，是高阳城里的一个门吏。

郦门卫非常喜欢读书，人们都称他"儒生"。他这人还是县令的朋友，他的行为有时放荡不羁，荣获绰号"狂生"。

周文带领起义队伍路过高阳时，有几十人去投奔，郦食其却躲了起来。有人问起原因，郦门卫说："我打听清楚了，起义军的那位周文将领，气量狭小，听不进别人的话，还喜欢繁文缛节，与我放荡不羁的个性格格不入。道不同，不与之谋。"

刘邦率领队伍推进到陈留近郊，准备展开进攻。

刘邦派出人手四处打听当地贤士豪杰。

刘邦手下有一名骑兵，他的家恰好在郦食其看守的地方。这天骑兵回家探亲，看到郦食其，两人聊起刘邦这个人来。

"听说沛公那人傲慢，看不起读书人。但也听说那人有深谋大略。如果真是这样的话，我倒想跟他结交一下。帮我给他带句话吧，就说'我们这里的郦生六十岁了，身长八尺。人们都称他狂生，他自己却说他狂得还不够范儿。实际上，他是个儒生'。"

儒生，知书识礼的人；狂生，当代称愤青。既继承传统又突破传统，应该是这位六十岁的郦门吏的个性。

青年骑兵说："沛公不喜欢儒学。宾客中要是有人戴着儒生帽子，他就从人家头上取下'儒冠'，然后往帽子里撒尿。有时说话，说到朝廷那些混账事，还破口大骂，不是儒生那种温文尔雅的做派。如果你用儒生的身份去跟他沟通，我看怕是不靠谱。"

"你尽管照我说的去讲。"郦食其回道。

青年骑兵回到部队后，向刘邦做了汇报。刘邦一听赶紧派人去邀请。

郦食其拜见刘邦时，刘邦正坐在床上，叉开双腿，享受两名女子为他洗脚的乐趣。郦食其一看，心中清楚了："这人大概是要跟我的儒生身份过不去。"于是，他随口说道："足下是想帮助秦朝攻打诸侯呢？还是想率领诸侯灭亡秦朝？"

"真是混账儒生，天下苦秦久矣，当然是灭亡秦朝，岂是攻打诸侯？"看到郦食其问得荒唐，在这位陌生的宾客面前刘邦忍不住骂起来。

"如果是兴义兵伐无道诛暴秦，就不会在接待长者时如此无礼呀。"

"牛人"，刘邦暗中叫道，于是赶紧停止洗脚，请郦食其往上首的位子上坐，嘴里喊道，"敬茶"。

两人分宾主落座。刘邦开门见山提出一个话头，"当今形势，计将安出？"

"足下起兵时，手下是一群什么样的人呢？不知你可细细考虑过，说白了是一群未经训练的乌合之众。再加上沿途各地收纳来的散乱的士卒，到现在也不过万把来人。在你自己看来这是一笔巨大的资本，是你人生的第一桶金。但是在我看来，你手上那点资本与秦帝国强大的资本比起来，那就是羊与老虎的关系。你想用你这点人马攻入强大的秦都？岂不是传说中的以小羊投虎狼！而且还有没有解决难题的方案呢？"

郦食其停了下来。

"戳到痛点了"，刘邦一边给郦食其茶杯里加水一边说道。

"我就从小地方着眼吧。陈留这个地方四通八达，是一块战略要地，用天下要冲这样的词来形容也不为过。县令是一个有眼光的人，多年来他在城中囤积了大量的粮食。我跟县令关系不错，我们是好朋友。我打着你的旗号试着去游说他。理想的目标是让他来归附你，如果我的三寸小舌撬不动他，那时你就发兵攻城，我在城中做内应。"

"好，非常好。"刘邦十分高兴。

得到郦食其帮助，刘邦成功拿下陈留。府库里大量的存粮为刘邦军队提供了充足的粮草。

刘邦封郦食其为广野君。郦食其人老心不老，劝说弟弟郦商抓紧机会行动起来。郦商招聚到三千人马加入刘邦的起义队伍。

此后郦食其没有歇手，找到了一份新的工作，当起了刘邦的说客。经常乘车骑马，风里雨里，雪里雾里，马不停蹄穿梭于诸侯之间。

六十多岁的人了，在这风险之际，在这样极速变化的年代，如此敬业！让人敬佩。郦食其，一个有着强烈的信仰、理念又有着非常规手段的人。

接下来刘邦率领军队继续向西前进，在白马（今河南滑县东）与秦将杨熊率领的一支秦军相遇。两军激烈交战没有分出胜负。

之后在曲遇（今河南中牟东）两军摆下战场。这一次刘邦运气很好，大破秦军。杨熊骑了一匹好马，在第一时间逃出战场捡了一条命。

杨熊逃到荥阳躲了起来。不是躲刘邦而是躲朝廷："我打了胜仗的话秦二世不一定表扬我，而我战败了秦二世一定饶不了我。"

得到杨熊战败的消息，秦二世派出特使到处搜寻。特使最终发现了杨熊，将他斩首示众。

没有死于战场却死在了皇帝的刀下。杨熊，真是一个厄运缠身的人。

秦二世三年（公元前 207 年）六月，刘邦率军挺进到犨（今河南鲁山东南），遭遇南阳郡守吕齮率领的一支秦军。

刘邦指挥得胜之师将吕齮率领的秦军打得大败而逃。

吕齮指挥败军撤出战场，败退的秦军逃进了宛城（今河南南阳）。

刘邦乘胜向南阳进军，一举攻下南阳郡。接着刘邦做出决定："绕过宛城，向西进发。"

得到消息，刘邦的军师张良赶了过来。

"有的地方是可以绕道走，有的地方不能绕，你坚持要绕的话，一定会带来可怕的麻烦。"

看到刘邦认真在听，张良继续说道："沛公你想的是急速入关，你的想法是好的，但是两大风险不知你分析了没有。一是我们的前面，秦军兵力强大，他们依靠关隘城堡，打抵御战，所以我们绝不可无视他们的牛力。二是我们的后面，我说的是宛城，若不攻下来的话，宛城的秦军必定会从后面攻击我们的背部。前阻后击，我们就会处于非常危险的境地。"

"军师说的对，如果不是你提醒的话我还真犯了心急的毛病。"

刘邦当即向部队发出新的指令："趁着浓浓的黑夜，从小路出发，偃旗息鼓，在天亮前偷偷地将宛城重重地包围起来。"

天刚亮，南阳郡守吕齮突然听到手下人报告："城外已经完全被刘邦的部队重重包围。"吕齮突然感觉自己的头似乎被木棒重重地敲击了一下。"我最担心的事果然发生了，现在这个城里怕是连只鸟都飞不出去。"

"眼下，凭城里这点残兵败将哪里是得胜之军刘邦的对手啊。"吕齮左思右想，终于想出了一个办法。找来一把剑准备自刎，大势已去，一了百了。

吕齮的亲信门客陈恢头脑清醒，一直就暗中跟着他。他早就看出领导心灰意冷情绪不稳，这会儿看到他拿把剑握在手中，立即冲上去一把夺了下来，"要寻死？现在还早着呢！"

　　"莫非你有什么妙招？"

　　陈恢说："我还就真的有。"看了看四周，小声地说道："我出城去求见沛公，把这事摆平。"

　　陈恢出城见到刘邦说道："我听说足下接受了楚怀王的约定，'先入咸阳者为关中王'，现如今足下停留在这里攻城。时间久拖必定不利啊。有一件事不知足下可想过。宛是大郡的都城，这一带城城相连，连城数十。这些城市里人口，积蓄多。守城者都做了充分的准备，足足可以跟足下狠狠地拼上一阵子——如果他们坚决硬拼的话。现在守城的官吏都认定一个理儿：即使投降也必定难逃一死！这样一来他们一定必定坚城死守。足下如果整日攻城的话，这些坚固的城池必定在做同样的一个工作：加固城防。这样双方努力的结果就一定是让你的士卒死伤更多。足下如果离开宛城的话，宛城守军一定必定随后死追。如此下去，足下就会失去一样东西——先入咸阳的机会，而且后面还总是有一个甩不掉的尾巴：宛城的秦军。站在足下的角度来考虑，莫如换个思路。"

　　听到这里，刘邦立即喊道："敬茶，敬茶，请用茶，想听先生高见。"

　　"足下可以明约投降，隆重地封南阳郡守为侯。这做法实际上是做给其他人看的。仍让吕齮留守南阳。这样你就可以带着归附你的士兵一道西进。而那些没有降服你的城池呢，他们不也是紧紧地盯着、认真地看着你的一举一动吗？当他们听到这个消息，当他们看到你的这番举动时，他们一定排着队找人脉关系到你这里来说情，他们一定会争相打开城门恭候你的大部队。接下来美丽的景象可以预见：足下便将一路畅行无阻。"

　　刘邦非常高兴，当即封吕齮为殷侯，同时封陈恢为千户。接下来双方就是走程序。

　　识得大势，手腕高强，不仅救了吕齮的命，自己还升了官，助刘邦打天下，陈恢真是一举而三得。

　　刘邦的大军继续向西挺进，果然如陈恢所言，所经过的城邑纷纷向他投降归附。在丹水（县名，今河南淅川县西南，丹水北岸），高武侯戚鳃归附刘邦。刘邦的部队到达西陵（今湖北宜昌市西），襄侯王陵也就地归服。

　　注意这两个人的身份地位，是"侯"级。这两位侯绝不是一般般的人物，社会影响力很大。

"形势对我如此有利"，刘邦做出决定："派宁昌带一批人手去关中提前活动，为下一步——入关，做前期的准备工作。"

突然有两个爆炸性的消息从东方传来，"章邯已经率秦军投降项羽""项羽率领得胜之军，向着西边快速开过来"。刘邦突然感觉肩上有了双重压力，"现在不只是外部的秦军，内部一个重量级的竞争对手，这就跟着奔过来了。"

镜头对准咸阳。

"章邯率二十万秦军投降项羽，刘邦、项羽两支大的起义部队正向咸阳方向奔来。"得到消息，丞相赵高感觉头大。

"章邯率领的三十万大军居然打得一个不剩？彻底弄没了，这叫我如何向秦二世交差，依着秦二世那个狗屎脾气，他一定要诛杀我。"赵高望着窗外的天空，那里阳光灿烂，看看脚下的地面，满满铺着黄澄澄、油亮亮的地板。

"多少难题都被我一一破解，这个小题又算什么呢。无非又要设计一件秘密谋杀案而已，当然这次略有不同的是，谋杀的人是皇帝。"

谋杀方案迅速完成。秦二世死，子婴被立为秦帝国新皇帝。子婴是秦二世胡亥的哥哥。

眼前的威胁解除了，赵高没觉得全身轻松起来，大的威胁还摆在那里，刘邦率领的起义大军扑面而来，离咸阳的脚步越来越近。

自从听到章邯失败的那一天起赵高的心中就有一个感觉："秦帝国三十万大军都搞不定东边的起义军，这就说明起义军中有能人，有军事神人。那样的人是我赵高无论如何搞不定的啊。"

想来想去，赵高想到了京城里流行的一个故事。一头狼一不小心踩进了猎人设计的铁夹子。猎人还没有来得及取夹子之前为了保住性命狼自己动嘴咬断那条被夹住的腿，然后逃得无影无踪。虽然从此成了三条腿的跛脚狼，但总算是换得了宝贵的一条命。"这里有我的求生之道。"

"我走到这步田地，已经是起义军的死敌，而且一定是头号死敌。既然秦帝国的大军已经不是起义军的对手，我这颗头那就迟早是起义军的。为什么不可以断腿求生呢？"

赵高立即行动，派出最信任的人暗中找到刘邦，送出一句重要的话："我们俩之间分关中为王，共享荣华富贵。"

人的思维有时是有漏洞的，赵高千算计万算计也没有算计好——他在刘邦那里的个人信用。

在刘邦这里，赵高个人信用不但是零而且早已透支成了负数。他的这个方案，在刘邦眼中，于无意之间变了颜色。刘邦的眼光看来，赵高的做法成了一个阴谋，赵高在向我施缓兵之计。

只能说，个人信用太重要了。在跟你的对手谈判之前，在跟你的同事、上司签"口头协议"之前，一定要检查一下你在他们那里的"个人信用额度"。一旦发现是负数，就要考虑可能发生某种不测的可能。

赵高应该是没有考虑到这个问题，麻烦的事连着发生了。

一天中午，军营午餐开饭时间，张良拎着一瓶好酒来看刘邦。

刘邦立即拿来酒杯，两人一边吃菜，一边喝酒，酒色清爽，酒香浓烈。

"武关（今陕西丹凤东南丹江上）就在眼前。"张良说道。

"是啊，莫非你有什么办法？"

"赵高在施缓兵计，为何我们不将计就计，"张良咪了一小口酒："打赵高的旗号，派郦食其、陆贾去跟武关的秦军将领接洽具体事宜，多带金钱，引诱秦将，麻痹秦军。"

"秦将放松警惕了，我们的机会就有了。哈哈，喝酒，喝酒，再来一杯。"刘邦叫道。

于是，郦食其、陆贾带着金钱打头阵，之后起义军找准机会突然发动袭击，大破守关秦军。

最终，用了不地道的手法，秦二世三年（公元前 206 年）八月，刘邦打进了起义军几乎不可能打入的武关。

而此时的新皇帝子婴派出人手正秘密调查弟弟胡亥的死亡原因。九月，一份密报摆在案头，"秦二世的死亡为赵高策划，赵高正在接洽起义军到咸阳，承诺杀死所有的秦朝宗室，包括皇帝子婴"。

"先下手为强，后下手遭殃"，子婴随即行动，即位的第五天，便秘密设下计谋杀死赵高。随即派出大队人马捉拿赵高全部家人，一个不留，全部杀死。斩草除根不留祸根。

此时，起义军过了武关，另一道关隘峣关（旧址在今陕西商县西北）摆在了刘邦的眼前。

秦政府接受教训，派出重兵驻守。

这天傍晚时分，刘邦坐在山腰一块灰黑色石头上。山脚下是连营的军帐，前方一条小河蜿蜒流淌，河水平静，在夕阳映衬下河水闪着金光。"我以前去咸阳，只看到沿途关中地区山川险要，没想到秦军依关结寨。大军要打到咸阳去真不是容易的事。"

刘邦正在独自想着心事，可不知什么时候，张良来到了他的身边。

张良也选着旁边一块大的灰黑色石头坐了下来。

眼前山与山相连，两人望着夕阳下一座座山峰连成的美景，沉默不语。

"峣关那里，派两万兵士去攻打，问题应该不大。"刘邦的话打破了寂静。

"峣关兵精将广，我两万壮士怕是拿不住对方。"

看到刘邦低下头在想心事，张良缓缓说道："我得到一个消息，峣关的秦军守将是个屠户的儿子。"

"好消息，用金钱去收买他。他这样出身的人总是特别喜欢钱的。"

"仅仅用钱估计还不行。"张良望着夕阳下远方一座高山的山峰，那里似乎有雾气在升腾。看到刘邦没有说话，静声细听，张良说道："我们暗中派出一批人马，偷偷进入峣关周边的山头，准备五万人队伍的旗帜、粮堆，在附近的山头上张扬起来。"

"制造声势，给他搞点心理压力，好主意。送礼的人选是关键。"

看到张良没有作声，刘邦继续说道："还是请郦食其发力，老将出马一个顶俩。不仅要收买屠户的儿子还有他身边的将领。沿途收集来的金银财宝，现在不用，更待何时？"

那位屠户的儿子在郦食其送去的成堆的金银财宝前，失了理智。而他身边的将领看到这么多的财宝，也都个个眼红。

"咸阳城，秦始皇从诸侯国的都城运回来的金银财宝一定堆得像山高，一辈子都遇不上这么大、这样好的机会，这次攻打咸阳城无论如何要带上我们。"前来归降的将领，在刘邦面前差不多说出同样的一句话："我们跟着起义军，在这个时候去咸阳城里抢一把，真是想不发财都不行。"

"峣关降将们对攻打咸阳积极性很高。"这天早上，刘邦一边吃着香喷喷的饭，喝着热乎乎的汤，一边跟张良聊了起来。

"降将们积极性高是好事，但是有没有听说过一句话，吃夹生山芋容易放臭屁。"

刘邦放下手中的饭，认真听张良往下说。

"峣关新降的这支军队中，目前只有秦将叛秦，士卒们会不会在思想上叛秦，会不会跟着将官指定的路子走，还是一个大大的问号。如果士卒不听从领导的，那就必定会生出危险来。"

"目前那些守关的秦军部队整体上还是个夹生山芋，虽然表皮是熟的，但眼下火候还不到，还不能吃，肚子还不能受用，硬吃下去就有可能放臭屁。"

刘邦的嘴里停止了咀嚼。

"把新降的这支秦军先放着。放着他们不是放任不管。我们要派出一批能人进入这支部队，对他们进行政治宣传，从而把这块山芋慢慢地烧熟。"

张良看到刘邦在点头。

"乘着守关秦将懈怠的时机迅速绕过峣关，翻越黄山，朝下一个目标前行。"

接下来，刘邦派出一批能人进驻峣关，接管降军；而主力大军则迅速过关翻山开到了蓝田（今陕西蓝田）附近。

而此时的秦皇子婴已在蓝田布下重兵，等着起义军的到来。

刘邦、张良站在一处山腰上，反复观察对手的布局。

"咸阳就在眼前，对手布下重兵，显然是对打败我军缺乏信心。"张良说道。

"我军过关斩将，杀到眼前，他们心中已经非常清楚，任何一支秦军都不可能打败我们了。这已是事实。"

"有理。"刘邦赞道。

"我军广布旗帜，多设疑兵。我们起义军这一次来了多少他们并不清楚。我们制造大气势给他们正在摇摆的信心以重重的一击。"

"给部队下令，所过之处不得掠夺百姓。"说完这句话张良收回远望的眼光，看了刘邦一眼。在那里张良发现了刘邦的脸上似乎有几分疑惑。

"与这里庞大的秦军交战不是一战能胜的，这就要时间。如果时间拖长的话部队的粮食可能成为问题，要解决这个难题不能用抢的做法。"

张良停了一下，继续说道："近京城的百姓往往家里富实，最容易引起手里拿刀、把头系在裤带上的兵士的想法。而这些富实的人家往往背景复杂，社会影响力大。抢一个富贵人家、官宦人家造成的负面影响，必定超越抢一百个穷人家引发的负面影响。"

两人走出树下，来到了阳光底下。蓝天白云，小鸟在树枝间跳跃，一切显得那么安静。

军队接近京都，秋毫无犯。民众无不欢喜。秦军已如惊弓之鸟，军心受到民心影响，渐渐懈怠下来。

不久，起义军突然发起进攻，大败秦军。

公元前 206 年十月，刘邦率大军进驻灞上。现在，秦都咸阳已是起义军的囊中之物。

子婴做了四十六天的皇帝，眼下正感受到刀架在脖子上的滋味。"连蓝田的重兵都不是起义军的对手，何况这点守卫皇城的卫戍部队？大势已去。"子婴乘坐白车素马，在脖子上套上绳索，拎着皇帝的玉玺和符节，来到了刘邦这里，向他正式投降。

这个动作标志着在秦末农民起义军的打击下，秦王朝正式灭亡。

秦都咸阳的大门向刘邦敞开。"哈哈，这里是我演出的大舞台。"

而此时刘邦手里已拥有十万大军。

"哈哈哈，是不是立即去尝一下坐皇宫里那把金椅子的感觉？"刘邦志得意满。

第八章
天下纷争

兵入咸阳

搞完秦王子婴的受降仪式，刘邦满怀成功者的喜悦，以胜利者的姿态率领十万大军兵不血刃地开进了秦帝国的都城咸阳。

刘邦和一众起义军将士的面前，如芝麻开门一般，突然打开了一个天堂一般的世界。壮丽的宫殿群，不是一座、十座，而是数百座。六国诸侯世代积累的珍宝都被秦始皇统统搬到了皇宫之中。眼前的珍宝难以用数字统计。雄伟的宫墙内，有着传说中无数的美女。

现在不是曾经做过小小亭长的刘邦一个人头脑发晕，起义军里的所有人都被眼前的黄金白银、珍宝美女晃得头脑发晕。

看看这支队伍里是些什么样的人吧。来自东土贫苦的农家子弟，从生下来就从未见过西边的世界如此的繁华美丽。经年累月的浴血奋战，只有绵延不尽的行军路与血淋淋的战场，而现在睁开眼睛看到的却是一个极度繁华、极尽奢侈的人间世界。起义军将士们已经目不暇接、眼花缭乱。

就不说那些长年生活在底层的起义军士兵，即便是部队的将领，无论如何也想象不到，在人世间竟会有着如此美妙的天堂；就是刘邦本人，曾经多次作为役夫的领队来到咸阳办差，看到过高大的咸阳城墙、正在建设中的阿房宫，看到过秦始皇的车驾壮观地出游，而此时无数的宫殿内部无限的美妙景观又哪里看到过呢？眼下众人睁着双眼看到的世界已大大超越了他们的想象力。

刘邦和将士们沉浸在欢乐的海洋里，沉浸在欢庆胜利的喜悦之中。所有的人都在欢呼，这些人是何等的兴高采烈，要用怎样的形容词才能形容出那极度欢乐的气氛？是的，昔日仅供秦帝国皇帝一人享用的宫室、财宝、美女，现在归出身社会底层的起义军将士们所有，能不喜悦吗？想怎么喜悦都不为过。这个时候，所有人都非常激动，而内心里最为激动的就是沛公刘邦。

自从第一次当役夫的领队来到关中看到了咸阳城，看到了皇帝的车队，刘邦就做起了皇帝梦。而现如今，这个梦想就要实现了！梦想变成现实能不激动？这样的感受，十年寒窗苦读梦想考上大学的年轻人拿到大学录取通知书的那一刻有过，一辈子没有房子的人拿到新房钥匙的那一刻有过，多年单身后终于走进洞房的男人有过，梦想拥有汽车的人踩响自己汽车发动机的那一刻有过。

享受皇帝所过的生活，刘邦已经急不可耐。现在，在这个世界上，似乎只有他刘邦和将士们的存在是有意义的。至于另一个人——项羽，则正率领几十万大军直扑咸阳而来——这一可怕的现实，刘邦和将领们连想都没有去想。没办法，刘邦不是什么圣人，我也不能在他的头上加上什么光环，说白了，他本来就是一个"好酒及色"的人，就像一个赌徒，他如果今天晚上赢钱，他的第一想法就是去青楼挥霍，至于他的妻子儿女家庭，已经不在他的考虑范围之内。他就是这样的一个人，别人对他又有什么办法呢？真是神仙都没有办法。

这就是本色的刘邦，他这时就只有一个想法，一定要留居于秦皇帝的宫室之中。《史记·留侯世家》中记载："沛公入秦宫，宫室、帷帐、狗马、重宝、妇女以千数，意欲留居之。"

所有人都醉乎乎、晕乎乎，可奇怪的是居然有三个人头脑清醒。这三人分别是樊哙、张良和萧何。为什么呢？他们仨是绝顶聪明的人么？

说起来好笑，特别是这位樊哙，在沛县时以杀狗为生计。从职业、身份、社会地位上看，他连大街上杀猪的屠户都不如。在沛县同刘邦一起起兵后，樊哙就一直跟定刘邦，南征北战之中，刘邦走到哪他就打到哪，屡立战功，最终"赐爵封号贤成君"。

从武关到灞上的这段路上，樊哙"斩都尉一人，首十级，捕虏一百四十六人，降卒二千九百人"。在刘邦面前，他说话是有分量的。这人还是个急性子，爽直的性格，类似于后世的张飞。就是这么一个人，他却看出了刘邦所看不出的危险。

以我们一般人的眼光来看，樊哙就是一大粗人，然而他却是一个心思极细的人，他看到了摆在眼前两个铁定的事实：一是天下未定，二是刘邦一心想要留居在秦皇帝的宫中，目的就是享乐。为何别人都在看到伟大胜利时，他却看到天下未定呢？平常情形下看到这一点容易，而在那个特定的情形下，在所有人头脑发热、眼睛发昏的情形下，他却冷静得出奇，只能说在过往的岁月里，他经历了太多的风雨，经历了太多的人生大起大落，因而练就了一副冷静的头脑。这样的头脑，往往只有政治领域的专家才有，能看到别人所看不到的东西。

让人惊叹的是，他不但看到了而且在刘邦抱着美女、吃肉喝酒搞得最为兴奋的时候，还敢于大胆地把自己想到的问题说出来。这就好比给一个全身发热的人兜头泼下一盆冷水。那滋味，无论是动手泼水的还是被泼的人，都非常不爽。

樊哙泼出来的水是冰的，一点温度都没有。"沛公是想夺天下？还是想做个富翁？眼前这些奢侈华丽的东西是什么？是祸乱天下的根由！你要这些东西做什么？这些破烂家什、这些秦皇的女人，你扛回家、捡回家到底有什么用？希望你速速回军灞上，一刻也不要在这污脏的宫中停留。"

一个杀狗出身的人，在所有人头脑发热的情况下，有这般见识，发出这样的声音，实在让我们这些即使是后来人也为之震惊。他说的道理清楚明白，提出的方案在今天我们后人看来非常的正确，然而此时的刘邦却一点也听不懂。"你叫我有肉不吃？有女人不睡？有金碧辉煌的宫殿你说我不应该享用？有好酒不喝？你这话不只我刘邦一人听不懂，所有的将官兵士都听不懂。我们辛辛苦苦打仗是为了什么？我们把脑袋拎在裤子带上是为什么？不就是为着享用今天的成就吗？"

要是后来人李自成、洪秀全听到刘邦的这番理论，一定会非常同意。他们两人的失败，一个重大的原因就是刚走到半路就开始享受胜利的果实去了。

张良一直站在旁边观看，审视刘邦的举动。他是三个清醒的人中的另一个，比起樊哙来，他说话就非常注意方式方法。

"这将是一场事关全局的重大决策。在这道选择题前，如果刘邦错误地做出选择，将有可能前功尽弃。在刘邦面前，樊哙已经帮不上我张良的忙了，如果我还不能搞定刘邦，无数的血汗将一定付诸东流。这一步棋我不走是绝对不行的。"

可下属该如何去做领导的思想工作呢？"这刘邦就像一个十年没吃过肉的人，此刻正捧着一大锅肉大碗大碗地吃着，吃得正香。我能在这个时候走上前去，把他的碗夺下来，并且让他相信我的理论'这肉暂时不能吃'吗？这真是一个天大的难题啊。捧他的场容易，把他自己做出的决策扭转过来，而且是完全反转，这就不是一般的难。特别是刘邦后面还跟着十万人，这些人坚决支持这个已经做出的决定，并举起了他们十万双铁定赞同的手的时候。"

于是，在面对刘邦时，张良设计的这场对话从两个面切入。

"沛公为何能走到今天这一步，那都是得益于一个人啊！这个人就是眼前的大秦帝国的皇帝呀。这得益于秦朝的皇帝暴虐无道，得益于秦朝皇帝施暴政于民。为天下铲凶残除乱逆那就应该跟秦的玩法反过来呀，应该以朴素为本，而不能以奢华为根。现在我们刚刚进入秦都，所有的人全都希望在这里享受安乐，包括你也包括我。然而当我在这里享受这一切时，我却被一个词搅得夜夜无眠，那就是"助桀为虐"。

看刘邦没有说是也没有发脾气，张良心里有一个感觉："我的这一步棋多少是有些作用了，那就走下一步棋，推入第二个层面。"

"'忠言逆耳利于行，良药苦口利于病'，樊哙的那些话非常不中听，但是我却看到了一个人的苦口忠心。"这个层面就是拉樊哙给自己垫脚、撑腰，给自己观点的正确性做证明。

刘邦终于从肉碗里抬起头来。"是的，如果一口气把一锅肉全部吃完一定会消化不良，之后有可能引发可怕的后果。一个手脚完全冻僵的人，如果立即将手脚往热水里浸泡后果就可能不堪设想，锯掉这双手脚都有可能，那就必须继续忍受痛苦用雪来搓。"

刘邦突然之间想通了这层道理，立即下达命令："全军撤出咸阳城，还军灞上。"

此时，我们不得不佩服张良。刘邦领导兼司机亲自把车子开到错误的路上去了，他硬是让这位领导兼司机又亲自把车子开了回来，重新开到正确的道路上。

同时，我们也不能不佩服刘邦。本来在自己选定的路上一路狂奔，在听了下属的局势分析之后，迅速踩下刹车，避免了一场车毁人亡的惨剧。

如果刘邦身边没有樊哙和张良，刘邦就极有可能前功尽弃，成为后人的笑柄。想想看，后人李自成打下北京城就迅速去坐那把皇帝的金椅子，以致屁股还没有坐热就被人赶走了；后人洪秀全走到半路就自己动手建筑京城，住在他的天京城里十几年不走，也没有人叫他赶紧离开，两人最后都以败局收场。这些教训不是非常深刻吗？做领导的身边有个把"张良型""樊哙型"人才太重要了。

与张良、樊哙比，在这场重大的大戏中另一个头脑清醒的人虽然没有台词，却实实在在做着跟张良、樊哙同样重要的工作。

刘邦的部队进入咸阳城之后，所有的部将都做出同样一个动作——争先恐后地奔向秦王宫殿中的府库抢夺存放在府库里的金银财宝，每个人都往自己的背上背往自己的衣兜里塞。所有将领全部进入分享黄金、白银、珍宝的喜庆之中，大家就像参加一场极为难得的盛宴，享受从未见过的如此丰盛的美味佳肴。就在众将领争相抢夺金银财宝的人流中，有一个人例外。

萧何指挥手下人进入皇宫的丞相府、御史府，拿取存放在那里的律令文书、地理图册、户籍簿。这些东西在别人眼中，与黄金、白银、珍宝、绸缎相比简直就是一文不值的废物。在哄抢的人群中，唯独萧何的头脑冷静得出奇，他似乎知道总会有一天这些东西会发挥出比黄金更重大的作用。事实也的确是这样，后来刘邦与项羽争夺天下，及至刘邦治理天下，这些东西发挥出来的巨大作用远不是黄金白银能比拟的。

真是想不佩服他都难，为何兵入咸阳之时所有人都在欢庆胜利，他却独自一人想到了日后如何与项羽争夺天下？更让人叹服的是从秦王朝的档案文书里，他找到了日后争夺天下、打开天下大门的那些极其宝贵的"钥匙"。

后来发生的事实证明，萧何做出的这些决策是多么的英明，甚至可以说是伟大。因为后来项羽兵入咸阳后亲自指挥军队放火，将秦王朝东西绵延八百里、南北纵深四百里的近三千座宫室烧得荡然无存。如果不是当初萧何事先收缴的话，这批宝贵无比的档案文书肯定会化为灰烬。后来刘邦被封为汉王，与项羽争夺天下，那些无数血与火、智慧与阴谋缠绵不断的争斗之中，刘邦正是有了这批宝贵的档案资料提供的信息，才得以胜对手一筹，"具知天下阨塞，户口多少，强弱之处，民所疾苦者"。无论是在后来的争夺战，还是后来刘邦治理天下的过程中，这些档案文书都发挥了其他宝物所无法替代的作用。

兵入咸阳，对于刘邦，对于刘邦手下的将领们来说是一场真正的考验。战场上敌人可能打败自己，胜利的喜庆场上那就是自己打败自己。自己打败自己比敌人打败自己更容易。

而接下发生的一系列大事件中，你将会看到刘邦的对手项羽，以他的凶残暴虐，以他的拒不纳谏，以他的分封诸侯等诸如此类的错误做法，在自取灭亡的道路上一路狂奔。

我们赶紧去看看这人是怎么做的。

归拢人心

眼下项羽还在赶往咸阳的路上，我们还有一点点时间来看看刘邦还军灞上时的情形。

咸阳城里，刘邦及时被樊哙、张良唤醒，醒过来之后，接下来表现出来的深谋远虑、高明见识就不是樊哙、张良所能达到的高度。传说中的迷途知返、放下屠刀立地成佛的景象在刘邦身上出现。

还在从咸阳城走向灞上的路途，看着撤出的大队人马，看着美丽无比的咸阳城，刘邦心里就在想一个问题，当务之急是什么？

很快就有了一个结论，那就是赢得人心。眼前军事上的敌人既然已经被起义军打没了，那么天下人的人心就是刘邦最大的敌人，是其走向皇权路上最大的障碍。人心，这才是接下来能否夺取天下的最大的资本，而不仅仅是手中的兵力。与敌人斗，是斗勇；跟兄弟斗，是斗心。兄弟，即指项羽。

认识决定命运。项羽的手里目前拥有四十万军队，而此时刘邦手里军队的数量还不到项羽的四分之一。此时的项羽，能看到天下人心的极端重要性了吗？

公元前 206 年十一月，刘邦回军灞上，经过认真思考后召集关中各县的父老豪杰开会。会上，刘邦作了一番长长的演说，一篇赚取天下人心的演说。

"各位父老，秦朝的苛法严刑已经彻底地害苦你们了。比如说，说一句

第八章 天下纷争

诽谤朝政的话居然要诛灭全族；再比如说，大家聚在一起聊个关于朝政的话题（相聚议论）就会被杀头，这如何得了？他秦家把坏事做了，我们就说他一句，他秦家就要砍我们的头，这样的天下还有公理吗？现在我就要把这个颠倒的世界扶正过来。大家肯定关心，我刘邦如何去扶？接下来，我来说说我如何做好这件大得无边的大事。

我和起义的诸侯接受了楚怀王的一个约定'先攻入关中者称王于关中'。我现在先攻入关中，我当然就是关中王。现在我以关中王的身份，与各位父老约法。我的法令不多，只定三条：一是杀人者处以死刑；二是伤人者要抵罪；三是盗窃他人财物的要依法治罪。请大家听清楚了，除这三条外，秦朝所有的法律、法规全部废除。在这里，我敬请各县的所有官吏全部照常上班，认真履行公务职责。秦王朝灭了，倒台了，各级官员没有必要受到影响，更不必担惊受怕。我刘邦拎着脑袋从东边跑到你们关中来，是来替父老们除害的而不是来残害大家的，所以大家没有必要对我刘邦的队伍感到恐惧惊慌。我之所以不住咸阳而是随军住在灞上，为的就是等到各路诸侯抵达之后，大家共同制定规约。"

最后一句，看上去只是向大家交代一下即将发生的一件大事，而实际上，刘邦却明白地表达出了以天下为公而不是以天下为私家财物的重要观点——天下的大事，诸侯们讨论之后再做出决定——这个做法，赢得了与会者大声喝彩。

刘邦的做法，一下子就抓住了秦朝社会的主要疾病：法律太多、太严。他约法三章，就为关中百姓除去了害中之害，赢得了关中人民的高度赞许。

表面上看，刘邦只是在法律层面上做了一个程序性的事。可实际上，这的确是及时切除秦朝为害社会的大病瘤。这里涉及一个法律课题：一个社会的法律是简约好还是详细好？是多些好还是少些好？是严些好还是松些好？

其实，走极端的做法不见得好，适宜的才是最好的。

当法律太多太严时，人们要求简单、宽松。当法律太少太松时，人们也会要求严一些紧一些。

任何一项法律制度，制定和执行同等重要。只制定不执行等于光说不练。法律制度只有执行到位才真正产生社会作用力。

刘邦派出干部，与原秦政府的官吏一起到关中各县城镇乡村大搞巡行。这些巡行官员工作内容明确，仅是张贴以约法三章为中心内容的安民告示，然后利用各种机会向关中百姓们广泛宣传。至于地方事务工作，巡行官员并不干扰。

听到这些宣传，又看到这些说着东方口音的官员不扰民，关中人从观望中开始重新排队，慢慢地站到刘邦这边来。

这些人很快就用他们一个朴素的行动来表达对新政权的感受。关中人迅速行动起来，争着向沛公的部队送来了现杀的牛羊肉以及种种酒食。人们不再默默无语，不再观望徘徊，而是成群结队，常常跑来犒劳起义军，慰劳将士，跟刘邦的部队搞起了军民联欢活动。

看着这些盛大感人的场面，刘邦真是想不高兴都不行。以前这些人对东方来的军队不理不睬，甚至在背后捅刀子戳。而现在完全变了，真是一百八十度大转弯。

可高兴之余，一个难题突然跑了出来：百姓们奉献的塞满路途的牛羊酒食，是接收还是拒收？

望着百姓们送礼的长队，刘邦陷入了沉思："当年为了给县令大人送礼，我还弄了个假的一万钱。"

刘邦突然有一个感觉："这礼到就是情到了。这礼无论如何不能收。"

为什么不能收？笔者没有找到相关的资料。可惜那个时代没有记者，否则一定会向刘邦采访，问个明白。资料记载，对百姓奉献的牛羊酒食，刘邦表示深深的感谢，最后，经过他百般推辞，任何人任何礼他一概不予接纳。他的口头解释是仓库中的存粮很多，义军不缺乏军粮，不想让大家破费。

看问题不能看口头的说法。从刘邦这样做的结果可以探测出刘邦真实的内心用意。这件事的结果是明显的，他拒收礼品之后出现了一个现象，关中百姓喜上加喜，对他心悦而诚服。可以看出，拒收礼品，刘邦得到了人心。

现在的关中人对刘邦不是敬而畏之、拒而远之，而是怀着无比爱戴的心情，唯恐他不在关中当王，担心他回到东边去过他的小日子。于是，刘邦尽得人心。

"人心到手了，接下来该干点什么呢？"刘邦的眼睛再一次瞄向越逼越近、从遥远的东方全速奔跑而来的那位对手。"关中的秦朝守军都被我打光了，你还带着四十万起义军往西边跑，你来干什么呢？不会是吃饱了撑的吧。"

关于项羽率领大军向关中挺进的信息，刘邦的案头越积越多。

必须拿出具体的应对措施。再不动手就来不及了。到底该如何办呢？

有一个人看出了刘邦的心思，一天下午轻轻地敲开了刘邦的房门。

刘邦没有细细看来人的脸面，眼光全都集中到摆在桌面的那份方案上。

方案的基点：一是关中地区富足，财富十倍于天下；二是关中地理形势险要，百倍于天下。

方案中的对手分析：一、章邯投降项羽后，项羽立他为雍王。雍王是什么来头？雍，雍堵；雍王就是堵塞关中力量向外发展的具体执行人。即用章邯的力量，来堵住刘邦向东发展的通道。二、项羽正在赶往关中的路上。如果哪一天真的到了关中，关中王刘邦是不可能再单独地据有如此富庶、如此险要的地盘。因为项羽手中已经有相关的人事任命——雍王是也。

说白了，项羽不远千里来关中就是专门来堵塞刘邦从关中向外发展通路的。具体执行人就是他专门送来的战场牛人章邯。

应对方案：第一步，以最快的速度，派出部队，开赴函谷关（今河南灵宝东北）。第二步，关闭大门，不让其他任何诸侯的军队开进关中，把他们阻在关外，包括项羽及其军队。第三步，在关中大量招兵，增强自己的实力。第四步，做好与诸侯军队打持久战的准备。

这个方案对吗？

刘邦说对就是对，其他人说了不算。

刘邦细看方案后，随即做出决定，立即付诸施行，抢先一步占据函谷关，一刻也不能迟缓。

赴鸿门宴

现在我们终于有时间把镜头摇到项羽这边来。

眼下项羽正率领大军一个劲地往西赶，然而在军队内部一个问题却越来越突出。

项羽的大军表面是统一的，然而在内部将士们早已自动排队，形成两大阵营。一部分是各路诸侯军队，另一部分是投降过来的原秦朝的军队。为了叙述方便，下文分别称诸侯军和原秦军。

诸侯军中，有不少军官和士兵过去曾去过关中，不是去打工，不是去旅游，而是服兵役、徭役、屯戍。去干什么事这倒不是问题，问题是那时关中秦地的军官和士兵对待来自东部六国的吏卒和民夫很不友善，这种压迫非常强烈，关中秦地本土军官、士兵，用尽种种办法刁难、侮辱东边来的人。

这支大部队里，这些曾经饱受秦军吏卒侮辱过的诸侯军吏卒，现在找到了报复和发泄的对象。以前你们叫我吃瓦砾，今天我就要你们从肚子里拉出来的是石子。只要有机会，只要有可能，诸侯军吏卒就像对待奴仆、俘虏、罪犯那样役使投降过来的原秦军。

大家都是在同一部队里的军人，谁还忍受得了这些歧视性、侮辱性、压迫性的做法？你也是拿刀砍人，我也是拿刀砍人，凭什么你们这样侮辱我们？原秦军忍受不了折磨，对诸侯军吏卒怨恨到了极点，就差一把火就要爆发。

关中那时还没有被刘邦攻下来。原秦军的士卒个个都在想同一个问题："现如今章邯投降了项羽，他是吃香的喝辣的，而我们呢，等于是被他卖了还帮他数钱。如果我们这一次跑到西边攻不下关中的话，被关中的秦军打败的话，那么我们在关中老家的父母妻子就一定会被秦军全部诛杀。天啊，这该如何是好？"

诸侯军的将领时刻都在注意着原秦军嘴里传出来的每一句悄悄话，就像奴隶主监视奴隶一样，就像胜利者监视俘虏一样。原秦军吏卒的这种议论很快就传到了诸侯军将领们的耳朵里。

项羽详细地听取了来自诸侯军将领们的情况汇报，做出决定，针对这个新情况、新问题开一个小会。项羽找来了两个人，一个是黥布，一个是蒲将军。大家注意一下这两个人的身份都是职业军人。

项羽说："秦军中投降过来的军官和士兵，数量上有二十万，不能算少，占整个军队的三分之一。现在这些人不服气。"

"到达函谷关时，如果他们这些人不听从调遣的话，事情就麻烦；如果他们发生哗变，事情就危险。"

"该如何处置呢？"黥布问道。

"现在就动手，将这些投降过来的二十万吏卒全部击杀。仅留三人，章邯、长史司马欣、都尉董翳，仅带他们三人入秦都。"

这真是一个失去人道、丢失人心、反人类的方案。

这是一个需要高度保密的方案，不可走漏一点风声。事实证明，在这方面，项羽表现出了高度的军事素质，可以给他满分。黥布、蒲将军立即执行项羽的屠杀布局，在新安（今河南渑池东）城南，二十万原秦军在不同的黑夜不同的场地，有的被击杀，有的被活埋。

此时项羽的大军在漆黑的深夜已经变成了一部杀人的机器。

杀死原秦军的士兵后，项羽整顿部队开始向西进发。大军一路畅行无阻，四十万人很快就到了函谷关前。可大军突然遭遇一个特别的情况，关门紧闭，有士兵把守，任何人不能进入。

项羽派人打听，得到一个消息，关中已经被刘邦平定，秦朝都城咸阳已经被刘邦拿下，任何诸侯的军队不得开进关中。

项羽听了情况汇报，对着将领们说道："我们跑了这么远的路，也好长时间没有打过仗了，已经是心痒痒手痒痒了，既然刘邦关门，那我们就亲自动手，砸开这扇大门。"

项羽发出作战令："黥布率兵攻关。"

函谷关这里守卫的士卒根本就不是黥布的对手。他们受不住黥布的猛攻，当天函谷关就被攻破。

接下来，按常理讲，刘邦该好好地利用一下关中的险阻，在不同的位置设置重重障碍来阻止或延缓项羽的大军。然而事实却恰恰相反，攻陷函谷关后，项羽的大军长驱直入一路上没有遇到任何阻挡。

刘邦为什么要这么做？我们常人实在想不通。从接下来刘邦的解释来看倒也似乎合情合理。

一个月过后，项羽率领大军到达戏西（戏水以西。戏水源出骊山，流经陕西临潼东）。注意一下此时刘邦的位置，刘邦驻军在灞上，也就是灞水西面的白鹿原，位置在今陕西西安市东南。两军之间，快接近各自"安全极限距离"。

有个头脑聪明的人迅速看出来了：这是一个大好的机会，一个把自己超高速做大的机会。

为了保密，也为了安全，曹无伤没有自己出面，他偷偷派人向项羽讲了三件事。

第一件事，刘邦已经任命原秦王子婴为相。秦朝的那一批官员都投靠了刘邦，刘邦在关中的势力已经变大。第二件事，秦宫中的珍宝全部被刘邦掠为己有。你跑这么远啥都捞不到，连一根针都没有留给你。第三件事，刘邦想要在关中称王要把关中霸占为他的天下。

在这三件事中，曹无伤捏造了前两件事。子婴投降后，已经被刘邦监视软禁，更没有任命他为相。另外，刘邦率军已退出咸阳，没有把宫里的珍宝据为己有。

可见曹无伤挑拨离间，通过出卖刘邦来为自己谋利。他为了卖个好价钱，故意捏造了前两件事。

在这个政治敏感期，项羽没有做情报核实工作，仅根据曹无伤送来的信息便立即做出决定："今天晚上连夜准备大鱼大肉，明天一早吃饱喝足之后，狠狠地攻打刘邦的部队，彻底打垮他们。"

此时，项羽的四十万大军已经前进到了新丰的鸿门，而刘邦的部队则仅有十万人，仍驻军灞上。为了抬高身价，迷惑对手，刘邦对外号称二十万。

接到项羽发过来的命令，军师范增非常兴奋。自打跟随项羽行军作战以来，范增就在想一个问题，如何合理、合情、合法地除掉刘邦？开步西行的第一天，范增就有一个感觉：下一个军事目标可能不是大秦，而是刘邦。果然不出所料，到了关中地面，第一仗便是攻打函谷关，而对手就是刘邦。

这天晚上，范增找到项羽说了一通已经憋了很久的话。

"我已经派人深入调查刘邦的情况。入关后，刘邦对财宝一无所取，而且不接近美女。那我倒一定要问清这其中的原因。其实这个原因也不用去问他本人，作为男人，作为平生喜欢酒与色的男人，包括你和我，问问我们自己就知道其中那个再明白不过的答案。一句话，就是他的志向不小。"

"这段时间，一路走来从东边开往西部的途中，我沿路派出望气者从不同的地方专门观察刘邦那边的云气。回报的结果总是一样，'显现出龙虎形状而且五彩缤纷'。这是什么意思，就是天子气啊。所以我坚定地支持你这一次发兵行动，应该迅速发兵进攻，绝不可坐失良机。"

这天晚上不只是项羽和范增两人在讨论这件大事。接到命令后，项伯（项羽的小叔父）心中正大为吃惊，他不是为侄子的决策而高兴，而是为一个铁哥们的命运担忧。

还在楚国时，项伯任左尹（令尹的副职）与张良同在楚王帐下听命，关系非常铁，项伯非常担心张良的安危。只要双方一打起来，张良就有可能被乱军杀死。该如何是好？

趁着黑夜的掩护，项伯走出军营大门，深更半夜来到了刘邦的军营，找到了好友张良。

两人相见格外亲热。"项羽已经发出命令，天亮就要出兵，袭击刘邦的大营，赶紧跟我一道离去，现在走还来得及，否则等天一亮就来不及了。没有必要跟着刘邦一同去死。"

只能说，项伯这人，真是重情义。

张良心中非常吃惊，决定先稳住项伯。

张良说道："我替韩王伴送沛公（刘邦），今沛公有急难，如果我这样私下里走掉，不打声招呼，于道义不合。"

"你一个人黑夜里跑了这么远的路已经非常累了，等会儿我还要陪你跑回去，现在你就在我这里暂且休息一下。坐下来喘口气，喝点茶，我跟沛公打一声招呼就回来。"

说完这话，张良转身出去，急忙走进了刘邦的大帐。

听到项羽准备发兵这个突如其来的消息，刘邦非常震惊。"项羽兵力四倍于我，现在立即逃跑都来不及。要不了几个时辰天就会亮了。现在就是给十万人马发通知都来不及。深更半夜里，这么多的人马也不知往哪里跑。天亮之后，没有跑远就必定会被项羽的大军追上。如何是好？"

看到刘邦在那里急得直跺脚，张良说道："解铃还须系铃人"。

看到刘邦不知所云的样子，张良接着说："项羽与你结下梁子，这表面的、直接的原因是函谷关事件。我一直想问那个问题，当初派兵守关的主意，到底是谁出的？那个系铃人必须得找出来。"

刘邦低声说："的确是有个人给我出了一个主意，'派兵守关，不接纳诸侯，可尽有秦地，称王关中'。"

"病因找到了"，张良说道："接下来就只有两个选择。如果你刘邦的兵能打败项羽，那咱们就做好战斗准备，现在就下发战斗通知。如果打不过对手，那就只有一条路可走——尽一切可能去化解这中间的'误会'，去为关闭函谷关这件事亲自向项羽道歉，亲自去说清楚。"

"这是一条风险极大的路啊。为了解开这个铃你必须亲自去。别人代表你去估计都走不通。不入虎穴，焉得虎子。"

"张良这人是一个心细又谨慎的人，既然他已经策划出了这条路线，又多次强调其中的风险，那恰恰说明他有一定的把握。不然他不会开口。"

想到这里，刘邦默不作声，听张良继续讲下去。看到刘邦低着头，一言不发，认真在听，张良说："我们的军队早已从咸阳城中撤出，这已是一个不争的事实；我们不拿皇宫一针一线，等待项羽等诸侯的到来，这也是不争的事实；我们如果是要跟项羽作对，又岂会住在灞上这个毫无防守屏障的地方，而不是住在有高墙护卫的咸阳城里？这同样是一个不争的事实。这些说明什么，说明我们没有任何的私心，只有公心。我们这样做，项羽怎么可以进攻我们？"

"被一些用心不良的人否定的正义，我们要重新争回来。扫帚不倒，灰尘不会自动地跑掉。我们现在必须亲自动手在项羽那里扫一扫，扫除蒙在我们身上的这层灰尘。"

看到刘邦低着的头抬起来了一些，张良接着说："眼下，我们手中正有一个人——项伯，项羽的叔叔。把这个人好好地利用一下，会取得类似内应的效果。"

看到刘邦脸上有几分困惑，张良说："项伯这人很重义气。秦朝时，项伯曾经杀过人，那时我出手救他。所以今夜项伯才冒险来救我。"

听到这里，刘邦的脸上露出了笑容，心道："结交朋友正是我的拿手好戏。把项伯请到我这里来就行了，这事我百分之百胜利完成任务。"

张良严肃的脸上也开始展出光彩："明天要安全地从项羽的军营里退出还需一个人物。需要一个五大三粗的粗人，同时却又是粗中有细、心思细密的人。

由樊哙带队，全程负责安全保卫工作，方可全身而退。"

说完这些话，张良走出刘邦的军帐，回到自己的营帐里邀请项伯见一见沛公。

刘邦会见项伯的过程很复杂，吃肉喝酒，但结果却很简单：刘邦与项伯结为儿女亲家。我们真是不佩服刘邦不行啊。"项羽与你不是叔侄关系嘛，现在我跟你是儿女亲家，不都是一家人么。"项伯这个内应，刘邦铁定结下了。

刘邦十分恳切地告诉项伯："眼下项羽百分之百是误会了。入关时，我刘邦那是秋毫无犯啊，又是登记官民，又是封存府库，忙里忙外，是为什么呢？还不就是为着等待项羽的到来？我真的是日夜盼望着项将军的到来啊，怎敢谋反？至于我派人把守函谷关那件事，那更是个天大的误会，那是我为着防备强盗，防备出现意外情况而采取的特别军事措施。现在世道这么乱，到处在打仗，在那么重要的关口，我能大意吗？当时守关的人离我这里又那么远，还来不及收到我的指示，你们那边就打起来了。误会，这真是一场天大的误会，一切的原因都是信息传递惹的祸。从函谷关到灞上，再从灞上到函谷关，快马奔跑，日夜不停，来回就要好几天。"

"我非常希望我的亲家向项羽大将军详细地作个解释。我这人也跟你一样，把恩义两字举在头上，你把我的话带到了，我决不忘恩，必当重谢。"

项伯说道："我这就回去跟项羽把事情说清，做通他的思想工作。明日清晨，你一定要早早来鸿门，亲自向楚王赔礼道歉。"这意思很清楚，你一定要赶早，迟了我也扛不住。

接下来项伯连夜赶回军营，没有回自己的营帐睡觉休息，当即跑到项羽那里把刘邦的话一五一十地进行了汇报。

"如何平息这场起义队伍内部的争斗？"回营的路上，项伯一直在考虑这个问题，两脚踏进军营大门时终于想出"得失论"。汇报的最后，项伯说道："如果刘邦不首先攻下关中的话，我们在关中岂可长驱直入？现如今，你攻击的是天下人都知道的反秦战争中有大功劳的人。我不得不提醒你，你这做法不合乎道义。我认为应好好地款待他，从他身上你赚来的必是好名声。"

于是，项羽说道："取消明天的进攻计划，做好准备工作，接待刘邦一行。"

第二天一大清早，清风和煦，草叶带露，刘邦带着百名骑兵前来会见项羽。

到达鸿门时，保卫人员传出话来："所有骑兵随从在军门外休息。有请张良陪同刘邦，步入项将军大帐。"

双方见面，施礼落座，客套之后，刘邦说："我与将军同心共志，协力攻打秦军。将军在河北拼杀，我在河南努力。然而连我自己也没有想到，我居然会首先攻入关中，毁灭秦王朝的老巢，从而能够在这里同将军再度相见。现在估计是有小人在将军的耳边七说八说，才使得我与将军之间本来亲密无间的好同事关系变成一层厚厚的隔膜。"

项羽说："哪里哪里，我对你本来就没有什么成见，不就是你家的左司马曹无伤多说了几句。我听了他的几句话，还以为你有什么见不得人的想法。过去了，事情过去了。你也知道我项羽的脾气，我是那种小气的人吗？我是那种胡乱猜疑别人的人吗？"

误会解除了。

项羽大声说道："我这里已摆下酒席，我们大家都好久没有见面，我们一起围坐饭桌边，共享美酒佳肴，好好地喝上几杯。"

事情办得这么顺利，项羽是如此的爽快，这已经小小地超出刘邦、张良前期的预测。项羽突然提出要留他们俩吃肉喝酒，这大大出乎两人的意料。两人本来想把其中的道理说个清楚透彻，把事情办妥便立刻回营，赶紧离开这块是非之地。

刘邦、张良只好客随主便，坐到了宴席桌前。

宾主落座，桌上摆满大鱼大肉，好酒好菜。众人相互敬酒，宴会上气氛欢悦。

不过，范增已提前埋伏刀斧手，正在等着酒酣耳热这个机会。

酒过三巡菜过五味，范增向项羽暗使眼色，可以发出行动信号。然而，项羽端着酒杯，就像完全看不懂范增的眼色似的，忙着不停地跟刘邦、张良觥筹交错，推杯换盏。

范增急得直跺脚，"埋伏的刀斧手又不听我的，咋办？"

范增用一只手举起随身佩带的一块玉玦，别人看来，范增完全是在自我欣赏、自我把玩。这是与项羽提前约定"立即行动"的暗示信号。

范增已经一而再再而三地举起了他的玉玦。然而范增看不懂的是项羽，此时项羽一会看刘邦，一会看张良，就是不看他范增。

"项羽故意装作没看见"。从项羽的眼神里范增读出了这层意思。

酒桌上，刘邦对着项羽又是赔礼又是道歉，又是狂捧，又是回味重温当年两人并肩同秦军作战时结下的深厚无比的战场友谊，又是大声长叹与项羽分手之后的离别之情。项羽不由得缅怀起往事来。

"一切的一切都只怪小人挑拨离间。"这种大贬小人的做法正对了项羽大哥的脾气。对朋友，项羽向来都是坦诚相见；对小人，项羽向来是深恶痛绝。范增暗中玩小动作的做法，埋伏刀斧手的小人伎俩，项羽在心底里十分憎恶。

项羽心道："假使刘邦真的有错，我要杀死他，也绝不会是在酒席上暗下杀手，绝不会玩这种小动作，一定要在战场上见个高低。"

而范增则暗道不好："我一次举玉你不反应，两次、三次举玉，你还不反应。这是什么意思？"

"这样看来，项羽决不会下命令给刀斧手。难道就没有其他的办法杀了刘邦？"范增急切着找寻着办法。

"哈哈，我不但要立即杀了刘邦，还要杀刘邦于无形之中"。范增起身离席，独自走出营帐，随即找到项庄（项羽的堂弟）。

范增小声地说："君王为人心不狠。"看了看四周，没有人过来，范增又小声说："你以敬酒的名义进去，祝酒词说完之后，提出一个请求——舞剑助兴，接下来的做法，我不说你也知道，趁机将刘邦刺杀在座席上。"望了望蓝蓝的天空，范增狠狠地说道："如果你不杀他，你我日后都将成为他的俘虏。"

项庄当即走进营帐，举着酒杯向宾主敬酒。说完祝酒词，项庄说道："军中无有歌星献歌，就请允许我来舞剑助兴吧。"

"好啊"，项羽很高兴。

项庄随即找来一把长剑，挥剑起舞。

"范增离席出帐又返座，项庄入帐祝酒还舞剑？"项伯立即有一个感觉："这两人想必是设下计谋，要对我的儿女亲家狠下辣手。"

想到这里，项伯说道："双人舞剑比单人舞更有看头，肯请让我与项庄同舞，大家兴致更高。"

看着项庄舞剑，张良立即警觉起来，随即起身，走出营帐，来到军门。

"今日事如何？"樊哙跑过来问道。

"相当危急。项庄舞剑，意在沛公。"

樊哙立即跟着张良，提盾带剑向军门走过来。

两个持戟的卫士将戟交叉起来，当在前边，不允许他进去。

樊哙早就预想着这两个卫士的动作，当即侧盾一撞，那两上持戟的卫士一下子就被他撞得扑倒在地，摔了个狗啃泥。瞅着这个机会，樊哙快步进入营门，跟着张良，直奔大帐。

来到帐门处，樊哙掀开帷帐，用标准的警卫姿势严肃认真地站立在旁边。

突然看到来了这么一位持剑提盾的客人，项羽觉得有点奇怪，立即问道："来客是有事么？"

张良立即起身回答："这位是沛公的参乘卫士樊哙。"

"好一位壮士，赐酒一杯。"项羽的声音很响亮。

立即有人端过一杯酒来。樊哙当即拜谢，一饮而尽。

"赐给他猪腿！"项羽应该是英雄惜英雄。

樊哙接过猪腿，把盾牌当砧板，把剑当切菜刀，一边切一边吃，吃得那个香，那个豪爽。

"壮士啊，好样的，再来一杯？"看到这么豪爽地吃肉喝酒的项羽的兴趣来了。

樊哙一边喝酒吃肉，一边说道："酒桌上说的话就叫酒话，也就是放开胆子说话。就着大王的这杯美酒，有几句话我就想说说。夫秦王有虎狼之心，杀人如不能举，刑人如恐不胜，天下皆叛之。当初怀王与诸将领约定'先破秦入咸阳者王之'，现在沛公先破秦攻入咸阳，封闭宫室，还军灞上，秋毫无犯。以此待大王。当初之所以派将守关，也是为防盗贼出入，之所以没有开关迎接大王，完全是一场误会。"

"沛公劳苦功高却未有封赏，而大王听信谗言却要诛有功之人，这岂不是步亡秦之后尘？"说完这番话，樊哙坐在张良的身边来。

之后，刘邦要去茅厕方便，于是离席出帐门。

樊哙随即跟了出来。

樊哙对刘邦说道："赶紧走啊。"

"这样悄悄溜走，有些失礼吧？"

"大行不顾细谨，大礼不辞小让。如今人方为刀俎，我为鱼肉，何辞为？"

张良借口外出方便，也跟了出来。

"一双白璧，送给项羽，一双玉斗，献给范增。"

听了刘邦的话，张良会意。"后面找借口辞行的工作我来做，我尽可能拖出时间来。"说完，张良转身，返回营帐。

刘邦、樊哙走出项羽的军营大门，樊哙、夏侯婴、靳强、纪信四人跟着往外走。大队人马、车骑仍然在军门处原地不动。

"从骊山直下，走小路抄芷阳回灞上。"

营帐中，项羽接过张良双手捧过来的玉璧，恭敬地放在案桌上。

而范增接过玉斗，却随手就丢在了地上，更拔出剑来，当即朝玉斗砍去，一边砍一边说："夺楚王天下者，必为沛公。"

回到军营，刘邦当即决定"立杀曹无伤"。

清除内鬼，全身而退，此局刘邦完胜。项羽集团高层，项羽与范增在对待刘邦的问题上，意思不一，出现裂痕。

分封之祸

"我率领四十万大军，从东跑到西，数千里的路程总不能什么都不做吧？又这样空手回去岂不为天下人耻笑，该干点什么呢？"

"干小事没意思，要干就要干出一番惊心动魄的大事来，干出一番惊天地泣鬼神的大事来。"一番激烈的思考过后，史上最烂方案出台了。

接下来，项羽派出军队，点燃了整个秦王朝的宫殿群。

大火连烧三个月。数百万人修建的渭水南岸阿房宫宫殿群、渭水北岸以咸阳为中心的宫殿群、北阪区宫殿群，这些绵延数百里的宫殿群人类最宝贵的财产聚群，在熊熊大火中焚毁，最后只剩下灰烬。

对暴秦，项羽怀着满腔的仇恨，当然这其中包括了他叔父项梁被秦军杀死的怒火。然而如果他的叔父项梁在世的话，会支持或同意他这么做吗？怕也是要打一个大大的问号吧？

"对暴秦，我的仇恨还没有消减，我还要杀人。"

项羽发出命令："咸阳城中的官吏、百姓，包括已经向起义军投降的秦王子婴，全部杀死，一个不留。"

这时，一位有军事眼光的人认为此时是一个升官发财的大好机会，于是远远地跑到项羽面前，提出他思虑了好久的方案。"关中土地肥沃，这还是其次，关中山河险阻、四面要塞，有险可守，实在是军事上的要地，东部全是平原，那就是军事上的绝地。将军不要回东边去，而应该在关中建立霸业基地。"

"秦宫已被我的大火烧成一片瓦砾，残破的景象让我很不爽"，想到这里，项羽说："富贵不还乡，犹如着锦衣行夜路。"

这人一听当即泄气了，灰溜溜回到家里，向邻居说道："人们常说楚国人是猴子戴人帽，办不成人事。这样看来果真如此。"

这话七传八传，传到了项羽的耳朵里。项羽气极了，发下命令："烧一窝开水，将那位诽谤他的人烹死，煮成人肉汤。"

本想发财反倒赔上一条性命，这位真是一个满脑子主意却找错门路的人。

接下来，楚怀王发出指示："刘邦首入关中，攻下咸阳，毁灭秦王朝，按原来的约定，赐封关中王。"

听到刘邦称王的消息，项羽手下的将领们一个个愤懑难当。

"刘邦称王关中，我们这些立有大功的人怎么办？总不能刘邦吃肉，我们连汤都喝不上吧。比起战功来，在反秦的战场上，立功比他刘邦大而且大得多的人大有人在。"

项羽决定："召集立有大功的将领，开个讨论会，听听将领们的意见。"

这天风和日丽，阳光融融，受邀的将领们陆续走进会议厅。

"当初立楚怀王时，完全是项家一手托举的。在讨伐暴秦的战斗中，楚怀王什么战功都没有。现在凭什么楚怀王立约规来管束我们这些将领？这立约规的权力首先应该归还项羽大王。"

"当初立楚怀王，那是因为天下刚刚向暴秦发难，要借着树诸侯的旗号来讨伐秦朝。现在秦朝没了，这些诸侯王还有存在的必要吗？当然没有。"

"楚怀王虽无战功，我们也应该分一块土地给他，毕竟大家曾经是一个战壕里的战友。"

第八章 天下纷争

"三年来在座的各位将领，手执利刃，身披坚甲，暴露于野外而最终灭掉秦王朝，平定天下。如果我们这样的有功之人说话不算数，谁说的话算数？天下是我们打的，那么，这天下如何定局就应是我们立功的将领说了算。"

通过充分的讨论，最终一个逆时代而动的王侯分封方案出台。

楚怀王没有像垃圾一样被扔掉，被项羽尊奉为义帝。不过也不是完全没有变动，重新迁往一个新住处，由热闹繁华的彭城移到长江南边人迹罕至的郴（今湖南郴县）。项羽给了一个堂而皇之的理由："古帝王，方千里，必居江河上游。"

项羽自立为西楚霸王，管辖九个郡。这些地方全是原来魏国和楚国的地盘，是最富庶、最繁华、人口最密集的地区，并建都彭城（今江苏徐州）。同时，项羽封刘邦为汉王，辖巴、蜀、汉中三郡，都城南郑（今陕西汉中西南郑县）。

关中土地一分为三，被项羽分封给三名原秦军的降将——章邯、司马欣、董翳，依次被赐封雍王、塞王、翟王。雍、塞字面的意义，即堵住关中势力向外扩张。

张耳，常山王；黥布，九江王；申阳，河南王；韩成，韩王。其他略。

这年四月，项羽发下命令："受封的诸王各自领兵前往各自的封国就任。"项羽也回到自己的封地彭城。

分封过程，热闹喜庆，受封的诸王，兴高采烈。然而战争的祸根由此埋下，并随即暴发。

在受封的诸王中，韩王韩成没有军功。如果大家还记得的话，当初正是韩成派张良去帮助刘邦西征。

项羽分封了韩成，却没有派他去他的封国就任，指令其与项羽一同回彭城。回到彭城后，项羽废除韩王封号，降为穰侯，不久派人把他杀死。

先封后杀，这样的做法是不是让其他受封的人震惊呢？

他这里刚刚把韩成的人头割下来，山东那边就出大事了。

"项羽赐封田市为胶东王，赐封田都为齐王"，得到消息，田荣愤怒了。"我反秦有功，却啥王都没有，这天下还有公理吗？"五月，田荣想出了办法，绝不让田都到胶东去就任齐王。

于是，田荣率领兵马，向田都发起进攻。田都势力弱小，被打得大败，带着手下人马逃往楚地。

"田都被田荣打得到处跑"，得到消息，田市心中十分害怕。"自己不能不去就国，如果不能明着去，那就暗中去，偷偷赶到胶东就国，不就行了？"

田市悄悄赶到封地，不声不响地当起了胶东王。田荣正在家里偷着乐的时候，田市就国的消息传到了他的耳朵里。

同年六月，田荣率领人马，高举着战刀，向着田市杀过来了。得到消息，田市撒腿就跑，逃到即墨，被田荣的人马追上，一刀砍了。

打跑了田都，杀掉了田市，胜利者田荣做出决定："自封齐王"。

"项羽一定不会放过我"，田荣立即动手，招兵买马，扩大力量，为即将到来的战斗做好准备。

田荣睁大眼睛寻找快速扩大兵马的捷径，突然发现，在附近的巨野泽有一支近万人的队伍。

"真是想什么来什么啊。"田荣立即联络彭越。

两人一拍即合，"联手合力，对抗项羽"，田荣当即授予彭越将军印。大家应该还记得彭越，当年刘邦西征时曾得到他的大力帮助。

这天中午，田荣、彭越吃饱喝足，聊了起来。

"我们找个人来练练手，你看如何？"

"我也早就这样想了，济北王田安，应该是个不错的选择。"

七月，向着济北王田安的驻地，彭越率领军队发起了突然袭击。没有费多少气力，彭越迅速得手，斩杀田安。

这一仗，意义重大。被项羽故意一分为三的齐地（中为齐，东为胶东，西北为济北）在田荣的手上重新归为一统。从战场上，田荣找到了很好的感觉，树立了抗击项羽的信心。

果然如田荣所料，项羽派出楚军，由萧公角率领，浩浩荡荡向齐地开来。

"强龙压不过地头蛇"，田荣向彭越说："我们利用地头蛇的优势，利用我们对地理环境熟悉的优势，设下陷阱，布下重兵。"

"我这就想办法吸引萧公角的注意力，将之引入预设的地点，聚而歼之。"

彭越派出兵马，将楚兵引诱到埋伏的地点。田荣率军从伏击地杀出，一举将萧公角率领的楚军包了饺子。

田荣、彭越正在庆祝军事胜利，这时一笔大"订单"找上门来。

之前，张耳被项羽封为常山王，封地在襄国。

张耳满面荣光前往襄国就国。望着张耳队伍里飘扬的旌旗，陈余陷入了沉思。"我与张耳，反秦的功劳一样一样的，能说得清谁大谁小吗？为什么张耳受封为王，而我只是一小侯，他有封国，而我却一无所有？"

陈余待在自己的小房间里，望着窗外的蓝天，心里充满着困惑和苦闷。一天突然听到一个消息，"田荣打败田都，追杀田市"，不久，又一个消息传来，"田荣打败了萧公角率领的楚军"。

陈余走到庭院里，看着院边一蓬盛开的美人蕉，看着那鲜艳的红色花朵，看着凋落在地上的枯萎的花瓣，立即有一个感觉："项羽分封诸王，非常不公平。这绝不是我一个人的感受，田荣已经举起了反项羽的大旗，就是明证。"

第二个感觉跟着就来了："在起义的队伍里，我要重新站队。大力支持反项羽的力量，把这个不公平的世界再颠覆过来。"

想到这里，陈余做出决定："派张同、夏说游说田荣，共同结成反项羽联盟。"

会客厅里，田荣接见张同、夏说。

两人早就编好了说辞，看着田荣有些疑惑的脸，夏说说道："项羽把原来的赵王赶走，命令他北居代地。全天下的人都为之震惊。陈余早就为此愤愤不平，发誓要把项羽颠倒的正义翻转过来，恢复赵王原有的领地。"

看到田荣还有些疑惑，张同说："扶出赵王，就牵一发而动全身，将六国的诸侯王牵出来，他们个个都不满项羽。反项羽的力量必定翻着倍往上涨。"

田荣点着头，望了望窗外的天空，那里布满阳光。

"赵国原来的地区现在被项羽封给常山王张耳"，张同一边喝茶一边说，"对于张耳陈余熟悉得不能再熟悉。堡垒最容易从内部攻破，陈余这一次发誓要打张耳，如果手中有兵一打一个准。"

张同发现田荣在那里侧耳倾听。

"打下原赵国的土地请回赵王，不只是给项羽树起了敌人，而且此后，在反项羽的战场上，赵国必定是齐国的羽翼。"

"果然是笔大单，岂能不投下资本。我这就派出兵马，协助陈余，把大事办成。"

用借来的兵，陈余一举打败张耳。张耳逃向汉王刘邦。

陈余把赵王赵歇迎了回来，赵王立陈余为代王。

就这样，秦末格局被重新划分，分为项羽阵营、反项羽阵营，新一轮争霸战拉开序幕。

谋定关中

这天上午，刘邦正在营帐中休息，突然有快马送来项羽分封的公函。他拆开细看，看着看着一股恶气直撞心头，对着手下人，刘邦喊道："召集将领，现在到会议厅开会。"

会议厅中，早到的人已经在传看那份公函。

刘邦最后一个走进会议厅，坐下来看了看大家。

"大家都看过了吧？"

"不绕弯子，直话直说。大家清楚，我们有十万兵马，现在项羽给我们的配额是三万，大家说说怎么办？"

没有人说话。

"项羽要把我们塞到汉中盆地，塞到那个鸟不拉屎、人迹罕至的深山沟里，这是什么意思？我不说大家心中都明白。"

没有人开口。

"我们进去了，以后再也没办法出山，我们的出路被项羽安排的雍王、塞王、翟王活活地堵死了。我们奋斗了这大半辈子，难道是为着老死穷山，做个小小的山大王？"

刘邦停了下来，大口喝着茶。

"我们现在就杀出去，师出有名。很多将领肯定不满项羽分封，我们将大旗举起来，必定一呼百应。当初我们几千人，发展到今天的十万人马，我们不就是在战场上滚大的吗？否则，我们必定被项羽关在笼子里，一辈子困死在西部穷困边远的山沟里。"

将领周勃咳嗽了一声，打断了刘邦的话。"我们是有十万人马，可是对手项羽有四十万，这是在一个等量级上较量么？"

"你称王汉中的确是件坏事，但是总比一死要强些吧？"萧何的话听上去有点儿呛人。

"何至于一死？"刘邦满脸疑问。

"眼下我们的兵力远远不如项羽，战斗力也远远不如项羽。以前打秦军将士们以一当十，那是他们为自己的命运而战斗；今天打项羽，那是你与项羽之间的私人争霸战，大家为你拼命，还能像以前那样卖力吗？用这点军力与项羽交战必将是百战百败，怎么会不是一死？"

萧何扫了大家一眼，继续说道："屈于一人之下而伸于万乘者，正是汤王、武王的功力。长养人民、招纳贤士，收巴、蜀之物力、人力，首先平定三秦。如此则霸业可成，天下可定矣。"

"讲得好！"刘邦将眼光从桌面上抬了起来。"大家分头作好撤营、裁军、长途行军的准备，我们将一起前往封地就国。"

刘邦回到营帐中，刚刚坐定，张良便推门走了进来。

"我正有事要找你，想不到你倒找上门来了"。

"大王先说你的事"。

"上次项伯深夜有心救你，无意之中送来重大消息，帮了我们大忙。后来鸿门宴上，亲自舞剑挡住项庄保护我们，再一次帮了我们大忙。项羽身边的这个亲家我是结下了。我想，这次我要送他黄金百镒、珠二斗。如果我亲自送他必定引起项羽怀疑，所以，我把这些礼品赏赐给你，你用好朋友的名义转送给他，你看如何？"

"哈哈，大王这是叫我用你的钱财与项伯加深私人交情。"

刘邦笑了。

"我来找大王的确是有个想法。大王即将带着三万兵卒上路，前往封地就国。上路之前的这段时间在关中使劲地吹风，大声宣传'我们这就要离开关中去汉中'。一方面向项羽传达就国的诚意，迷惑他，消糜他的斗志；另一方面吸引关中的人才，让关中人得到一个消息，'谁要上汉王这条船，赶紧来吧，现在还有船票'。从这里吸引的人才，必将是重要的一笔资本。从楚地、从各路诸侯中跑到关中的英雄豪杰已达数万人，这些人中，慕名而来而且心甘情愿跟随你一起前往汉中的人，肯定是你的铁杆粉丝，这些人必定是你将来最为重要的助推器。"

"好主意"，刘邦拍着张良的肩膀，爽朗大笑。

"我这就派你回到韩王的身边。哈哈，借来的人才也必须归还。好借好还，再借不难。你的任务重大，作为内应，你是我开拓东部战场的先锋官。"

两人相视而笑。

刘邦带着队伍到汉中就国。接下来，刘邦接受萧何的建议，任命韩信为大将军。

一天上午，韩信吃饱喝足，推开了刘邦的房门。刘邦集团挑战项羽集团，以小搏大、以弱胜强的方案，韩信已经谋划很久，早已构思成熟。

"以大搏小容易，以强胜弱容易，现在刘邦集团必须倒过来做，能成功吗？这场争霸赛的序幕一旦拉开，就注定只能一方取胜。开弓没有回头箭，刘邦集团一定能成功吗？"韩信把这个问题在心中、在头脑里，就如当代的计算机推演一般，演练了不下十遍。

"如今，争夺天下的对手很多啊，其中项羽是不是最具竞争力的呢？"两人坐定后韩信摆上话题。

"天下的力量没有比他更大的了。"刘邦答道。

"在勇猛、强悍、兵力数量三个方面，我们的力量与项羽比拼的话，谁占绝对优势？"

"我们与项羽不在一个级别上，哪能跟他比。"刘邦的回答十分干脆。

说完这句话，刘邦低着头陷入了沉思之中。

"我曾经在项羽的身边工作过，侍奉过他，他的一举一动我都仔细观察过。他厉声怒喝就有成百上千的人吓得不敢动弹。然而他不能任用有才能的将领，他的勇就是传说中的匹夫之勇罢了。"

刘邦在认真地听着。

"表面上他谦恭慈爱，将士们生病时他总是走近病榻前，仔细询问，亲自把自己碗中的肉分给有病的将士吃。但是一旦某一位将领立有大功，应当封爵，他把那枚已经刻好的爵印握在手中有意无意地玩弄，直到那枚印章磨去了棱角，最后还是舍不得赐给有功之人。他这样的性格是什么呢？不就是传说中的'妇人之仁'么？"

刘邦用手指头敲着桌子，嘴里念着："匹夫之勇加妇人之仁。"

"楚霸王称霸天下，以诸侯为臣。不住在关中而以彭城为都。这样一来，把义帝从彭城赶了出来，他自己占了彭城。其他被项羽封为王侯的将领，个个都效法他的做法，那些人一到封地，立即把原来的国君驱逐出去，随即占据最好的城池，作为王国都城。项羽名为霸主，实则失去人心。"

"项羽公然违背义帝先入关者称王于关中的约定，已是重重打脸，还大封特封那些与他亲近的人为王，而不以功绩大小为封王的依据。这两点同样让他失去天下人心。"

"项羽大军所过之处即成为焦土地带，那些地方上的人民，无不遭受项羽军队的摧残毁灭，天下人不怨恨他才怪。威逼天下的人，能得人心吗？他戴了一个霸主的金帽子，实际上天下人心尽失，他的衰落是迟早的事"。

听了韩信的分析，刘邦深深地呷了一口茶，嘴中念道："人心尽失，必至衰败。"

"项羽安置在关中的三王都是秦军的降将。当年，他们这三位将领统率关中子弟到东部作战，在东部战场死伤者不计其数。这还是小事，他们向项羽投降，结果呢？这三个人坐着高位而士卒们遭受非人的待遇。关中的人恨死他们。项羽大军西进抵达新安时，楚霸王坑杀了二十万原秦军将士，唯独他们仨得以脱身，而且被封为王。关中人对他们痛入骨髓，秦地的父老兄弟对他们三位有不共戴天之仇。现在秦地的人民爱戴这三位王吗？只是慑于项羽的淫威，哪会有爱啊，只会有恨！"

"关中人对他们仨必定万分痛恨。"刘邦说着眼睛看着窗外。

"知己知彼，才会百战不殆。接下来我要分析一下我们自己。"韩信一边喝茶一边缓缓说道。

"大王当初自武关进入关中，对于秦地的人民秋毫无犯。废除秦朝苛法，与秦地人民约法三章，深受民众欢迎。大王本应为关中王。关中人民无人不知无人不晓，因为这是他们政治生活中头等大事。"

"我的方案就建立在对敌我两个方面分析的基础上。"

"第一步，找出他们三王当下犯的毛病来。如果真的没有什么毛病，咱们就派出人手去给他们任制造毛病。第二步，以他们身上的毛病为借口向三秦地区发表声讨三王的檄文。第三步，向天下人申明，大王要的只是本来应该属于大王的关中地区，对其他人的地盘无任何的想法。走这三步棋的同时，迅速运动起部队向三王占据的关中暗中进发。"

"我们最为担心的是项羽会不会发兵前来跟我们较量。田荣正在东边的齐地与项羽的楚军闹得不可开交，在这样的情况下项羽很难腾出手来。"

"我们的将士个个都有同一个愿望，思乡东归。我们指挥义军东征，就没有什么敌人不可击溃的了。"

找对人才能办对事。刘邦笑了，"萧何为我找来了韩信，真正是找对了人"。刘邦向韩信投去信任的目光，坚定地说道："大事必能成功。"

汉王元年（公元前206年）八月，刘邦、韩信率领大军悄悄地向对手运动，选定第一个目标雍王章邯。与其他两人比，章邯富有作战经验，实力最强。三王之中他是王中王。擒贼先擒王，首先搞定章邯，其他二王必定不堪一击。

刘邦率军绕道北上，而非直线东出，迷惑章邯，沿故道县的谷道偷偷行进。山高林密，谷道幽深。章邯毫无察觉。

"一支军队突然从北方掩杀过来，从危险万分的谷道冲出来？"得到消息章邯非常震惊。

章邯匆忙率军迎击，两军在陈仓（今陕西宝鸡东）交战。章邯富有作战经验，仍然经不住长期准备的对手突然袭击，很快大败。战败没有出乎章邯的意料，他为此早就做好了准备，安排一部分人殿后，挡住刘邦军队的追势，主力部队有序撤退，退到好田寺重新集结，再一次对刘邦的汉军进行阻击，延缓汉军攻势。

"现在我最需要的是时间。仅凭我手上这点力量，肯定打不过汉军。然而，如果能赢得时间，就有可能得到两个方面的支持，一是项羽的楚军，那是远水解不了近渴，但是只要把时间拖下来变数就有可能发生，项羽就有可能派军队前来相救；二是塞王司马欣、翟王董翳。这的确是近水，但是要做通这两人的思想工作，要让他们俩理解唇齿相依这个词语，也需要时间。"

章邯迅速组织退到好田寺的军队，作好迎战汉军的准备。

汉军有备而来岂是章邯想逃就能逃得掉的。既然打的是袭击战，那就一定要打得对手没有喘息的机会。汉军迅速追了上来，把好田寺团团围了起来。

这是一场围歼战与突围战的大较量。战斗的结果再一次证明章邯的确是一位战场经验相当丰富的高手。虽然在实力、势力、信心三大方面已远不如汉军，章邯仍然打了一场漂亮的突围战。在处于劣势情况下，章邯的军队不但没有被消灭掉，反而大部分成功地逃脱，逃进了都城废丘城（今陕西兴平东南）。

凭着高城厚墙，章邯现在心中就一个字——等。既然打不过对手，那就只能等待了。现在就指望项羽、司马欣、董翳来解救。

退到都城，当起缩头乌龟，章邯的等字招没有超出韩信的预料：你不是想等得天翻地覆吗？那我就让你等个地老天荒。

韩信派一小部分兵力，虚兵围城，围而不攻。"反正你不敢出来，我也懒得去打你。长时间围困，饿也要饿死你。"韩信随即启动预案，派出将领，带领另一部分军队，四处攻城略地，"把你的四周给你扫荡得干干净净，使你成为一座孤城，看你在寂寞中还能支撑多久"。

同时韩信派出一部分军队向塞王司马欣、翟王董翳发起进攻。"章邯都缩进城里了，我们俩人哪里是汉军的对手？"不久，司马欣、董翳向汉军投降。

刘邦很高兴："哈哈，果然如韩信所料，没有看到项羽的大军。"

这时的项羽已得到消息，正在那里气得哇哇直叫："一定要收拾刘邦。"

突然，项羽收到一封来信。

"我曾经在刘邦身边很长时间，对于刘邦真实的想法有些了解。汉王失去在关中应得的王位，所以他整天的想法就是想要得到关中；他那样一个人无非也就是想按照规约称王于关中而已，就凭他那点胆量是断然不敢东进的。"

"齐国才是您真正的威胁，因为这股力量就在你的身边。卧榻之侧，岂容他人酣睡？"

看过张良的信，项羽感觉心中略略有点宽慰："刘邦如果只是为着关中那块本应该属于他的地盘，不敢贸然东扩，问题倒也不大。"

彭城之战

得到刘邦平定三秦的消息，韩王郑昌立即有一个不好的感觉："如果刘邦这样搞下去，我们的日子还能好过吗？"

郑昌迅速行动，招兵买马，做闪击刘邦的军事准备。

平定三秦，韩信立即把眼睛盯着周边的诸侯王，他们必定有人蠢蠢欲动。

得到韩王郑昌正在招兵买马的消息，韩信立即来见刘邦。

"赶紧把军队开过去，趁他郑昌的势力还没有壮大之前把他给灭了。"韩信一见面，开门见山直上主题。

"项羽不可能从那么远的地方跑过来，但是周边一定会有人不同意我的这个做法，"刘邦说道："这一次，不但要打，而且要狠狠地打。打郑昌不只是单单打他一股力量，而是要打给周边的诸侯王看。一定要往死里打，这场仗一定要打出声势，打出威风，要让周边的诸王看得胆战心惊。让他们看过之后不敢再对我刘邦生出什么别的想法来。"

汉王二年（公元前205年）年初，韩信率领汉军向韩王郑昌的封国扑了过去。

汉军的力量大大超过郑昌的那点儿部队。只一战，就打得郑昌部队四散而逃。

在攻占的土地上，刘邦重新设置郡县。

随即，刘邦发出政令："各诸侯王的部将，凡是率众一万人来投降的或献地一郡来投降的，封为万户侯。"

汉王二年三月，刘邦率大军从临晋东渡黄河，拉开了东向与项羽争夺天下的序幕。

大军刚刚东渡黄河，刘邦就收到一份厚礼，魏王魏豹率部下向刘邦投降。"我率领手下的部队，加入你的东征队伍，一同去灭掉项羽。"

走出家门就捡到红包，刘邦感觉爽极了。

东征大军挺进到殷王司马卬的地面，司马卬部署军队迎战刘邦。

司马卬放出话来："刘邦，你凭什么要推翻项羽？他项羽的做法我们都认为好，非常好！你刘邦想得到关中，你也得到了，项羽也没有发兵去打你，你现在凭什么要东进？你刘邦是得寸进尺，厚颜无耻。"

刘邦也不答话，指挥东征军掩杀过去。汉军占有绝对优势，司马卬的这点军事力量充其量只不过螳臂当车。

东征军一举攻下河内郡，俘虏殷王司马卬，取得了东征路上第一个军事胜利。刘邦随即设置河内郡，指挥大军继续东进。

而此时的项羽，正忙着另外一件事。项羽悄悄派出九江王黥布、衡山王吴芮、临江王共敖，带着他们的杀手偷偷地把义帝杀死，将尸体沉入江底。项羽自认为天下人一定无法知晓。

哪知天下人十分聪明。大家不见了义帝，不久就打听出来这事是谁下的黑手。

再来看刘邦的东征大军，此时的大军正路经新城的一个乡村。董公（地方上的"三老"）在部队经过的地方连着等了好几天，望到刘邦的马车驶过来立即从围观的人群中冲出，叉开双臂拦住了去路，大声说道："我有重要的话一定要跟汉王本人说。"

刘邦下了马车，董公大声说道："今天的项羽与过去的项羽相比完全变了，变得行为无道，先是亲手放逐义帝，接着派人杀害义帝，已经是天下的乱臣贼子。顺德者昌，逆德者亡。那么请问汉王，该如何灭亡项乱臣呢？"

"听董公高见。"刘邦说道。

"兵出无名，事故不成。明其为贼，敌乃可服。"看到刘邦认真在听，董公继续说："大王亲自下令三军将士为义帝举丧，全军身穿孝服，为义帝戴孝，遍告天下诸侯，举兵共同伐楚。"

刘邦立即亲自为董公敬上香茶。董公一边喝着一边说道："己有仁，则天下归之；己有义，则天下奉之。如此，则四海之内莫不仰望你的大德，此则汤、文、武三王当年取天下之道也。"

在董公面前刘邦袒臂大哭，当着董公的面大声发布命令："全军为义帝发丧，为义帝举哀三日。"

第二天，刘邦派出使者，带着自己的亲笔信，通告各路诸侯。内容如下：

"义帝是天下人共同拥立的帝王，我们都甘愿向他北面称臣。现如今项羽放逐义帝也就罢了，还暗中指使九江王黥布、衡山王吴芮、临江王共敖在江南把义帝杀死。这是什么行为？真正是大逆不道的可耻行径。我正在亲自为义帝发丧，诸侯们也应该身穿孝服。现在，我已经调集关中的全部兵马，同时征集河南、河东、河内三郡士兵，我们正沿着长江、汉水南下。诸侯们，让我们携起手来，一起去江南，去楚国，去讨伐那些杀害义帝的人，去为天下讨还公道，去为我们的义帝讨个说法。"

使者来到赵国，赵相陈余说："要我赵国发兵也不是不可以，但有一个条件。你们杀了张耳，我们赵国即刻发兵，随从汉王伐楚。"

得到使者报告，刘邦立刻召开一个小型讨论会。

刘邦说："张耳绝对不能杀，他是我们宝贵的人才。可赵国的军队，我非常希望、非常需要他们参加到东征战争中来。正如做一笔巨大的生意，我的资本略有不足，急需补充。"

会上有人提出来："可以找一个与张耳相貌类似的人，将那人的头买下来之后送给陈余。"

接下来陈余收到"张耳"的人头，当即派出军队，参加东征，讨伐项羽。

到了这个时候，项羽去了哪里？

此时的项羽正率领大军，在齐国剿杀田荣。

项羽接受了张良的建议，首先清除卧榻之侧的威胁，将几乎全部楚军开到了齐国的地面。项羽决定要用石头砸鸡蛋的力量，将田荣的那点力量扑灭掉。

与项羽率领的大军较量，田荣本就不在一个级别上。在城阳，两军发生遭遇战，项羽把田荣的军队打得大败。田荣逃得快，跑到平原躲了起来。不久，田荣被当地的百姓杀死。

"领头的人都没了，我们到底为谁拼命？"齐国的军队没有了最高领导，将领们不知道为谁卖力，纷纷扛起白旗向项羽投降。

"胜利了！"项羽随即露出本性，发出命令："焚烧齐地的每一座城郭，将繁华的齐地变成一片焦土，军官们，放开你们的手脚，虏尽齐地的女人和小孩，将这里的男性居民全部卖为奴隶。"

齐地的人，从官员到百姓，谁都受不了楚军过分的暴虐。田荣的弟弟田横举起了反楚的大旗，"立田荣的儿子田广为齐王"。

齐王田广当即动手，在城阳（今山东鄄城）起兵，反抗楚军的暴行。

项羽率领军队再一次向城阳发起进攻。上次攻打齐军没有费太大的力气，今日则有些不同，齐国人拿命来守卫他们的每一座城池。如果被项羽的军队攻破，一定是烧光、杀光、抢光，夷为平地，变成瓦砾。齐国人变了，人人奋勇，绝不放弃每一座城池。

打仗的人，不怕狠的就怕不要命的。现在是狠人项羽碰上了不要命的齐国人，两方就这样死磕上了。最后，不要命的这群人，成功地守住了自己的城池。

就在这时，项羽听到确切的消息："刘邦正率领由河南王申阳、魏王魏豹等五路诸侯共计五十六万大军向楚都彭城进发。"

"这不就是乘人之危吗？这不就是要我撤了齐地的军队去救都城，他好中途设伏，打我一个措手不及吗？那好，我将计就计，就是不从齐地撤军，把都城暂时让给你，让你好好地高兴一阵子。等我拿下齐地再来找你算账不迟。估计那时你高兴得晕了头，就是你的死期到了。"

同年四月，刘邦率领五路诸侯，共计大军六十万（中途彭越率四万军队加入）来到彭城城下。彭城防守空虚，只有一些城池守军，项羽的主力全部聚集齐国，正在那边进入最酣的战斗状态。刘邦指挥军队胜利攻下彭城。

"哎呀呀，从未统率过这么多的军队，实实在在过了一把统率大军的瘾！哎呀呀，如此迅速取得如此辉煌的胜利，实在大大超出了我的预期，这就叫人多力量大！六十万军队一准把项羽吓得尿裤子。"站在彭城城楼上刘邦大发感慨。

进到彭城，这一次刘邦没有先前进秦朝都城咸阳那么客气，发出命令，没收项羽囤积在都城的所有货宝、美人。对着如此众多的金银财宝，看着如此众多的美女，刘邦与五路诸侯大摆宴会，饮酒作乐。

这个时候，张良回到了刘邦的身边，樊哙也在。可为什么两人没有再一次来提醒刘邦："风险就在眼前，项羽那条大鳄随时会扑过来？"

"彭城危在旦夕"，得到消息的项羽哈哈大笑，"刘邦已经上钩"，并立即做出决定："部分军队继续攻击齐军，直到齐军彻底毁灭。我亲率三万精兵，杀进彭城。"

"刘邦有六十万人马，你就三万骑兵？"如果有人问，不知道项羽有怎样的解释，回答一定是"够了，完全够了"。

楚军从曲阜出发，经胡陵（今山东鱼台东南）南下，向目标冲去。

刘邦的大军已经攻入彭城，"日置酒高会"。

说时迟，那时快，项羽以闪电一样的速度迅速就从萧（今安徽萧县西北）发起猛烈的攻击。项羽根本就没有给刘邦准备的时间，没有给刘邦组织军队的时间，从早晨开始向东进击，到了上午攻到了彭城城下，到了中午攻破彭城。

刘邦的六十万联军虽然努力抵御，仍然被楚军攻破城池。城破之后，联军溃败逃亡。

项羽率领三万人接下来的做法类似民间糟塘。糟塘是指农民们要打捞深水塘里的鱼，先是放掉鱼塘里绝大部分的水，这时站在岸边的人朝着浅水的塘底一哄而下，在塘底乱踩。鱼儿受到这种突然而至的惊吓在浅水的水面乱漂，捉鱼的人伸手就能捉个筐满箩满，整塘的鱼便会被捉得一个不留。

"六十万人马全都挤在彭城里，好似一群鱼搁浅在鱼塘的塘底。"项羽开怀大笑："你们真是酒喝昏了头，六十万兵马不分兵布局，互成犄角，居然挤在一起。"项羽发出命令："全军杀入城中。"

彭城城破，六十万联军立即从城中撤退。因事先没有撤退预案，场面混乱不堪。

撤出城池的军队不敢往开阔地跑，所有人全都一个想法："赶紧找山沟里钻。"按照往常的经验，这个时候钻进山沟必定是安全的。

六十万人都朝同一个山沟里钻，山沟的河谷地带立即变得非常拥挤。史载，汉军相继挤入谷水、泗水之中。

如果四散乱逃，或许项羽的三万人马发挥不了太大的作用，因为不知道追哪一股好。现在逃的人都往一个地方跑，朝准有山头的地方钻，这正好被

第九章 楚汉争雄

在后面追击的骑兵逮个正着。你在前面跑，我在后面追，前面跑的只听到背后呼呼风响，接着是兜头一刀或拦头一棒，瞬间毙命。史载，这一次汉军被杀死者多达十余万人。

联军发现藏在谷水、泗水的山沟里也保不了命。五十万人马全都一个劲地朝南逃。

项羽的军队追到灵璧的睢水，"哈哈，这些人差不多又是一个不落全都挤在了这里"。

楚军立即发起攻击，前面的人在跑，后面的人举着砍刀在追，再一次上演骑兵追杀步兵的大惨剧。追杀大战中，逃命的联军有十多万人被挤入睢水中。资料记载，睢水因之不能流动。

在逃命的队伍中，楚军不久就发现了刘邦的身影。得到消息后，大队的楚军立即追了上去，将刘邦的队伍重重包围。领兵的楚将暗道：除非上天来救你，今天你要冲出重重围困的包围圈，绝对不可能。

危急时分，西北方向突然刮起狂风，飞沙走石，天昏地暗。刮风方向十分诡异，大风迎面向楚军吹了过去。四五月天里刮这样的风应该不是台风，从今天的天气角度来看可能是遇到寒潮南下而刮起来的大风。但是为什么这风就在这样紧急的关头赶过来帮刘邦的忙，而且来得不早不晚，这就让人觉得十分的诡异。刘邦应该不会有呼风唤雨的本领。

遭遇迎面的大风，楚军士兵的眼睛根本无法睁开。趁着狂风所赐的一线生机刘邦带领身边的十余名骑兵脱逃而去。

"东边肯定待不住了，赶紧向西逃，逃到关中去，逃回根据地去，那么就有必要回一趟老家，把妻儿老小接出来，然后再一起向西逃命。"

刘邦有这样的想法，项羽也不是傻瓜：刘邦必定回家接他的家人。

刘邦的家人坐在家里，这些天整天的工作就是打听前线的消息。"刘邦的汉军大败而逃。"得到消息，在第一时间全家人立即做出决定："赶紧逃命，项羽这一次绝不会放过我们。"

刘邦跑到家门口时，项羽的军队已经扫荡了一番，毫无收获。刘邦当然也毫无收获。

有时事也凑巧，离开家门口，没有跑多远，就在路边碰到正在山脚边准备躲藏的儿子（后为孝惠帝）和女儿（后封鲁元公主）。刘邦立即带上他们俩一同逃跑。跑着跑着又发现了一个大问题，后面的楚军骑兵正奋力追了上来。虽然是几匹马同时拉一辆车，但是重量增加，车子的速度自然就慢了下来。刘邦心中着急，于是把儿子和女儿一把推下车去。

同行的滕公夏侯婴连忙冲下车去把两个孩子一把抱到车上来。刘邦又要来推，夏侯婴大声说道："情况虽然紧急，但是丢掉孩子，马不见得就一定跑得再快些，为什么把孩子就这样忍心抛弃不管？"夏侯婴这么一说，刘邦就没有再推。

为什么不是推掉滕公而是推掉子女？刘邦爱人才胜过爱子女，爱事业胜过爱家庭，真是一位"事业型人物"。

刘邦一行人彻底逃脱了楚军的追击。可他的父亲和妻子吕雉去了哪里？

刘邦偷偷派出一支人马去寻找，无果而终。先前刘邦委托审食其（yī jī）护送，抄小路逃跑。这三人的运气不好，没有遇到寻找他们的汉军反而遇到了一支楚军，成了楚军的俘虏。

捉到了刘邦的父亲和爱妻，这事非同小可。项羽很高兴："哈哈，传说中的天上掉馅饼，就是这么掉下来的，真是想什么来什么。"项羽做出决定："把他们安置在军营中，作为将来要挟刘邦的人质。"

世间事情真是奇妙，几天前刘邦还是高兴得不醉不归，可眼下，竟白日躲藏，深夜里赶紧逃命。

"项羽那人是绝不会放过我的，一定会派出大队人马朝荥阳这边打过来。"刘邦逃回荥阳，努力收集失散的人马，突然得到消息："大胜的楚军已从彭城出发，正向西追来。"

萧何找到刘邦，说道："只有把楚军挡在关中之外，才有可能赢得生存的空间。即使不用强力硬挡，哪怕用上拖字诀，拖住楚军，汉军就有了生存的机会。眼下汉军实力太过于捉襟见肘。"

"将关中地区所有能找到的青壮年男子，甚至包括青壮年以外的老弱男性，尽可能地征集起来，调往荥阳前线，补充兵员。"

萧何一方面征集兵员，一方面组织人力向荥阳调运粮草。在京、索（京，邑名，今荥阳东南；索，索亭，今荥阳）两城之间，利用城墙优势，汉军拖住了楚军。"项羽派来的是清一色的骑兵。彭城大战中，项羽三万骑兵破了我六十万步兵"，想到这里，刘邦做出决定："咬咬牙，勒紧裤子带，我也要组建自己的骑兵部队。"

刘邦立即发出命令："挑选擅于骑马的兵士，组建骑军；任命灌婴为中大夫令，负责骑兵部队的组建、训练、调派工作；任命李必、骆甲为左右骑兵校尉。"

平定北地

这时，退守荥阳的刘邦收到一个消息："塞王司马欣、翟王董翳从汉军中逃走，已经投降楚军。"

同年六月，又一道消息传来："魏王豹回家探望老母亲，回到封国，立即切断黄河西岸临晋关通道，秘密跟楚王谈判。"

刘邦找到说客郦食其："形势严峻，如果诸侯王都像塞王司马欣、翟王董翳那样，后果将不堪设想。魏王豹正在那里蠢蠢欲动，我想请你打头阵，发挥思想工作的牛力，看看能不能拖住对方。"

郦食其立即动身赶往魏国。

八月，游说的结果出来了。在朝向项羽的路上，魏王豹一路狂奔，根本听不进郦说客的话。

听完郦食其回报，刘邦做出决定："必须收拾掉魏王豹，杀鸡儆猴，止住诸侯王叛逃的势头。"刘邦随即发出命令："任命韩信为左丞相，率领汉军攻打魏国。"

"韩信率着兵马这就要来了"，得到消息，魏王豹立即发出命令："重兵调往浦坂（浦坂，隔黄河与莆津关相对，今山西永济西黄河东岸），向临晋关增加守军。"

走在半路上，韩信就得到了魏王豹调动军队的消息。

"如果与魏王豹在临晋关死拼，双方只能拼个平手，对方明显占有地利的优势。魏军只要待在关里不出来，汉军就几乎没有什么办法。那我不妨换个打法，搞个出其不意的袭击，打得魏王豹惊慌失措。惊慌中的军队，第一丢失的必定是胜利的信心。军心都搞乱了，你还拿什么来跟我较量？"

袭击战的关键在于不能让对手看到己方的动作。

韩信发出命令："在临晋增设部队，在这段黄河里摆开船只，做出一副要在临晋渡河的架势。主力部队则隐蔽起来，偃旗息鼓，走山路，悄悄开赴夏阳（夏阳，今陕西韩城西南）。"

汉军到达夏阳，搜集一切可能渡河的工具如木盆、陶瓮，偷偷浮水渡河。

渡过河的部队随即偷袭安邑（今山西夏县西北）。对方完全没有防备，没有派兵把守，汉军犹入无人之境，偷袭一举成功。

"安邑失守"，得到消息，魏王豹突然明白过来，自己中了韩信的疑兵计。汉军已从另一个地方偷偷地渡过黄河，正向着我这里杀奔而来。惊慌失措之际，魏王豹没有寻找外援率军便迎战韩信。

魏王豹在两个月短暂时间里临时拼凑起来的那点军队根本就不是汉军的对手。两军刚一接触，汉军就占了上风。魏军一看对方太过于勇猛而迅速溃散。魏王豹逃得慢了一步，成了韩信的俘虏。

接下来，刘邦在魏地设置河东郡。

这样，在荥阳一带，刘邦成功地拖住了楚军进攻的势头；在魏地，任用韩信，成功地开辟了第二战场。

另一边彭城惨败，汉军向西退却，陈余突然发现张耳没有死。"刘邦为了向我赵国借兵居然用了一个假人头来替代张耳的人头，这不是明目张胆的欺骗又是什么？"陈余决定反叛汉军。

"韩信把魏国踩在了脚下"，刘邦立即认为："收拾陈余的机会来了。"

魏王豹的军队是两个月的时间里临时拼凑起来的，而陈余领导的赵军，无论在军队数量还是质量上，早已经营得有声有色。"如果硬碰硬，眼下汉军正在跟楚军纠缠不休，无论如何撼动不了另一支同样强大的赵军。"

一天，刘邦突然接到韩信的来信。"我要以平定反叛汉军的陈余为出兵的借口请求你拨给我三万兵卒，我将北上进攻燕国、赵国，东进攻击齐军，向南断绝楚军粮道，从楚军的背面插上一把尖刀，使楚军部分甚至彻底失去向西进攻我方根据地的能力。"

手里捏着这封信，刘邦在营帐里踱着小步，"三万兵马能如此？韩信应

第九章 楚汉争雄

该不会是夸下海口。那就不妨把张耳也派过去。陈余不是要他的人头吗？"

同年闰九月，韩信率领三万汉军抵达赵国的地面。

在阏与（今山西和顺），汉军与赵军相遇。乘着得胜之师的那股锐气，汉军不但打败了前来挡路的赵军，还活捉了带队的将领夏说。

这场战斗让韩信在赵国地面有了立足之地。袖珍级的汉军与庞然大物般的赵军之间，形成了对峙的局面。

"在赵国地面顺势而推，扩大战果"，韩信信心满满。可这时，他却突然接到刘邦的来信："楚军向汉军又一次发起猛烈的进攻，现征调大部分精兵急急开赴荥阳前线。"

"手上没有兵，还能有什么办法？神仙也没有办法。"

近一年的时间里，韩信没有歇着，他在努力地招兵买马。到汉王三年（公元前 204 年）十月，韩信手中已积集了两万新兵。这下子，韩信只得将已经训练好的新兵开赴荥阳前线，自己再重新招兵。

接下来，韩信派出人手详细侦察井陉地区特殊的地形，韩信的案头一个方案渐渐成熟。

"我待在这里快一年，这时间也够长，应该是我们发力的时候了。"

韩信、张耳率两万士兵向东部井陉地区进发。

得到汉军向井陉移动的消息，赵王赵歇、成安君陈余立即做出反应，指挥赵军在井陉口集结。

赵王派出二十万兵马严阵以待，"我就要看一看韩信、张耳如何击败我"。

"二十万，听清楚了，你那两万军队算什么，咱们十个人打你一个，吓也要吓死你。"

陈余指挥军队在井陉口排兵布阵，这时，有一个人用慧眼看出问题来了："仅仅用堵的办法，成不了事。"

陈余的谋士广武君李左车，是一个非常有眼力的人。他能看破对方的弱项，紧紧抓住对方的软肋下刀子。看出问题后，李左车赶紧来向陈余献计，"这次是一个为赵国做贡献的好机会，我的方案肯定能卖个大价钱"。

这天上午，风和日丽，李左车敲开了陈余的房门。

坐定之后，李左车缓缓说道："韩信渡过黄河后，先是俘虏魏王，接着又血洗阏与、生擒夏说，这样的得胜之军，军锋锐不可当。正面堵凶险万分。韩信身边还有张耳辅助，这两只老狐狸的目标是要占我赵国，雄心勃勃。对付这样的军队，对付这样的牛人团队不宜正面跟他们死磕。"

李左车停了下来，喝了口茶，看到陈余认真在听，继续说道："现在这两人率领的汉军虽然是乘着胜利之风向我进攻，然而却是远离本土作战；虽然锋芒不可抵挡却也漏洞明显。从千里外运送军粮总有接济不上的时候，士兵就有可能挨饿，面有饥色就是明证。临时砍柴做饭，柴草不是鲜活的就是潮湿的，军队就不能保证天天能吃饱肚皮。再细看汉军当下的地理环境，有一个非常大的漏洞。井陉口前面的这条道路，两辆车不能同时并行，骑兵不能排列成多路纵队前进。他们汉军的队伍不得不拉成近百里的长度——这就是他们的风险，是我们的机会。我们真正的机会还不在这里。他们的运粮车队势必落在大部队的后面，那里是我们真正的机会所在。"

李左车停了下来，看到陈余正低着头抽着烟听他叙说。

"你从二十万大军中拨给我三万士卒，一定要骑兵。我带着这支部队抄小路绕到汉军后方，截断敌军粮道。你这边深掘战壕、高筑壁垒，接下来就只要坚守营寨，不与敌兵交战就成，后面的工作我这三万骑兵搞定。我用骑兵断绝敌后路，把对手搞得向前无法与我军交战，向后退却不得回还。我们就饿他十天半个月，让他们半个月里只能上山打野食，让他们只能四处掠夺得不到任何的给养。饿上他们半个月足够了，活人也会饿没了，到那时，我会把韩信、张耳两将的人头送至麾下。"

李左车说完了，坐在那里，等着陈余的反应。

陈余抬起了头，说道："我呢，也从兵书上看到这样的话：兵力十倍于敌人可以围而歼之；兵力一倍于敌人就可以跟对手交战。现在韩信的兵力虽然号称数万，据我了解，真正能打仗的不过区区几千人而已。你也看到了，他们不远千里而来，那就叫精疲力竭。对付这样一个病残的人用得着你那样拐弯抹角的办法吗？再说了，如果对付这点敌军，我们二十万军队都回避敌人，做缩头乌龟，以后碰到真正强大的敌人，我们怎么打？连小敌都不敢打，我们又如何能战胜强大的敌人？你那样的办法，即使是胜了，诸侯也会嘲笑我们的，他们会笑话我们怯懦，他们会瞧不起我们，他们就有可能来攻打我们。"

"聪明"的上司当即毙掉了下属的合理化建议。

另一边韩信突然得到消息："李左车提出了一套针对汉军漏洞的方案。"

他心中非常吃惊，接着又得到第二个消息："陈余没有采纳李左车的计策。"

"对方虽然有高手窥破我方的漏洞，这是上天让陈余做出了错误的决策，天助我也。"韩信随即发出命令："大军径直向前进军。"

"我现在需要的就是你轻视我，这样我才能从容地排兵布阵。"在距井陉口三十里的地方，韩信命令汉军停下来宿营。

半夜时分，韩信发出命令："挑选骑兵两千人，除带上武器外，每人带上一面汉军旗帜，抄小路秘密上山。隐蔽在山上察看敌军的动静。接下来，赵军将会看到我军退走，那时必定倾巢走出壁垒，然后一定会追击我们。到了那时，你们就要抓住时机，以最快的速度抢入赵军壁垒，之后关上城门，拔掉赵军的旗帜，插上我们汉军的旗帜。"

有人问："这两千人够吗？"韩信说："完全够了。那时留在赵军壁垒里的只能是一些文官；能打仗的，能跑的，都上前线抢战功去了，哪个还留在营地里啊，除非是白痴。"

韩信接着发出第二道命令："现在给大家开顿夜宵，吃饱喝足，储备精力，准备明天一天大战；明日击溃赵军后正式会餐，到时大鱼大肉地吃。"

深夜里突然接到这样一道吃夜宵的命令，所有的人都将信将疑："明日一天的时间能击溃二十万赵军？"然而有命令就必须执行，不管如何，有夜宵吃总是好事。

看到大家吃饱喝足，韩信发出第三道命令："赵军已抢在我军的前面占据有利地形，并且构筑营垒。今天他们之所以不肯出营攻击我们的先头部队，主要是没有看到我们的大将旗鼓，而且猜疑我们来到这个险要的地方会主动地撤退回去。那么，我现在的命令是一万士卒先行出战，大家现在就出发，去布下战阵。"

天亮时分，赵军望见汉军昨晚布下的阵势，忍不住大笑起来。"韩信布下的是什么阵？背水布阵乃兵家大忌啊！汉军是晚上没有亮光，月色星光之下看不清地形吧。"

就在赵军最高层琢磨韩信布下的搞笑阵时，太阳慢慢地升出地平线来，这时，另一幕景象在赵军的面前出现。只见汉军中打出了大将的旗鼓，缓缓地向井陉口走来。

陈余本来就无视汉军的实力，看到这情形更不把韩信放在眼里。"韩信也就那样，没有几两肉，还在那里逞能。"陈余毫无顾忌，立即发出命令："打开营门，向汉军发起攻击。"

接下来，战斗完全按照韩信事先设计的程序进行。

双方激战很久。

接下来，韩信、张耳佯装失败，大家丢弃旗鼓，减轻装备，以最快的速度逃跑。汉军不是乱逃，而是按事先设定的方向进行，一口气逃回河边预先布下的那个背水的阵地。

河边的部队打开营门接纳逃回的汉军。这个动作比较利索。

河边等待的汉军奋勇地冲出阵地。这部分汉军与随后追击而来的赵军再度展开激战。

这个时候，那些先前还缩在壁垒中的赵军似乎中了魔一样，倾巢出动。"汉军丢弃的旗鼓、枪械，赶紧去抢啊。韩信、张耳的那些逃亡部队，赶紧去追赶啊。从逃跑的汉军背后去追肯定有优势。我们赶紧追上去，砍下那些逃亡者的头来，敌军的头都是我们立功受奖的凭证。"

在河边，韩信的部队已全部进入预设的阵地。追过来的赵军与守在这里的汉军立刻展开了一场殊死搏斗。

"趁着刚才取胜的大势，追到河边，再度击溃汉军。"然而追到河边，赵军发现情形有些不一样，这些背水打仗的汉军就像吃了火药。后面就是大河，没有退路，想不以一当十都不行。

赵军努力了，却无法再次击败汉军。

这个时间点上，韩信派出的那两千名轻骑兵眼睛睁得大大的，等待这一时刻的到来。看到赵军已经倾巢出动，有的去争夺战利品，有的去追击汉军，有的投入与汉军的阵地战，这两千名骑兵立即以最快的速度，以最迅猛的方式，杀入赵军壁垒。

此时壁垒内部，除了门卫差不多就是一座空营。这些迅速进入营垒的汉

第九章　楚汉争雄

军迅速制服那点门卫和那些留营的文官，接着便紧闭大门，将壁垒上的赵军军旗全部拔去，将他们随身携带的汉军旗帜全部插在高高的壁垒上。

赵军看到今天占不了什么优势，也不能把汉军打败，就决定不打了，"退回壁垒，明日再战"。赵军"呼啦啦"退到自己的壁垒下面，可抬头望去，只见那里插遍了汉军的旗帜而且大门紧闭。

这时，所有的人全都变得十分惊恐。"壁垒被汉军占领，看来汉军已经将留在壁垒的赵王俘虏了。不想去壁垒里投降的话，那就赶紧逃命吧。现在逃还来得及。"赵军乱作一团，所有的人只做一件事，争相逃走。

看到士卒四散乱逃，赵军将领立即发出命令："斩杀逃走的士兵。"他们想用这样的办法阻止士兵逃跑的溃势。然而将领们很快就发现，这样的做法对于赵军溃逃的形势丝毫起不了作用。

韩信早就料到赵军必定肯定会出现这样的状况，立即指挥早就准备好的汉军发起追击。赵军大败，一部分逃走，一部分兵卒则成了汉军的俘虏。

逃亡中的陈余，被后面的汉军追上，被当场斩杀。赵王赵歇则被汉军生擒。

翻开中国战争史，上面有不少以少胜多的战例，这个战例就是其中之一。

还在汉军对赵军发起追击时，韩信向追击部队下达了特别的指令："不得斩杀广武君李左车，有俘获者赏赐千金。"战斗结束时，有人推着被活捉的李左车前来领赏。

看到被五花大绑的李左车，韩信立即走上前去，亲手为他解去绳索，往上座上请。

紧接着，陆续有将领进来报告斩杀敌军首级和俘虏的数字，同时向他祝贺取得的胜利。有位将领问道："兵书上有这样的说法，排兵布阵，右边和背后要靠山，前面和左边要靠水。将军这次却反过来做，让我们背水布阵。事前还丢下大话，说是等待击溃赵军后再大吃大喝。实话实说，我们昨晚对你这套做法十分怀疑。现如今我们竟然取胜了。你的这套战术到底是什么套路？我们大家着实有些看不懂。"

"你说的那句话，兵书上的确是有的。但是兵法上还有一句话，不知你注意到没有，'陷之死地而后生，置之亡地而后存'，我现在运用的正是这个套路。为什么我要这么做，并不是我想出来的什么好主意，实在是被现实逼得没有办法。大家应该看到，我以前训练的将士都给汉王（刘邦）调过去抵御楚军了。这次差不多都是新兵。要说我这是'驱赶着市民去打仗'真是一点也没有错。手下只有这样的军队，这仗我还能怎么打？这段时间以来，我一直在想这个问题，终于想到了这个解决方案。非得把兵士们置于死地，除此之外没有办法能让他们拼命作战。对新上战场的士兵，你给他们发再高的饷银，发再多的奖钱，那都是不行的。这些人到了战场，只求活命，不求钱财。想想看，假如把他们置于活路，他们做的第一件事—准儿是逃生。"

"牛啊！这就是传说中的'置之死地而后生'。"听了韩信的解释，将领们个个拍手赞叹。

回答完将领的提问，韩信转过身来，面向李左车，提问道："下一步，我想向北攻击燕国，我更想向东讨伐齐国，你说说看，我要怎样做才有可能成功？"

韩信如此细细地解释"置之死地而后生"，绝不只是给大将们上一课。"把这些话送进李左车的耳朵里，就有可能引出我想要的东西。在他的脑子里一定有我迫切需要的宝贝。"

李左车说道："我听人说败军的将领没有资格谈论勇敢二字；我听人说丧失自己国家的士大夫，没有资格谋划别的国家的存亡。现如今我是兵败国亡的俘虏，哪里还配得上商议军国大事呢？"

韩信说："我听说过历史上一件真人真事。百里奚当虞国国君的军师时虞国灭亡；后来，百里奚当秦国的军师却使秦国称霸。他是不是在虞国时脑子很愚蠢，而到了秦国后脑子突然变聪明了呢？显然，百里奚还是那个百里奚，百里奚的大脑还是那个百里奚的大脑。那么，为什么会发生这样截然相反的情况？关键在于国君。在于国君能不能听进他的意见，在于国君用不用他的计谋。在今天的战斗还没有发起之前，我就已经听到了你向成安君（陈余）贡献击败我的计谋。假使成安君采纳了你的方案，我韩信确信，今天我一定是你们赵军的俘虏。正是因为成安君没有采纳你的计谋，才让我韩信有机会听取你的方案。真是得感谢上天这番良苦用心。"

看到李左车低头不语，还在琢磨，韩信说："我诚心听取你的想法，你就不要推辞了。"

"我听人说过这样的话，'智者千虑，必有一失；愚者千虑，必有一得。'我还听人说过这样的话，'即使是狂人所说的话，圣人也会有所采纳和选择'。下面我要说的话，或者说我的方案，不一定值得你采纳，但我愿意奉献我的愚忠。"

韩信一听，有了一个感觉，好戏就要开场了。

"将军成功渡过黄河，成功地俘虏魏王，又成功地生擒夏说于阏与，今天，将军一举攻下井陉，用时一上午就击破赵国二十万大军，诛杀成安君。将军的这一切得到了非常好的东西：名声闻于海内、威势震动天下。那么接下来就会发生这样的事情：农夫们个个放下手中的农具，跟在你的后面混饭吃，在他们的眼中你有能耐让他们穿好的、吃好的。对于你下达的每一句进军的命令，他们一定会侧耳倾听。哈哈，这叫跟对人做对事。上面我说的是将军你的长处，也即说了让你感觉好听的话。下面我就要说说你的可能潜在的问题，也叫你的短处。"

看到韩信在侧耳倾听，李左车决定接着往下说。

"眼下，你要面对的是一个事实：百姓劳苦、士卒疲惫，无论是百姓还是士卒，都不想继续作战。然而，将军你却不得不率领这些疲惫的士卒，带着他们走到燕国坚固的城池下面，在那里停顿下来。接下来，你将非常想攻占那些城池却又极为担心用时太久而不能攻克，极为担心实情暴露而声势削弱。在将军的眼前，将有可能出现最为恐怖的一幕：用时太久，军粮耗尽，而燕国虽弱小却坚决不肯降服。双方进入持久战、消耗战。那将是你最伤不起的战争。而齐国那边呢，看到你连弱小的燕国都搞不定，必定不肯降服与你，这样一来，你们刘邦、项羽两家的实力就再也分不出轻重甲乙。呵呵，这就是我分析出来的将军的短处。"

韩信点头，缓缓说道："能看出毛病的医生往往能开出治病的处方。李'医生'能看出病症，心中必定有济世良方。"说完这话，韩信立即亲手给李左车的茶杯里添水。

"我见识短浅，但也有一些我的想法。我在想一件事，你想用攻伐的办法来搞定燕、齐，这做法是不妥的。为什么这么说呢？善于用兵的人是不会用自己的短处去攻击敌人的长处的，一定是用自己的长处去攻击敌人的短处。"

说到这里，李左车停了下来，慢慢地喝了一口茶。

"我如果是将军，我将休兵不动，安定赵国；我将尽心尽力抚恤阵亡将士的遗孤，我这样做的目的只有一个：使方圆百里之内，每天有人送来牛肉酒食。我将用这些食物，不停地犒赏军官与士兵，从而摆出向北进攻燕国的姿态。这些动作是为下一个动作做铺垫，即起势。有了这个底子，我将采取第二个动作，派遣说客带着书信到燕国去，去的目的就是做一件事：把自己的长处显露出来，让对方睁大眼睛，好好地看清楚。我如此大玩特玩，就是使燕国不敢不降服。说白了，把自己变成一个强大无比的人，让对手在自己面前颤抖，而不是让自己在瘦弱的情况下去跟对方较劲。我的力量强大了，要搞定对方，就像老鹰捉小鸡，对方敢不俯首听命？到时就只是我方给对方一个机会罢了。对方就一定甘心加入我方的联军，成为我方的同盟力量。所谓不战而屈人之兵，善之善者也。"

"燕国既已服从，我再派说客向东劝降齐国。到那时齐国敢不降服吗？要明白，我已是强大的盟主。到那时，即便齐国有神仙出现怕也束手无策。"

在李左车的策划案前，韩信打了一个大大的对号。

接下来就是走程序。在经营赵国的基础上派出使者出使燕国。燕国国君早就在盯着韩信在赵国的一举一动，这会儿看到使者上门，立即做出决定："跟韩信联手，结成同盟。"

这天，刘邦接到韩信来信，"建议立张耳为赵王，在赵国举起反项羽的大旗，从而吸引楚军的注意力，减轻荥阳的军事压力"。

张耳被立为赵王后，立即高调反对项羽。楚军多次偷渡黄河，袭击赵国。楚军的动作早在韩信的预料之中。每次楚军进攻赵国，总是得到同一个结局，偷鸡不成反蚀把米。

一天，刘邦突然有了一个"拆墙"的厉害主意："拆毁项羽铸造的那面护院大墙。在项羽的联盟队伍中，打出一个大大的洞窟来。"

刘邦选定的这个"拆墙"之人是谁，大家接着往下看。

谋而后动

一天晚饭后，刘邦跟张良聊天，猛然想到了一个思考了很久却得不到答案的问题："如果我愿用函谷关以东的土地作为封赏来求得一个人，与我共同建功立业，这样的一个人会是谁？"

张良的回答干脆利落："九江王黥布"。看看刘邦陷入思索之中，张良接着说："他是楚国的一员猛将，却与楚王矛盾重重。"

一天，在刘邦身边掌管传达的谒者随何看到刘邦在营帐中反复地转圈，不停地抓头皮，就问道："大王是遇到什么难事吗？"

"谁能为我出使九江国？促使九江王（黥布）叛楚,促动九江王发兵攻楚？这项使命艰险异常。"

"我现在就正式提出请求，出使九江国。"随何一脸严肃地说道。

于是，汉王三年十一月，随何组建了一支二十人的敢死队似的秘密使团。秘密使团不久出发，悄悄来到了九江王的都城六（今安徽六安北）。

随何找到了九江王的太宰（掌管国王膳食的人，今天我们叫行政大厨），送上一笔诱人的礼金。太宰收了礼，答应三天内带他去见九江王。可三天时间过去了，却不见动静。

"如果慢慢等太宰找机会,时间一天天拖下去,风险必定增加。"想到这里，午饭过后，随何来到太宰家里。

两人坐定，随何说道："大王不接见我随何，只有一个原因：楚国强大、汉国弱小。如果我能见到大王的话，我也准备了一番话。如果我的这番话说得对，那就说明我要说的话正是大王要听且必须听的话；如果我准备好的这番话说得不对，那么大王可以在大庭广众之下将我们二十人斩首，用来表明大王绝不结交汉王，表明大王只与楚国友好。"

"艺高人胆大，随何既然敢冒死来拿命来搏，一定是在他的心中想好了一套方案，他的手中一定有极其值钱的宝贝"，想到这里太宰当即起身，说道："我这就去面见大王，将你的话一五一十地向大王汇报。"

黥布听了太宰的来意后，当即说道："宣随何来见。"

"汉王让我十分用心地讨好、巴结大王身边的人，我就私下里纳闷，大王为什么不搭理汉王而是那么亲近楚王？"

"我是臣子，他才是王啊，我是以臣的身份服侍他啊。"

"大王与楚王一同列为诸侯。你向他北面称臣原因应该是楚国强大。那么，接下来的几件事就让我难以理解了。"

"楚王攻伐齐国，楚王亲自扛着攻城的器具奔上战场，而作为臣下的你呢？却只派四千人去，这也是臣子的做派？再有一件事，当初汉王的军队攻占彭城时，楚军还在齐国那边浴血奋战，你却袖手旁观。汉、楚两家谁胜谁负，似乎与你毫无关系。你这臣下就是这么当的？我这样一个粗人都能看出来的理，我想楚王一定是看在眼里并记在心里。"

"大王不背叛楚国是因为汉国弱小。实际情况是不是这样呢？我先来分析一下楚国的强大。他的强大是有代价的——在全天下人面前背着不义的名声。项羽违背盟约杀害了义帝就是明证。楚王依仗着作战获胜而强大，然而眼前的一线战场的情况，可能大王还不太清楚。"

"眼前，汉王联合诸侯，将大军驻守在成皋、荥阳，从蜀郡、汉中郡运来充足的粮食，在关前深挖战壕，关口高筑壁垒，调派士卒分守各个要塞，已经牢牢地把楚军挡在防线的外面。"

"楚国方面，多次调派部队开往前线，然而由于中间隔着魏国，从楚地到前线要经过上千里的路程，楚军一次次发起进攻却不能得胜，一次次发起攻城战却不能得手。楚军没有能够达到预想的速战速决的效果，被汉军拖入持久战、城防战的泥潭。"

"楚军不得不依靠老弱残兵从千里以外运送军粮。自从楚军打到荥阳、成皋，汉军念起了拖字诀，步兵坚守城池而不出战，骑兵在野外袭扰楚军，搞得楚军白天紧张，晚上的日子更不好过。而汉军在城池里却以逸待劳、蓄养精神。"

"楚军想前进却不能攻取汉军的城池，想后退却又不能脱身。楚军只要一退汉军必定死追。楚军已经进入进退两难的窘境。而这样可怕的情况楚军短时间内无法打破。"

"如今的汉国是万无一失；如今的楚国是行将灭亡。这样的情形之下，大王不同汉交朋友却托身于楚，我私下里认为，大王应该重新考虑布局重新站队。大王的兵力的确是不足以灭亡楚国，但是，如果大王发兵攻楚，那么汉王就必定会在国门口将楚军死死地咬住。天下鹿死谁手，这个局势更加明朗。到那时，大王手提宝剑归属汉王，汉王必定会割地封赐大王，到那时，就不只是现有的九江国了，一定有更多更大的土地。"

"上面我说的这些，也不是我个人的看法，实在是汉王在我出发前特地嘱托我向您说的。希望大王特别地重视汉王，认真地考虑一下眼前的局势。"

搞定一个牛人，看来要用牛力。

听了随何的长篇大论之后，黥布说："说得好，就按你说的办。"

回来的路上，随何就在想："黥布这是暗中答应叛楚归汉。现在要找个机会向外界公示出来。"

住在九江王都城的客店里，随何有一个发现："这里住着几伙人，其中有一伙人是楚国的使者。"再细细打听："这伙人正心急火燎地在做一件事，要求黥布发兵，救援楚国正在前线作战的军队。"

"如果此时不是机会，什么是机会？"

打听到那伙人进入王府，正在同黥布商谈发兵事宜，随何立即闯了进去。当着黥布和楚使的面，随何说："九江王已经归属汉王。楚国已经没有权力要求九江王发兵。"听到这话，楚使立即起身往外就走。望着楚使离开的背影，随何向黥布说道："事情既然已经定下来了，那么应该立即杀掉楚使，绝不能放他们回去。现在就应该与汉军合力，向楚军宣战。"黥布点头同意。

得到楚使被杀的消息，项羽立即派项声、龙且率领军队向六扑来。

战斗中，龙且打败了黥布的军队。黥布找了一条小路，带着身边的亲信与随何一起偷偷地逃走，同年十二月一同逃到汉王的军营。

接下来，黥布派出亲信去九江国，通过原来的老朋友和亲属重又聚集了数千人。这批人成功地回到了黥布的身边。

刘邦做出决定："再从汉军中，调拨一批人马给黥布。"此后，黥布手下的队伍渐渐发展壮大，成为一支极为重要的反楚力量。

到汉王三年三月的时候，楚汉两军在荥阳一带已经用血淋淋的战争整整对峙了十个月，双方都打得精疲力竭。

这场战争就这样没完没了地拖下去？怎么才能扭转这种势力均衡的对抗赛？有没有一个绝招一下子就把项羽给扳倒？这段时间，刘邦一直在找答案。

一天，刘邦碰到了郦食其，向他讨主意。

"当年汤伐夏桀，封夏朝后代子孙于杞；当年武王伐纣，封商纣王庶兄微子启于宋。这都是德政发出来的牛力；秦朝施暴政于民，摈弃德政，无视道义。下死招灭掉六国的后代，不给他们留一点点后路，不给他们以立锥之地。"

说到这里，郦食其停了下来，看到刘邦在低着头用心在听。

"大王重新立六国的后代为王，授予他们印信。他们君臣必定感激恩德，仰慕你的德义，他们一定心甘情愿地做你的臣民。德义施行于天下，想不南面称帝都难。"

刘邦拍着脑袋："讲得好啊，没有听到过讲德政讲得这么好这么到位的，赶快刻制印信，我就要烦请先生代表我带着这些印信前往诸侯各国，我要轰轰烈烈地开展一场史上从未有过的国际大交往、德政大布施。"

"在这样的艰难时期，不用费兵马刀枪甚至不用死一个人，就能达成伟大的目标，早先怎么就想不到呢？"刘邦感觉非常好，就像悬在空中的一块大石头，"砰"的一声"悄然"落地。

郦食其正在为周游列国的国际公务大旅行在做相关的准备工作。这天，张良正好从外地回来，随即拜见刘邦。

刘邦正在准备吃晚饭，看到张良进门，十分高兴，"你回来了，正好一同来喝杯酒"，大声吩咐厨师"整上几个好菜"。

"子房，往前坐过来一点。最近呢，我得到一个削弱楚国的方案。"看到张良的兴趣上来了，刘邦就把郦食其的话一五一十地讲述了一遍。

"子房，你来看看，用你的眼光掂量掂量，这个方案价值几何？我该给郦食其怎样的一个高价，好好地奖赏他。"

"完了，大事完了。"张良一脸的惊讶。

"为什么？"刘邦的脸上更加惊讶。

"为我拿一把筷子来，我来为你比划比划，是一把不是一双。"

张良从中抽出了一根筷子，摆在了桌子面上。

"是的，当年汤伐桀，的确是封其后代于杞，但那也是有一个前提条件，当时汤已经有一个把握，估计自己完全可以置桀于死地。现在我问你，眼前的形势你能置楚王于死地吗？"

"不能。"刘邦答道。

张良又抽出第二根筷子。

"第一根筷子，是不可以封六国后代的第一条理由。下面我来说说这第二根。武王伐纣的确是封其后代于宋，但那同样也是有一个条件，估计能得到纣的头颅。那我问你，大王眼下能得到项羽的人头么？"

"不能。"刘邦答道。

"那接下来就是第三根筷子要出场了。当年武王攻入殷都，做了三件轰动天下的大事，一是增修王子比干的坟墓，二是释放被囚禁的箕子，三是在殷朝贤人商容的闾门表彰他的德行。那么我问你，你能增修圣人之墓么？"

"不能。"刘邦答道。

"这就是不可以封六国后代的第三条理由。现在是第四根筷子出场。武王当年散发巨桥仓的粮食用以救济饥民，今天叫大动作；将鹿台府库的金钱散发赏赐给贫苦的百姓，今天叫大手笔。大王手里也有多得没办法处理的钱吗？也能将府库的资财赏赐给贫苦百姓么？"

"不能。"刘邦答道。

"你回答得倒也是干脆。上面我分析了不可以封六国后代的第四条理由。看好了，下面这是第五根筷子，不要急，这已经过了一半了。当年武王灭殷之后做了两大动作。一是所有的战车全部废弃，全国打造战车的工匠全部改行，都来制作民间乘用的运输车辆；二是在兵器的外面蒙上一层老虎皮，用这样的方式来向天下人传达一个信息——不再使用兵器。现在，大王能做到偃息武事么，能丢掉兵器立即以文治天下吗？"

"不能。"刘邦回答。

"下面请出第六根筷子。武王把战马全都集拢过来然后放牧在华山的南坡，向着天下人传达一个明确的信号：不再使用战马，即使要运用军队的话，也只是维护治安。大王能做到不使用战马吗？"

"不能。"刘邦应声说道。

"下面是第七根筷子。武王真正是一个非常聪明的人，连拉车用的牛都给他派上了政治用场。他把那些牛全部放牧在桃林塞的北面，天下人一看就知道他的意思了，武王不会再用它们来运输作战用的粮草。如今陛下能把牛放在山上而不用吗？"

"的确不能。"刘邦摇头。

"好吧，我祭出最后一根筷子。我们一起来看一看跟在你后面的是些什么人：是一群把脑袋拎在裤子带上的人，他们离开自己的父母妻子，年头年尾不能回到祖坟旁烧香磕头，他们这么做为着什么呢？说白了，不就是盼着能从你这里得到那么一块封地吗？现如今，你把天下的土地都封给了六国的后代，这些人将来退伍了，各自返回故乡时，就只有一条路可走了：去服侍他们的君主，没法指望得到他们梦中的那一片土地。这样一来，你还能指望谁为你夺得天下出死力？最后一场戏往往是压轴大戏，我这第八根筷子真的希望你好好地考虑，细细地琢磨。在收取这把筷子之前来做一个假设吧，假设你已经复立了六国后代，那么他们就一定追随你么？有没有可能去臣服楚国呢？这样的可能性，我看汉与楚之间是一半一半的哟，就如一个硬币的两个面，随手丢到地上去的话正面朝上的概率是多少呢？只有50%，绝不会是100%。所以我的结论是，如果真的采用这位牛人的计谋的话，陛下的大势就去了。"

看着张良摆在桌子上的八根筷子，刘邦把一直含在口中的食物残渣一口吐了出来："怪不得他的绰号叫儒生，真是个书呆子（指郦食其），险些坏了我的大事。"刘邦一边拿水漱口，一边喊人："快去，快派人去，去把那些刻制好的印信全部塞到灶膛里去，统统烧掉。"

接下来要说的人物是陈平。早在汉王二年三月，项羽手下将领陈平投奔汉王刘邦。而现在是汉王三年三月，楚军围困荥阳的时间已达十月之久。从敖仓至荥阳运粮的甬道上，楚军反复截夺汉军的军粮，汉军时常被弄得饿肚子。荥阳形势越来越吃紧，刘邦四处向人寻主意，讨点子。

刘邦突然想起了一个人来。"陈平从项羽的身边来，既了解项羽的长处也熟悉项羽的短处，莫非搞定项羽的方案装在陈平的脑子里？"刘邦立即召见陈平。

"天下扰乱纷纷，什么时候才是个头儿？"刘邦说。

"项羽那人喜欢听信谗言，猜忌多疑。如果大王能拿出一大笔金钱，用人见人爱的财宝施行反间计，促使楚王君臣之间相互怀疑起来，用在他身边的主要人物，如亚父范增、钟离昧、龙且、周殷等人身上，让金钱发力，造成他们内部诛杀大臣的好戏。他们上下离心、谋臣被杀，汉国趁机发兵攻楚，楚军必破。"

刘邦听了，当即做出决定："我这就拿出大笔金钱，请你出招，利用你早年在楚王身边结成的人际关系，来帮我办成这件大事。"

有资金支持，陈平立即启动反间计项目。调用先前的关系网在楚军中散布对范增等人不利的流言。"亚父范增，劳苦功高，早该封王，却不封王。"

汉王三年四月的一天，陈平发现一个机会扑面而来。这天，楚国的使者因公事到汉军军营联络。

陈平建议刘邦，用最高规格的菜肴派人笑盈盈地端上去献食。接下来，在陈平的策划下，刘邦非常配合地演出一场戏。

刘邦闪亮登场，在看到楚使后有意表现出一脸的惊讶，接着又说了一句话："啊，我以为是亚父（范增）派来的使者，原来是楚王派来的"。说完这句话后，刘邦立即吩咐人将这些菜肴全部端了回去，另送上粗劣的食品供楚使们食用。

楚使感受到被奚落，心中不爽，回去后，便将这通遭遇一五一十地向项羽作了秘密汇报。

项羽听完，对亚父范增大加怀疑。

一天，范增向项羽献计："用最快的速度，以最狠、最猛烈的方式攻下荥阳城，不能陷入久拖不决的泥潭。"项羽投进了怀疑的目光："路途遥远能拼个平局就算不错了，如果攻击太快、伤亡太大，必定供应不足，岂不是自取灭亡？"

范增感受到了项羽的不信任。

"以前项羽对我言听计从，现如今却判若两人。"范增立即派手下的人去暗中打听。打听的人不久就回来了，"项羽已经对你产生了怀疑"。

范增听了愤怒起来："你都不信任我了，我还能在你的手下做事么？"

范增聪明一世也糊涂一时，不停地在自己的行为、言语中找原因，反复地在项羽身上找原因，却偏偏忘记从刘邦那里找。

可见范增这样寻找，结果是找不到原因的。

"秦朝已经推翻，天下大事差不多已成定局，你项羽做你的西楚霸王去吧。既然你不信任我，我也没有必要在你这里赖着不走。"

于是，范增决定回老家休养。

回家的路上，范增不幸生病，病死在途中。

此局，刘邦胜出，项羽失去了重要的军师。

五月份，春暖花开的日子里，在庭院里明媚的阳光中，刘邦终于想到了一个解决荥阳城久战不决的方案。"走出荥阳，到其他地方开辟新的战场，在其他的地方寻找突破，从而为荥阳的持久战寻找打破平衡的突破口。"

将军纪信听了，说道"臣请用诳骗楚军的做法，让大王乘机出城。"

刘邦迅速做出安排，只带几十个人出城，大军继续坚守城池，拖住敌人。

深夜，陈平让两千名妇女披戴盔甲扮作军士，拉开声势，从东门走出。楚军一看，立即运动起部队，展开包围，准备发动攻击。

千钧一发之时，"汉王"乘坐着汉王的车驾出现了，紧接着，一句话用了最高分贝的声音从车驾里喊了出来："粮食用尽了，汉王降楚。"此人是纪信化装的，一切的工作全都是为了达到一个目的，迷惑敌军。

紧接着楚军听到了一个更高的呼声"万岁！"这是那两千女人发出来的呼喊，如此之大的声音引来了楚军的目光，楚军全都蜂拥到城下观看这样一个他们期待太久的美景。

就在楚军军队异动时，西门悄悄地打开，真正的汉王刘邦与一行数十名骑兵以最快的速度转瞬间逃出人们的视线。

临走时，刘邦安排御史大夫周苛、魏豹、枞公负责荥阳城的守卫工作。所有的将士一律留守，不随汉王离开，必须牢牢地守住这座城池，拖住楚军。

韩信称王

刘邦逃出荥阳，一行人马随即进了函谷关。

一天，刘邦遇到了"民间军事分析家"袁生，请他共进午餐。两人一边吃肉喝酒，一边聊了起来。

袁生说："汉与楚在荥阳已经相持这么长的时间，在这期间汉军常常处于被楚军围困的境地。要打破困局，有一个地方大王应该重视——武关。汉军出兵武关的话，项羽必定南进，必定是从荥阳城下的楚军那里分兵。这就减轻了荥阳的压力。利用武关的地理优势，利用现成的深沟高垒，坚守不出。楚军两地跑，荥阳、成皋一线的汉军便能够得以原地休整。这是第一步棋。"

"第二步棋，要用上韩信。大王派他带上他的人，将赵、燕、齐的土地连成一片，从而拉长楚军防备的战线，增加楚军需要防备的阵地，分散楚军兵力。接下来即可将楚军各个击破。"

"好主意。"刘邦随即在宛城（今河南南阳）、叶城（今河南叶县）之间公开活动起来，与黥布一起收集兵众，招兵买马，频繁地出现在人们视野中。

得到刘邦在宛城出现的消息，项羽立即带兵南下，直扑宛城而来。

"你来了，我就躲。"刘邦坚守壁垒，任楚军百般辱骂就是不出战。

自从彭城大败，彭越就成了一位独行侠式的人物，独自带领着人马四处游动。现在，刘邦派出使者，两人再一次接上联系。刘邦发出指令："充分地利用地理位置优势，专门攻击楚军的运粮队伍，断绝楚军粮道。"

彭越率领军队寻找楚军的运粮车队，往死里打。渡过睢水，在下邳（今江苏睢宁古邳镇）与楚军展开正面作战，一举打败了项声带领的楚军，杀死楚军的主要领导人薛公，声势大振。

项羽得到这个消息后非常气愤，亲自率领一部分军队东进攻打彭越。

"项羽带着楚军来啦"，得到消息，彭越率领军队立即逃跑。

没有找到彭越，项羽率领大军返身西进，围攻荥阳城。

于是，荥阳城失守，周苛被生擒。

看着五花大绑的周苛，项羽说："你若是归属于我，哈哈，我任命你为上将军，另外加封三万户。"

周苛说："你这辈子绝不会是刘邦的对手，你明白吗？我劝劝你吧，算我在人间做了最后一桩好事。赶紧向汉王投降，免得日后你成了汉王的俘虏，那样面子上真的很不好看。"

项羽当即给了一句话："烹了。"一个活生生的人当天便被项羽煮成了一锅人肉汤。

率领得胜之军，项羽直接奔成皋而来。大军把成皋围了个水泄不通。

趁楚军还没有完全合拢，刘邦带着滕公赶紧乘车从成皋北面的玉门悄悄逃走，以最快的速度北渡黄河，深夜跑到了修武（今河南获嘉）。第二天一大清早，两人赶到张耳、韩信的营垒。

失落中，刘邦抬眼四望，突然想到了"民间军事分析家袁生"的方案——开拓东部战场。"为什么一定要在西部跟项羽纠缠不休而对敌人兵力薄弱的东方完全无视呢？"

一天，郦食其找到刘邦，说道："如今的燕、赵，已经被你拿下，唯有齐国还摆在那里。这样吧，我来毛遂自荐一下，我去齐国，去说服齐王，让他归属于汉王旗下。"

两个巴掌一拍即合。"这样的关头还真是想什么来什么，郦食其真是上天恩赐的一个宝贝。"刘邦当即请郦食其出使齐国。

郦食其嘴上功夫的确厉害，齐王田广认可郦食其的观点，采纳郦食其的建议，做出决定："归服汉王，解除针对赵国方面的军事戒备，解除历下（今山东济南西）城的军事警戒。"

郦食其凭嘴上功夫拿下齐国的消息传到范阳说客蒯通的耳朵里，蒯通有一个感觉："这里面大有文章。"这天，他急急忙忙找到韩信，说道："郦食其是什么人？绰号儒生，无非就是一介书生啊。他坐着车子跑到齐国，凭他的三寸不烂之舌就能降服齐国七十余城？这听起来也太夸张了吧。想想看，将军你是什么人，当年你来到赵国时，手中握有数万之众，用时达一年之久，费下九牛二虎之力，才勉强攻下赵地五十余城。你都是做了几年将军的人了，你的能力、功劳，难道还不如他一介卑贱的儒生不成？"

听了蒯通一席话，韩信做出决定："向齐国发动进攻。"汉王四年（公元前203年）十月，韩信率军渡过黄河，向东进发。

自从接受了郦食其的建议，齐王田广就不再对赵国方面设防，对于来自赵国方面军队的异动完全失去了警觉。

韩信的大军如入无军之境，用了袭击的方式轻松打下历下城，接着向临淄发起进攻。

"韩信率大军攻入齐国，攻下齐国城池。"听到信息，田广蒙了，郦食其也蒙了。郦食其正在努力搞清这到底是发生了什么事，齐王田广发怒了，"这肯定是郦食其在忽悠我，一定要让忽悠大师付出忽悠他人的代价。"齐王田广发下命令："把郦食其烹了。"

一代说客，得到如此悲惨的结局，真是让人叹惜。

齐王田广随即带着手下的人马逃往高密。他派出使者急速驰往楚国，向项羽求救。

韩信占领临淄，逐着田广的行踪一路追了过去。刚刚追到高密的西边，汉军就碰上了赶过来救援的楚军。

这一次楚军来了二十万，带队的是战场上的一位狠人龙且。齐王田广一看立即兴奋起来，当即决定："与龙且联合，与韩信这个不讲信用、专用阴招的人在战场上拼个高低。"

大战阴云密布，民间一位时局分析家找到龙且，说道："汉军在齐国已连连得胜，这种得胜之军，锋芒正盛，难以抵挡。我们齐、楚的士兵都在自己家门口作战，最有可能发生的情况是遇险而散，因为他们能轻松地逃回老家。而汉军相反，他们远道千里而来，是绝不会逃散的，只会拼死命决战到底。他们清楚，一旦逃散就基本上不可能单人走过那千里的地面。我们挖深沟、筑高垒，跟他们打持久战，念动拖字诀，拖死他们。汉军远道而来，一定经不起这个拖字，一定在寻找机会速战速决。利用人际关系，派出那些心腹大臣对已陷落的城池进行招抚，大量地宣传齐王的安全情况，加上楚国已发兵相救，那些已陷落城池的领导高层一定会想尽办法反叛汉军。这样一来，远离家乡千里之地而客居于此的汉军必然陷入孤立无援的境地。他们的第一个问题就是军粮得不到及时的补给，那样的话就会活活地被彻底拖垮。到那时，搞定汉军就轻而易举，甚至有可能迫使汉军不战而降。"

龙且说："韩信是什么人，我还不知道？他啊，太容易搞定了。那么个人就不放在桌子面上来说了，说说我自己吧。想想看，我这是带着大军来救齐，如果连仗都不打，敌人都没有杀死一个，那我还有什么功劳？劳苦而功高，没有劳苦哪来的功高？如果通过交战而得取得胜利，我的头上就会罩上真正的胜利者的光环，到那时，大王将齐国一半的土地封赏给我都有可能。"

只能说，人要是私心太重真是神仙也没有办法。

同年十一月，在潍水两岸，一边是龙且、田广带领的楚齐联军，一边是韩信带着汉赵军队，双方沿河岸摆开了阵势。

"我手上这点人马绝不会是强大的号称二十万楚军的桌上菜，得想个办法啊。"望着滚滚的河水，一个方案在韩信的心中渐渐形成。

大白天里，在潍水上源一个隐蔽的地段，汉军准备了一万多条布袋，全部盛满沙土；傍晚时分，韩信派出一班人马将这一万多条布袋全部扔进河中。

等到河水断流，韩信立即指挥军队冲过河床攻击龙且。

龙且率领楚军反击过来，汉军立即败退，引楚军来追。

龙且中计，一边指挥军队追击，一边大喊："我早就说了，他韩信是个胆怯的人。"

就在楚、齐联军渡河，刚渡过了一部分军队之时，韩信派人通知守在上游的兵士以最快的速度挖开那些堵塞河水的沙袋。那本来用布袋加高了的拦水坝积蓄了水势，这时就像脱缰的野马，呼啸着奔腾着倾泻而下。此时，龙且的部分军队还没有能够完全渡过潍水，只能隔河相望。

"哈哈，现在是你少我多了。"韩信指挥军队以最快的速度转入反击。人少打不过人多，惊吓的打不过早有准备的，何况过了河的这部分楚军又完全没有了退路。

龙且已经跑过河，被乱兵杀死；跑过河的楚军在汉军的追杀中沿着河岸四散奔逃。齐王田广也跑过了河，正在逃命大军的队伍之中。

韩信岂能放过这些人。他早就预料到这些过河的楚军必定会逃，早就在岸边预设了追击部队。负责追击的部队沿着河岸狂追猛杀。在城阳，汉军的追歼部队捕获了齐王田广。汉军胜利俘虏了那些四散逃命的全部楚兵。

另一路负责追歼的部队，在将领灌婴的指挥下，于博阳胜利俘虏齐国守相田光。

"齐王田广被韩信杀死。"得到消息，田横拉起了旗帜，自立为齐王，组织军队抵抗韩信。

韩信派灌婴出击，一仗就把田横打败。田横赶紧逃命，逃到魏地归附了彭越。

接下来，韩信派灌婴向齐将田吸发动进攻。在千乘，田吸被杀死，部队被消灭。韩信的另一位大将曹参在胶东将齐将田既及他的部队完全彻底干净地收拾掉了。

至此，齐地全境被韩信统帅的汉军彻底搞定。

齐国被搞定了，接下来的工作该如何做？不知韩信内心是如何想的，但我们知道接下来他是如何做的。

韩信派出人手，向刘邦送上了一封书信。这封书信的内容很复杂，主要是向刘邦汇报了这些日子以来在齐国所做的各项工作，当然主要是军事作战取得的一次次重大的胜利。信的最后，有这样的一段话，十分引刘邦注意。内容如下：

"齐国是一个什么样的国家呢？伪诈多变反复无常。齐国有一个什么样的国际战略地位？与楚国相连。在这一个无比重要又风险万分的国家里，要稳定这里的局势要镇抚这些被赶下台的齐国旧贵族旧势力，我想来想去只有一个办法——设立'假王'。如果暂时找不到合适的人手，我就来代理齐王吧。我想，或许这样的做法会对这里恶浊的局势多少有利些。"

看到这里，刘邦勃然大怒，口里骂道："还没有三分颜色就想自己开染坊。就那么点功劳，就想自立为王？"

张良、陈平等将领当时就坐在刘邦的边上，张良暗中踩了一下刘邦的脚，陈平伸过头来小声地说道："汉军目前的形势，比较不利。在这样的情形之下，你能有办法禁止韩信称王？没有的话，那还不如做个顺水人情就立他为王让他镇守齐国。否则，外乱内乱一起来，麻烦就大了。"

一只被踩痛的脚，一句简短的话，刘邦如梦方醒。当着将领们的面，刘邦改口骂道："大丈夫平定诸侯就该当王。做什么假王，应该做真正的齐王！"

刘邦的机智善变真让人想不佩服都难。

汉王四年二月，刘邦派张良带着制作好的齐王大印及相关的信件前往齐国，特地主持封王大礼。刘邦一只手封韩信为齐王，另一只手也没有歇着，征调韩信的兵力去攻打楚军。"哈哈，捧得起你也削得掉你。名义上捧你，实际上削你。"

"龙且战死，楚军大败。"听到消息，项羽吓了一大跳。"如此狠将猛将也被名不见经传的韩信杀了？"项羽简直不能相信自己的耳朵。想来想去项羽突然想到了一个主意："既然韩信是一大牛人，那么刘邦一定容不下他。这样的两个人之间一定有裂隙。一个道理摆在那里：一山容不得二虎。对付这样的牛人，一般的玩法搞不定他，那么有没有办法挑拨他跟刘邦内斗呢？那样的话我岂不可以享受坐山观虎斗的快乐？"

想到这一层项羽立即做出决定："派说客武涉前去游说韩信。"项羽给出无比诱人的条件，"韩信、楚王、汉王三分天下而王之"。

"这真是一个让人想不动心都难的提议啊。天下不一定是刘邦的也不一定是他项羽的。那么为什么不可能是我们三个人来平分呢？"韩信盛情地接待了楚王的代表武涉。

韩信领导下的齐国随即进入了一个奇怪的状态："犹豫不决，进而坐山观虎斗，再进而从中渔利。"这种中立的做法类似后来美国在"二战"前期的中立做法。等到了楚汉争霸的最后阶段，韩信决定参加其中可能胜利的一方——率大军参加围歼楚王的垓下会战。这是后话，暂且不提。

对于刘邦来说，东部战场已经取得了一系列的胜利，而西部战线此时正阵阵吃紧，一刻也松懈不得。

楚河汉界

成皋被项羽大军攻陷，项羽命令大司马曹咎率军坚守，丢下一句话："若汉挑战，慎勿与战。"

曹咎是一个用心工作的人，严守项羽的嘱咐，绝不轻易出战。然而这人的记性不是很好，时间一长，形势稍有好转，他就忘记项羽那句重要的话了。

汉王四年十月，经不住汉军一而再再而三的挑战，曹咎做出决定："好好地教训一下嚣张的汉军。"一份作战方案迅速摆上了案头：渡汜水作战。虎牢关前的这点地面实在太挤，双方无法摆开战阵

这是一个解决双方难题的方案，然而里面却埋藏了一个致命的漏洞，非常不幸的是这个漏洞被汉军逮了个正着。

汉军在汜水岸边埋下伏兵，就在楚军一半军队渡过汜水时，就在这些刚刚上岸的军队准备列队时，汉军伏兵突然杀出。曹咎没有想到汉军会来这样

无赖的不守规则的阴招，顿时大败。毕竟楚军才有一半力量过河，另一半力量还在河的对岸。一半力量如何是汉军的对手？失败中曹咎感到无地自容，抽刀把自己的脖子抹了。

"曹咎兵败"，得到消息项羽赶紧率兵来救。此时的项羽差不多成了一个救火队长，哪里有麻烦他就往哪里奔。就在他带着军队走到荥阳东边时，又有一个消息传来："汉军正在围攻驻扎在附近的钟离昧，情况非常危急。"

"那就先解决这个难题。"项羽率领楚军迅速扑了过去。

"项羽亲自带军来了。"得到消息，围攻钟离昧的汉军立即撤出战场，全部人马撤退到一处险要地带，在那里据险死守。

这么一耽误，成皋那边就彻底没戏了。

项羽只得将军队驻扎在广武，与汉军对峙。

几个月过去了，楚军的粮食越吃越少。"这汉军喊打又不打，不打吧又在那里对峙着，这样拖下去如何是好？"

"你刘邦死缠活赖，是吧？那我手上的宝贝，为何弃而不用呢？"项羽突然想到刘邦的父亲刘老太公。

项羽喊人弄来一块门板，"把刘老太公绑在门板上，连人带门板抬到汉军营前的空地上"。

"今日若不快快降服，我现场煮死你老爸。"项羽的喊声很响亮。

"请你别忘记了一件事，当年我与你项羽一同北面受命于怀王，缔结为兄弟。你应该还记得吧。兄弟这两个字的意思，你应该还明白吧。如果你还不明白这兄弟两字的意思那我现在就来告诉你，听清楚了——我的父亲就是你的父亲。你一定要烹杀你的父亲，好吧，你煮啊，作为你的兄弟，我请你分一杯肉汤给我。"

玩嘴皮子，项羽不是刘邦的对手。

项伯出来说话："以天下为目标的人是些什么样的人呢？你心中应该有数，说白了都是些不顾家不恋家人的人。所以说杀了他老爸，不见得能捞到什么好处；要是激发众怒，对于我们来说可能徒增害处而已。毕竟现在天下未定，抓住人心这件事也不能完全无视。"

听了项伯的话，项羽没有对刘老太公下手。

"既然用你老爸都打不到你的痛处，那我项羽亲自出面如何？我把我自己做个质押，我们俩单挑，那该如何？如果能以此引刘邦出来单挑，那这事不就成了么？那么，该如何引刘邦来单挑呢？"

这天，项羽发出命令擂响战鼓，随即单枪匹马来到阵前。

"过去天下苦秦久矣；今天天下被我俩扰乱，也太久了。天下人的痛苦就是因为我俩的原因——纯粹个人的原因。那么我与你今天就在此决一雌雄，死一个留一个，天下就定了，天下百姓就不会为我俩的事白白受苦受难了。"项羽的声音在空中炸响。

"我宁愿斗智不愿斗力。"刘邦的声音也非常响亮。

刘邦只用一句话就破了项羽想了一个晚上的计谋。项羽被刻画成了一个武夫，而刘邦刚把自己描摹成了一位智者。

刘邦是耍嘴皮子出身的，天下本来就没几个是他的对手。项羽暗下决心下次一定要长点记性，别跟他刘邦阵前斗嘴。

"软的不行来硬的。"项羽命令壮士出营挑战。

三次出营挑战，每次来到汉军阵前都上演同样的一幕。汉军早早准备了一位超级射手楼烦，百发百中箭无虚发。楚军壮士来到汉军营前必遭楼烦射杀。

"今天我亲自挑战。"项羽披盔带甲骑马持戟，当了挑战的壮士，来到了汉军阵前。

楼烦一看，今天来挑战的人大不一样，首先是势头不对，"哪有大领导当兵卒来阵前骂阵的？一定是识破了我的箭术，至少对方一定是有备而来，要射中他绝非易事。要么他的盔甲非常的坚硬，这支箭到了他的身上根本就穿透不了；要么他的躲闪腾挪功夫非常了得，箭到了他的眼前伸手就能把飞箭拨开。"

"事不过三，我三次用箭射杀了对方的壮士，对方一定是看出其中的破绽。一计不可二用，自己的箭术已经三用了，再用就会失灵。"脑子里静不下来，楼烦心中发怵，手中的箭无论如何也把握不住，哪里还能平心静气地发射出去？最后，楼烦没有射箭直接退回营中。

"项羽亲自骂阵，楼烦吓得不敢射箭。"听到消息，刘邦大吃一惊。

"这家伙大概是给军粮逼急了，什么面子什么方式都不顾了。好吧，来吧，看来今天项羽是来讨骂的，那就狠狠地骂他一顿，让他知道我刘邦骂人的技术绝不是盖的。"

刘邦来到了阵前，两人隔阵相望。

刘邦掐着指头，张大嘴巴，放大音量历数项羽的十大罪状。

项羽的手中掼着一支暗箭，就在刘邦说得唾沫横飞、热血沸腾的时候，猛地一箭射了过去，正中刘邦的胸部。"擒贼先擒王，跟你这种人说什么说？一箭把你搞定，你就永远地闭上你的臭嘴了。"

项羽这一阴招大大出乎刘邦的意料之外。感到自己的胸部中箭，刘邦立即俯下身子做出按着脚趾头的样子，大声喊叫："这个贼子射中了我的脚趾头！"喊着这句话，刘邦俯身坐在马背上硬撑着跑回了军营。

真是佩服刘邦在危急时刻的机智。如果此时大喊"我胸口中箭"，项羽看到阴招得手一准指挥早就准备好的人马一拥而上。而现在只能后悔平时练箭没有用功。

看到刘邦受伤而且伤及要害部位，张良心中万分着急然而头脑很快就冷静下来："接下来双方将展开一场情报战心理战。"在为刘邦做了简单的包扎后，张良安排刘邦立即去巡视军营。"我知道你正忍着伤痛，但是你必须去做，必须用慰劳士兵来稳定我方军心，更重要的是用这样的玩法，给对方安排在我军中的谍报人员一个明示——刘邦的身体没有任何问题。只有这样才有可能避免楚军乘机攻击。"

刘邦带伤巡视完兵营之后，立即以最快的速度进入成皋城内请城内最好的医生医治。在度过了危险期后刘邦回都城栎阳疗养。

此时最让项羽烦心的是彭越。项羽亲自去追，可追了几次全都无功而返。可一旦回到西边的战场，那边彭越又闹腾欢了。

彭越不停地搞事，搞得项羽的运粮部队无可奈何。部队粮食常常接济不上经常闹饥荒。"天啊，这该如何是好？"

"眼前的汉军拖着不打，后面的运粮队被彭越的老鼠军搞得疲惫不堪"，项羽坐在营帐里烦躁不安。这天，项羽突然接到刘邦派侯公送来的一封信："请归还刘老太公。"

望着这封信，项羽突然，想到了一个主意。

"你要你老爸，而我也不想把这个仗这样打下去。我一时打不赢你反倒有可能拖死我。那我提个条件来交换：我不但把你老爸还你还把你的妻子吕雉一并还你，反正这两人在我这里除了浪费粮食丝毫不起作用。那么你答应我一个条件：以鸿沟为界我们俩平分天下——鸿沟以东归我项羽，鸿沟以西归你刘邦。咱俩扯平，各自回家睡觉。"

项羽把这个条件提交给了侯公，要他速速转交刘邦。

刘邦的回复很快就来了，除去客套话四个字可以归纳这封回信的内容：完全同意。

汉王四年九月，楚国归还了刘邦的父亲刘老太公和刘邦的妻子吕雉。楚国那边项羽"撤兵东归"。几乎就在同时，刘邦也在开高层会议讨论按和约撤兵西归的相关事宜。

会上，汉军将领全都非常兴奋："这么些年来，仗也打足了，该回家歇歇看看老婆孩子，该用手上的这些军功换点田地过上幸福甜美的日子了。"大家都情绪激动头脑发热。

有两个人的头脑却冷静得出奇。

会上，当所有人把想说的话该讲的话说完之后，当所有人觉得会议可以到此结束回家睡觉的时候，张良站出来讲话。

"有一个词叫功亏一篑，不用解释大家都明白。目前汉已占有天下的大半，诸侯们相继归附汉王的情形已经是摆在大家眼前的事实，也不用我来多说。大家再抬眼看看我们的对手楚军，八个字就可以很贴切地表述他们目前的状况——军粮已尽士兵疲惫。在我的眼里，这就是上天灭亡楚国的时机。我能看到，相信大家睁眼细看也一定能看到。现在大老虎这样的疲惫不堪，放他们东归，岂不是放虎归山？"

所有的人开始沉默，大家应该在想张良这简短的话中的分量。

陈平第一个站出来支持张良："这是一个千载难逢的良机，汉军由战略相持转入战略反攻的良机。"

一个赢得天下的决定就此做出。

四面楚歌

汉王五年（公元前 202 年）十月,刘邦率领汉军紧追楚军。赶到阳夏（今河南太康县）南面时，汉军完成了对楚军的包围。

汉军对楚军围而不攻。刘邦急急地等着两个人：齐王韩信和建成侯彭越。

刘邦到达与韩信彭越约定的会合地点固陵（今河南太康南）后,得到消息："韩信和彭越坐在家里逍遥自在，连一个兵都没有移动。"

"两个人答应得好好的，答应在约定的日期里率领大军前来会合，组成联军向楚军发起围攻。咋个光打雷不下雨？"

这时的项羽发现："属于我的机会来了。汉军追上来却远远地看着不敢进攻，那就说明汉军的力量还没有完全集结到位；汉军内部必定出现了问题。现在汉军需要的是时间，时间一长，汉军就有可能协调好内部的矛盾，那时下手就彻底晚了。真是上天赏赐的大好机会啊。"项羽当即发令："全军回师，对追上来却又坐在那里等人的汉军发起猛烈的攻击。"

只一战，项羽就把后面追上来的汉军打得大败而逃。

汉军逃进了附近一处险要的壁垒，据险而守。

看到刘邦闷声不语，张良说道："楚军兵疲粮尽是摆在眼前的事实。这个形势绝不只是我们看到了，诸侯们不也睁着眼在看吗？按理讲，墙倒众人推破鼓万人捶，为什么这一次应该推墙的人却不出手，症结在哪里？至少我看到一个事实，韩信、彭越是封侯了，然而除了那个印章，除了他们自己努力建设的军队，有一个非常重要的实质性的东西，汉王你没有出手啊！这次我把这事给挑明了吧，他们没有得到分封的土地。就拿韩信来说，虽然被立为齐王，但是明确了划归他直辖的封地的疆界了吗？这个没有明确到位，他们的军队能按期到来吗？不按期来就可以理解了。现在君王要把他们招来是不是要与他们共同分享天下？不见兔子不撒鹰。将陈县以东直到海滨的地区划归他齐王韩信，把睢阳以北至谷城的地区划归他建成侯彭越。这么一来，韩彭二人将会为着‘自身的利益’努力奋战，参战的军队有了积极性，打败楚军还会是今天这样的局面吗？"

刘邦说："现在就派出使者，用白纸黑字的方式把你的提议正式通知韩信彭越。"

接到汉王刘邦的旨意后，韩信彭越在相隔千里的地方说出了同样的话："大军今日即刻启程，进兵击楚。"

十一月，韩信、彭越统率的部队在垓下（今安徽灵璧东南）会合。

"这些军队来得这么快，不会是长了翅膀吧。"项羽大为吃惊。"这样一来，我的兵员数量比刘邦差了一大截子。军粮已经用尽，大部队没有饭可吃，只有喝粥来填饱肚子。那就速战速决，找一个机会，一仗打败汉军，抢夺汉军的粮食，那就吃的喝的啥都有了。"

面对对手强大的三军阵势，项羽命令楚军退到一处高山壁垒据险自守。

刘邦指挥三路军马，将退到壁垒的楚军重重围困，围得真是滴水不漏，飞鸟不进。

"项羽必定想速战速决，那我只围不攻，慢慢地饿死楚军。"

夜晚来临，汉军战士吃饱喝足，三个一群五个一伙，燃起篝火唱起了楚地的民间歌谣。

四面八方的山脚下，由远及近，由低及高，响起了楚地的民歌声。

在这寂静的夜晚，在这样的飒飒晚风中，那忽高忽低此起彼伏的家乡乡音将重重围困的楚军将士从困倦和睡梦中惊醒。

"家乡的歌谣是多么的熟悉啊"，歌声勾起了楚军将士对家乡生活的美好回忆。

唱歌的人越来越多，歌声越来越嘹亮。

身陷重围，粮食已尽，对手庞大，楚军前景悲凉。昔日倍感亲切的楚歌，今夜听来倍感绝望。

夜色降临以来项羽一直默默无语。在这样寂静的夜里突然听到了从汉军军营里传来楚地民歌那特有的唱腔，项羽不由得心中忧伤。

看着四周凄凉的景象，听着山外的歌声，项羽忍不住吟道：

"力拔山兮气盖世，

时不利兮骓不逝。

骓不逝兮可奈何，

虞兮虞兮奈若何？"

这大意是："想我项羽，也是力大无比气吞山河的盖世英雄啊，而眼下，天时不利，运气不好，连我的战马骓都不肯向前奔跑了。将士们都累了，真是神仙也没有办法了啊。我的美人，我的虞姬美人啊，你来说说，我接下来该如何办？"

虞美人从来没有经历过项羽如此感伤的场面，也从来没有看到过项羽如此伤怀的样子。"天啊，项羽居然向我问计。项羽是男人中的男人，英雄中的英雄，出生入死毫无畏惧，他今夜为何会这样？如果不是到了走投无路的可怕境地，他是绝不会这样的。"

虞美人站了起来拿起一把佩剑，和着项羽吟诗的节奏缓缓起舞。她在用这样的特殊方式向项羽做最后的诀别——舞到最后，在项羽的面前刎颈自杀。

月光下，看到鲜血突然从虞美人脖子上流出来，项羽惊呆了。

"如果一个男人连自己的女人都保护不了，那还叫什么男人？如果这个世界上没有了自己心爱的美人，还有什么欢乐？"怀抱着虞美人的身体，感受到她的身体慢慢变凉，项羽痛不欲生。

侍臣们走过来七手八脚料理虞美人的尸体，看着这一切，项羽突然从震惊和极度悲伤中清醒过来。

"虞美人用她的死向我传达了一个万分重要的信息，她在用自杀提示我应当立即冲出重围，她是在用死来告诉我，在我突围时不会再有任何包袱和牵挂。不能再在军帐中延误片刻。"握着虞美人慢慢变冷的手，项羽得到了一股无穷的力量，一股重新振作起来的强大推动力。这是一个事业失败的男人最需要的精神动力。

"夜越来越深，再过几个时辰，天就会大亮"，项羽算计着："如果现在突围，根据马的脚力，在天亮以前应该一口气能跑出汉军设下的重重包围圈。"

项羽立即着手同时安排了几个突围的方向。"这样能造成对方混乱，我就能从中浑水摸鱼，在混乱中冲出去。"

项羽挑选部分精骑壮士，另加八百名骑兵组成一支突围分队。

随即几支突围部队同时开始闹腾。

天亮时分，从一些投降的楚军将士那里刘邦得到一个惊人的消息："项羽已逃出重围。"震惊中，刘邦当即发令："骑兵将领灌婴以最快的速度组织追歼部队，五千名骑兵，目标有且只有一个——项羽的人头。"

"我就不信这五千人追不上项羽。"

战场决斗

逃出包围圈，项羽以最快的速度向着东南方向飞奔。天明时分，他成功地渡过淮河。照这样的速度计算，汉军的骑兵不可能追上来。项羽的战马骓是万里挑一的绝世好马，既有速度又有耐力，绝不是汉军那些一般的战马能比拟的。

由于骓跑得太快，在他的身后，楚军的骑兵越来越少，有的是马速度慢跟不上来，有的是开始能紧随其后，但是时间一长耐力就不行了。天亮时分，项羽看看身，只剩一百多名骑兵，其他的人全都掉队了。

项羽逃到阴陵时，已经跑出三百里。骑在马背上，项羽一点也不慌张，谨慎地选择自己的逃亡路线。可是，他突然发现一个问题："我们迷路了。"天色阴暗，没有太阳，一旦迷路，无法分清方位。

路旁的田野中有一位老人正在干活，项羽向他问起路来。这位"田父"给他指了一个方向："往左走"。项羽打马向左面的方向飞奔，结果战马陷入了一大片沼泽之中。

当百余名骑兵各自奋力，用尽办法终于从沼泽中挣扎着出来时，灌婴率领的五千名汉军骑兵已经赶到跟前。不远处已是尘土飞扬，那嘈杂无比的马蹄声越来越近。

走出沼泽，项羽立即带领随从骑兵向东逃命。骓四蹄飞奔，一路上尘土四起。到达东城（今安徽定远东南）时，项羽回头望去，身边只剩下二十八名骑兵。

从昨晚深夜开始，八百多人与其说是逃命不如说是八百名优秀骑士展开

第十章 霸王末路

了一场马拉松比赛，越是接近终点，剩下来的选手就越是少。然而，今天真是奇怪，这二十八名骑兵却怎么也摆脱不了那五千名汉军骑兵的强力追击。

二十八名骑兵胯下的战马的确比不上"骓"，但每匹都是头等好马，每当骑兵们勒住它们的缰绳，它们仍然会前蹄刨土同时长声嘶鸣。

马背上的二十八名骑兵，也不是一般的人，是战场上久经考验的优秀骑兵。二十八匹战马、二十八名骑士，是项羽千军万马中熔炼出来的精华中的精华。

项羽觉得今天真是怪了："我们一直在前边跑，而后面数千汉军骑兵总是在不停地追，身后扬起的漫天尘埃就是佐证。"

项羽停下了马的脚步，所有跟随的骑兵也全都停了下来。

"诸位兄弟，我项羽起兵，算来已有八个年头了。在这八年里，我已经历了七十多次战斗，全部是胜仗，只有这最后的一次是败仗。在那七十多场战斗中，凡是敢挡我的没有不被我击杀；凡是攻我的没有不向我降服的。正是凭借我没有败仗的记录夺得了称霸天下的王者之位。然而，今天我的归宿却是被敌军围困在这里，这是为什么呢？前面那位老翁骗我入泥河，让我一下子认识到了，不是敌人要灭我，原来是上天要灭我。是的，正是那个生活在最底层的人，正是他！那位老农夫，他就是上天派来的代表。是的，我有过错，这个过错不是我作战上有什么过错，一定是我得罪了上天。今天，我要决一生死了。为了二十八位为我战斗的诸君，为了千千万万那些因为我为着我而牺牲的将士，我要为他们同时也为诸君痛快地战上一场。不能只是他们为我而死，这太不公平。今天，我要用我的热血来祭奠那些千千万万已亡将士的灵魂。现在，我要为诸君表演溃围（突破包围）、斩将（斩杀敌将）、刈旗（砍断敌军旗帜），我要用战场决斗的方式，让诸君让后来人让我们的后代明白一个道理：我项羽在作战上没有过错，我的过错是——上天要灭亡我，我违背了上天的旨意。"

说完这段话，项羽把二十八名骑兵分为四队，然后命令他们朝四个不同的方向迎敌冲杀，约定到山的东边分三处集合。就在项羽讲话的时候，汉军骑兵已经冲了上来，将他们重重包围。

项羽大喊一声："看我为你们斩杀敌军一将。"说完这话，他命令四队骑兵在四个方向上发起冲击。

项羽骑着战马，高声呼喊着，向着汉军骑兵队冲了过去。他的兵马所到之处，刀光闪动，汉军即刻溃散开来。一名将领来不及逃跑，被项羽一刀砍下头来。

汉军的骑兵将领赤泉侯杨喜听到前面狂乱的喊杀声便立即奔了过来，当他快接近项羽时，只见项羽怒目而视呼喊着朝他杀奔过来。"我要杀的是汉军将领，正一时找不到对象，正巧你居然送上门来了。"杨喜一看那情景，当即吓得掉头就跑，一口气跑到好几里外。这事后来成了汉军中的笑话。

杀汉将得手，项羽就像得胜的冠军一样，与身边的几位骑士一下子冲到了山的东面的一处会合地点。

项羽事先设计了三处会合点，汉军搞不清项羽在哪个地方，只得分散开来向三个集合点进行包抄。

望到汉军又围上来，项羽指挥已集合的人马奔驰而下。有百十个汉军骑兵冲了过来想跟项羽对抗。项羽挥刀猛杀，这些人死的死伤的伤，其中一名汉军都尉被项羽斩杀马下。

汉军骑兵一看情况不对赶紧后撤。利用这个机会，项羽再一次把大家聚拢在一起，以最为突然的方式，以最快的速度，所有人一起冲出了汉军骑兵的包围圈。大家这才发现，经过这两场恶战，楚军仅损失两名骑兵。

"怎么样？"项羽像一个科学试验者做试验给学生看一样，向身边的二十六名骑兵提问道。"正像大王所说的那样。"骑士们个个以佩服的神态大声地回答。

数千名汉军骑兵紧随其后，远远地望着这群渐渐远去的背影，项羽同他的二十六名骑兵，就像二十七尊无敌的移动炮车一样，飞奔在追兵的眼前。对楚军这点儿可怜的人马，汉军数千骑兵一时失去了对策，不知该如何下手。

乌江自刎

项羽的两场猛杀一时间打退了汉军追兵的进攻。就在汉军的几名领将骑在马背上商量对策的当儿，项羽和他的二十六名随从，一瞬间就冲出了汉军的包围圈。

项羽一行人马以最快的速度向前飞驰，不久来到了乌江边（今安徽和县东北）。众人举目四望，看到岸边停靠着一只小船，驾船的人是乌江附近的一位亭长。江边西岸有个渡口，叫乌江浦。

亭长望着飞奔而至的一行人马，认出了领头的人是项羽，立即高声地说道："江东虽然狭小，但也沃野千里民众百万，足以称王于天下。现在我助大王急速渡江。在这大江面上就只有我这只小船。即便后面的汉军追到，他们也只能望江兴叹。"

望着眼前波涛滚滚的江面，看着眼前的这只小船，项羽突然想起了一件事。"当年，具体来说是八年前，为了反秦，我率领八千名江东子弟渡江作战，那场面是何等壮观。现如今，那八千名子弟兵全部战死沙场，没有一人生还。那么我过江之后，那些子弟兵的家属一定会流着眼泪追问他们的下落，到时我将如何向江东父老交代？回到江东，每天将要面对八千个家庭无尽的眼泪，那样的日子一定生不如死。何谈从头再来？"

想到这里，项羽从刚才全力逃难的努力中猛然惊醒过来，"今天一天真是一场噩梦啊，一群人拼着命要保护我，一群人发着疯一般要追杀我，一个人冷笑着骗我，一个人热情地鼓励我，现在要送我到安全的地方去。我到底应该听谁的？"

他的脑子里突然闪现出那个冷笑着骗他的老农夫，一个最最底层的人。"那个人一定是上天派来的代表。上天要灭我，我还要渡江做什么？当年八千名江东子弟随我渡江北上，如今他们无一人生还，我还有什么面目回去见我的江东父老？纵使他们原谅我，不说我一句话，我的心里也一定每天都在滴血。我于心有愧啊。"对着乌江亭长，对着身边的二十六名骑士，向着滚滚的长江，项羽高声地说着，泪流满面。突然，他觉得自己终于从君王梦中清醒过来，人性再一次回归到自己的身上。

慢慢地，项羽抑制住了自己翻江倒海般的情绪，换了一种温和的语调，向那位亭长说道："您是位长者。五年来，我的这匹战马所向无敌，而且日行千里，我不忍心杀了它，我把它送给您。"

说完这些话，项羽立即下马，牵着这匹战马，亲手送到了那位亭长的手上。接着，他命令骑士全部下马步行，手持兵器同敌人短兵相接。

"就让我死在千军万马的重重包围之中吧。"

史载："楚王杀汉军数百人，亦身被十余创。"

就在这时，一个旧日相识的人闯进了他的眼帘，此人是现任汉军骑司的吕马童。"你莫非是我的熟人？老朋友！"

马童也看到了项羽，他正在给身边的王翳（刘邦的骑军将领）指认项羽，他大声地说道："这人就是楚霸王。"

"老朋友，我听人说得到我的头颅能得到千金的赏赐，封邑万户。今天我把我的这颗头当个见面的礼物送给老朋友你吧，上天啊，请算做我在人世间积下的一份恩德。"

项羽高声地说完这句话，当即将锋利的剑指向自己的喉咙，自刎而死。

王翳毫不迟疑，立即赶过去，一下子就割取了项羽的人头。

其他的骑兵也跟着冲了过来，大家争相做一件事——抢夺项羽的尸体。结果，项羽的尸体被数百匹战马践踏。最后，有四个人极为荣幸地得到了项羽尸体的一部分。

这五个人今天真是发财了。汉王刘邦建立大汉王朝，分封之时将他们五人全部封为侯，而且还封了相应的土地。

项羽死了，刘邦称帝已没有了任何的悬念。一个新的朝代——汉朝就此开始。

胜利者刘邦，站在高高的山岗上，放声高歌："大风起兮云飞扬，威加海内兮归故乡，安得猛士兮守四方。"

刘邦的四周簇拥着一群人，他们之中有张良、韩信、彭越等人的身影。

项羽是一个史上争议颇多的人物！最后，就让我用宋代女词人李清照的《夏日绝句》来作为本书的结束语吧！

生当作人杰，

死亦为鬼雄。

至今思项羽，

不肯过江东。